라틴아메리카 고전 01

항해와 정복

아스테카 신화, 콜럼버스와 베스푸치의 보고서, 필리핀 정복 문헌

편역자

박병규
멕시코 국립대학교 문학 박사. 현 서울대학교 라틴아메리카연구소 HK교수

김선욱
스페인 마드리드 콤플루텐세 국립대학교 문학 박사. 현 고려대학교 강사

라틴아메리카 고전 01

항해와 정복 – 아스테카 신화, 콜럼버스와 베스푸치의 보고서, 필리핀 정복 문헌

초판 인쇄 2017년 12월 13일
초판 발행 2017년 12월 20일
편역자 박병규, 김선욱
펴낸이 최국주
펴낸곳 동명사
출판등록 1950년 11월 1일(제1-76호)
주소 (우 10881) 경기도 파주시 회동길 50(문발동)
전화 031-955-7200(대표)~2, 7203(편집부), 7204(물류)
팩스 031-955-7205
전자우편 webmaster@dmsbook.com
홈페이지 www.dmsbook.com

ISBN 978-89-411-8181-1 93300
값 18,000원

이 저서는 2008년 정부(교육부)의 재원으로 한국연구재단의 지원을 받아 수행된 연구임(NRF-2008-362-B00015)

라틴아메리카 고전 01

항해와 정복

아스테카 신화, 콜럼버스와 베스푸치의 보고서, 필리핀 정복 문헌

편역자 서문

세상은 16세기에 확장되었다. 낮에는 햇볕이 내리쬐고 밤에는 별빛이 쏟아지는 이 땅의 크기는 변함이 없었지만 지중해가 세상의 중심이라고 여기고 살던 사람들이나 멕시코 고원지대가 세상 전부인 줄 알고 살던 사람들은 저편에 다른 세상이 있으며 자기 세상이 전부가 아니라는 사실을 날이면 날마다 눈으로 발로, 화살로 총으로 확인하고 있었다. 이 책은 이렇게 소란스러운 시대, 기존의 세상 지도는 갈수록 쓸모가 없어지고 아직은 새 지도도 만들지 못한 시대를 살던 사람들이 남긴 글 모음집이다.

먼저, 신화는 아스테카인에게 역사였다. 서술자에 따라서 역사가 달라지듯이, 신화 또한 누가 이야기하느냐에 따라서 달라진다. 그래서 제1부에서 보듯이 아스테카의 태양 신화는 하나가 아니라 여럿이었다. 이런 여럿은 혼란이 아니라 역동성의 다른 이름이다.

제2부에서는 1492년 콜럼버스 항해의 이모저모를 들여다볼 수 있다. 콜럼버스가 에스파냐 왕실과 맺은 「산타페 협정」은 콜럼버스 항해의 정치적, 경제적 성격을 드러낸다. 「익명의 동양 군주에게 보내는 친서」에는 당시 서구인의 세계관과 동양관이 응축되어 있다. 두 통의 콜럼버스 편지(또는 보고서)는 어쩌면 신대륙보다는 콜럼버스 자신에 대해서 더 많은 이야기를 전하고 있다.

모두가 알고 있듯이, 아메리카라는 말은 아메리고 베스푸치의 이름에서

따온 것이다. 이미 16세기 초에 항해사들 사이에서는 콜럼버스가 도착한 땅이 동양이 아니라 새로운 대륙일 것이라는 합리적인 의심이 널리 퍼져 있었다. 제3부에 실린 베스푸치의 『신세계』와 『네 차례 항해...』는 항간의 합리적 의심을 과학적(천문학적) 증명을 통해서 사실로 확증하고 있다는 데 의의가 있다.

제4부에서는 에스파냐와 동양의 관계를 증언하는 문헌을 수록했다. 「중국 황제에게 보낸 친서」는 중국과 직접 교역하려는 에스파냐 왕실의 열망을 담고 있다. 이러한 시도가 실패하자 에스파냐 왕실은 필리핀을 중간 거점으로 삼아 중국과 간접적으로 교역하려고 하는데, 이는 레가스피를 비롯한 필리핀 정복자와 선교사의 보고서에도 드러나 있다.

가공하지 않은 원전(原典)은 무미하고 지루한 경우가 대부분이다. 여기에 수록한 문헌도 예외는 아니다. 그러나 이 책의 목적은 일반인의 흥미나 관심 유발보다는 유관 연구자들에게 정확한 정보를 제공하는 것이므로 원문을 담백하고 충실하게 옮기려고 노력했다. 제1부에서 제3부까지는 박병규가 번역하고, 제4부는 김선욱이 번역했다. 이 책이 나오기까지 지원을 아끼지 않은 서울대학교 라틴아메리카연구소와 난삽한 원고를 책으로 다듬어준 동명사 편집부 여러분에게 감사드린다.

박병규, 김선욱

목차

제4부 필리핀과 중국 관련 문헌 161

제1부 아스테카 신화

1. 태양 신화

태양 신화는 여러 판본이 있다. 그 가운데 여기에서 소개하는 「태양 신화」는 다섯 개의 태양이 어떻게 탄생하고, 소멸되었는지를 간결하고 명확하게 얘기하고 있다. 각 태양의 이름은 판본에 따라서 차이가 있지만, 이 신화에 등장하는 태양의 이름을 순서대로 나열하면, 첫 번째 태양은 '물 태양', 두 번째는 '재규어 태양', 세 번째는 '비 태양', 네 번째는 '바람 태양', 마지막 태양은 '움직임 태양'이다.

아스테카인에게 태양이란 시간, 날(日), 시대, 역사라는 의미가 있다. 아스테카인은 다섯 번째 태양 아래서 살고 있다고 생각했는데, 이 말은 세상이 네 번 개벽되었다는 뜻이다.

본문에 등장하는 연도 명칭과 관련하여 간단하게 설명하도록 한다. 아스테카에서 사용한 역법은 두 가지였다. 하나는 365일 주기의 태양력이요, 또 하나는 260일 주기의 제의력이다. 각각 우리의 양력과 음력쯤에 해당한다. 연도의 명칭은 1부터 13까지의 숫자와 4개의 상징(토끼, 갈대, 부싯돌, 집)을 결합하여 1토끼, 2갈대, 3부싯돌, 4집, 5토끼 식으로 명명했다. 1토끼 해가 다시 나타날 때까지 52년이 걸리는데, 이는 우리의 환갑 또는 세기와 같은 의미가 있었으므로 아스테카인은 '새 불 축제'을 열어 기념했다.

이 글의 출처는 1558년에 익명의 작가가 여러 고문서를 취합하여 3부로 편찬한 『치말포포카 고문서』의 제1부 「쿠아티틀란 연대기」이다. 번역 대본으로는 레온 포르티야의 번역을 사용했으며, 비어호스트의 영역본을 참고했다.

참고문헌

1. Leon-Portilla Miguel. 1961. *Los antiguos mexicanos a traves de sus cronicas y cantares*. México: Fondo de Cultura Económica.
2. Anónimo. 1992. *History and mythology of the Aztecs: the Codex Chimalpopoca*. Translated by John Bierhorst. Tucson: University of Arizona Press.

예로부터 이야기하기를, 말하기를[1]
이전에 네 번의 세상이 있었고,
지금은 다섯 번째 세상이라고 한다.

옛사람들이 알고 있었듯이
1토끼 해에[2]
땅과 하늘이 생겨났다.
그리고 옛사람들이 알고 있었듯이,
땅과 하늘이 생겨날 때
네 종류의 인간이 있었다.
네 종류의 생명이 있었다.
마찬가지로 각 세상마다

1 구전에서는 기억이 용이하도록 "이야기하기를, 말하기를"처럼 동일한 의미의 어구를 자주 반복한다.

2 아스테카의 역법에서 1토끼 해는 52년 주기의 첫 해 명칭이다. 우리의 갑자(甲子)년쯤에 해당한다.

하나의 태양이 있었다.

옛사람들이 말하기를, 첫 인간은
신이 만들었으며, 재로 빚었다.
이런 일을 한 신은 케찰코아틀이었고,
때는 7바람이었다.

첫 번째 태양이 자리 잡았다
때는 4물이었다.
그래서 '물 태양'이라고 불렀다.
그런데 어느 날
물이 세상 만물을 쓸어가 버렸다.
사람들은 물고기로 변했다.

이어 두 번째 태양이 자리를 잡았다.
때는 4재규어였다.[3]
그래서 '재규어 태양'이라고 불렀다.
그런데 어느 날
하늘이 무너져서
태양은 더 이상 길을 갈 수 없었다.
태양이 중천에 도달했을 때의 일이라
곧 밤이 되었다.
세상이 캄캄해지자 재규어가 사람들을 잡아먹었다.

---

3 원문은 오실롯이다. 아스테카를 정복한 직후 에스파냐인은 호랑이라고 번역했는데, 지금은 일반적으로 재규어라고 번역한다. 오실롯과 재규어 모두 고양이과에 속하는 맹수이지만 다른 동물이다.

옛사람들이 말하기를,
거인들은 이렇게 인사했다고 한다.[4]
"떨어지지 마세요."
한 번 떨어지면
영원히 떨어지기 때문이다.

세 번째 태양이 자리 잡았다.
때는 4비였다.
그래서 '4비 태양'이라고 불렀다.
그런데 어느 날 하늘에서 불이 비처럼 쏟아졌다.
그때 살던 사람들은 불에 탔다.
또 자갈도 비처럼 내렸다.
옛사람들이 말하기를, 지금 보이는 자갈은
그때 쏟아진 것이다.
또 화산석도 끓어올랐다.
그래서 큰 바위가 붉은빛을 띠게 되었다.

네 번째 태양이 자리 잡았다.
때는 4바람이었다.
그래서 '바람 태양'이라고 불렀다.
그때 바람이 모든 것을 휩쓸어갔다.
사람은 모두 원숭이로 변했다.
살아남은 사람들은 산속으로 뿔뿔이 흩어져서
인간 원숭이로 살았다.

---

4 이 단락은 전체 맥락과 부합하지 않는다. 아마도 앞뒤 이야기가 누락되었을 것이다.

다섯 번째 태양의
때는 4움직임이었다.
그래서 '움직임 태양'이라고 부른다.
움직이기 때문이고, 지금도 길을 가고 있기 때문이다.
그리고 옛사람들이 말하듯이,
언젠가는 땅도 움직일 것이고,[5]
사람들은 굶어죽을 것이다.

2갈대. 3부싯돌. 4집. 5토끼. 6갈대. 7부싯돌. 8집. 9토끼. 10갈대. 11부싯돌. 12집. 13토끼. 1갈대. 2부싯돌. 3집. 4토끼. 5갈대. 6부싯돌. 7집. 8토끼. 9갈대. 10부싯돌. 11집. 12토끼. 13갈대.[6]

13갈대 해에
태양이 생겨났다고 말한다.
그때 태어난 태양이 지금 있는 태양이다.
그때 태양은 빛을 내뿜고
새벽이 밝아왔다.
움직임 태양이 지금 있는 태양이다.
4움직임이 이 태양의 날짜 상징이다.
그때 이 다섯 번째 태양이 자리를 잡았다.
언젠가는 땅이 움직일 것이다.
언젠가는 굶주림이 찾아올 것이다.

---

5 지진을 의미한다.

6 모두 연도의 이름인데, 전후 맥락이 닿지 않아서 아마도 단락이나 문장이 누락되었을 것으로 추정한다.

2. 다섯 번째 태양 신화

이 '다섯 번째 태양 신화'는 아스테카 태양 신화 가운데 가장 많이 알려진 신화이다. 아스테카인은 현재의 태양이 다섯 번째 태양이라고 여겼다. 이 태양은 네 번째 태양이 사라지고 세상이 어둠에 잠겼을 때, 두 신이 모닥불에 뛰어들어 자신을 희생함으로 만들어졌다. 먼저 뛰어든 신은 태양이 되고, 나중에 뛰어든 신은 달이 되어 현재 세상을 비추고 있다.

출처는 베르나르디노 데 사아군(1499~1590)이 편찬한 『피렌체 고문서』 제7권 제2장이다. 우리말로 옮길 때는 레온 포르티야의 에스파냐어 번역본을 대본으로 삼았으며, 가리바이의 에스파냐어 번역본 및 앤더슨과 디블의 『피렌체 고문서』 영역본을 참고했다.

참고문헌

1. Garibay, Angel María. 1961. *Llave del náhuatl, Colección de trozos clásicos*, vol. I, México: Editorial Porrúa.
2. León Portilla, Miguel(ed). 1971. *De Teotihuacán a los aztecas*. México: Universidad Nacional Autónoma de México.
3. Sahagún, Bernardino de. 1953. *Florentine Codex: General History of*

the Things of New Spain. Book 7. Translated and edited by Arthur J. O. Anderson and Charles E. Dibble, Santa Fe(New Mexico): The School of American Research and The University of Utah.

전해오는 얘기로는, 아직 밤이었을 때, 아직 빛이 없었을 때, 아직 여명이 없었을 때, 신들이 한데 모였다고 한다. 저기 테오티우아칸에서[1] 신들이 회합하여 의논했다고 한다.

"신들이여, 어서들 오십시오. 어느 분이 이 짐을 떠맡겠습니까? 어느 분이 세상을 비추겠습니까? 어느 분이 새벽이 되겠습니까?"

그러자 저기서 누군가 말했다. 테쿠시스테카틀이[2] 나서서 말했다.

"신들이여! 제가 하겠습니다."

다시 신들이 말했다.

"다른 분은 안 계십니까?"

그러자 신들은 서로 쳐다봤다. 서로를 바라보며 말했다.

"어쩌죠? 이 일을 어쩌면 좋단 말입니까?"

아무도 자기가 하겠다고 나서지 않았다. 하나같이 두려운 기색을 보이며 몸을 사렸다. 어느 누구도 선뜻 나서지 않았다.

---

1 테오티우아칸(Teotihuacán)은 멕시코시티에서 북동쪽으로 40킬로미터 떨어진 곳에 있는 고대 원주민문명 유적지이다. 이 문명은 기원전 2세기부터 발흥하여 8세기 중반에 몰락했다. 아스테카인이 북쪽에서 내려와 멕시코시티에 도착한 때가 12세기 중반이므로, 테오티우아칸과 직접적인 관계는 없다.

2 테쿠시스테카틀(Tecuciztécatl)은 아스테카인이 사용하던 언어(나우아틀어)로 '소라 속에서 사는 사람'이라는 뜻이다. 잘 생긴 멋쟁이 신이다.

나나우아친도[3] 다른 신들과 함께 그 자리에 있었다. 가만히 얘기를 듣고만 있었다. 신들은 나나우아친을 지목하고 이렇게 얘기했다.

"나나우아친, 당신이 하시오!"

나나우아친은 그 말에 따랐다. 기꺼이 그 말을 받아들이고, 이렇게 말했다.

"좋습니다. 여러분이 저에게 좋은 일을 시키셨습니다."

곧바로 두 신은 고행에 들어갔다. 나나우아친과 테쿠시스테카틀은 나흘 동안 단식했다.

그때 불도 피웠다. 저기서 모닥불이 활활 타오르고 있었다. 신들은 그 모닥불을 '신성한 바위'라고 불렀다.

아무튼 테쿠시스테카틀이 고행에서[4] 사용한 물건은 모두 귀한 것이었다. 전나무 가지는 케찰[5] 깃털로 만들었고, 풀잎 공은 금이었고, 가시는 옥이었다. 피 묻은 가시와 핏방울은 산호였고, 향도 최상품이었다.

그러나 나나우아친으로 말할 것 같으면, 전나무 가지는 푸른 풀잎이었다. 새 순을 세 개씩 묶은 다발이 아홉 개였다. 풀잎 공은 진짜 솔잎으로 만들었고, 가시도 진짜 선인장 가시였다. 가시에 묻은 피도 진짜 피였다. 향도 종기에서 뜯어낸 딱지였다.

두 신에게 각각 언덕을 만들어줬다. 그곳에서 두 신은 나흘 밤을 고행하며 머물렀다. 지금은 그 언덕을 피라미드라고 부른다.[6] 태양 피라미드와 달 피라

---

3 나나우아친(Nanahuatzin)은 나우아틀어로 '종기투성이'라는 뜻이다. 신들 가운데 가장 못나고, 또 천대 받는 신이다.

4 아스테카인은 시시때때로 용설란 가시로 자신의 몸을 찔러 피를 흘리는 의식을 치렀다. 이런 의식을 에스파냐어로 '고행'이라고 번역하는데, 서구에서 고행은 속죄의 의미가 있는데 반해 아스테카에서는 죄를 저지르지 않아도 자신의 피와 몸을 기꺼이 바친다는 의미로 사용했다.

5 케찰은 중미에서 서식하는 새로, 깃털이 아름다워서 아스테카의 귀족은 옷, 모자, 방패를 장식하는 데 사용했다.

6 테우티우아칸에 있는 태양 피라미드와 달 피라미드를 가리킨다.

미드라고 부른다. 나흘이 지났을 때, 고행이 끝났을 때, 두 신은 전나무 가지를 언덕 아래로 던졌다. 고행에 사용한 물건을 모두 땅바닥으로 던졌다. 이로써 고행을 끝냈는데, 아직도 밤이었으니 각자 소임을 완수해야 했다. 신이 되어야 했다.

이윽고 한밤중이 다가오고 있었으므로 두 신을 단장했다. 옷을 입히고, 치장해주었다. 테쿠시스테카틀에게는 백로 깃털 관을 씌우고 조끼를 입혔지만, 나나우아친에게는 종이만 주었다. 종이로만 머리를 둘렀기에 종이 관이라고 부른다. 입혀준 옷도 종이로 만들었고, 들보도[7] 종이로 만든 것이었다.

이렇게 해서 한밤중이 되자 모든 신이 모닥불을 둘러싸고 앉았다. '신성한 바위'라고 부르는 이 모닥불은 나흘 동안 타오르고 있었다. 신들은 양쪽으로 줄지어 앉아 있었고, 그 중간에 두 신이 서 있었다. 테쿠시스테카틀과 나나우아친이 서 있었다. 모닥불을 정면으로 보고 서 있었다.

그때 신들이 명했다. 테쿠시스테카틀에게 명했다.

"테쿠시스테카틀이여, 이제 뛰어드시오, 불 속으로 몸을 던지시오."

테쿠시스테카틀은 지체 없이 불 속으로 뛰어들려고 했다. 그러나 열기가 몸에 닿자 견딜 수가 없었고, 참을 수가 없었고, 버틸 수가 없었다. 모닥불이 한창이었기 때문이다. 불꽃이 널름거리고 있었기 때문이다. 숯이 벌겋게 달아올라 있었기 때문이다. 쳐다보기만 해도 무서웠기 때문에 테쿠시스테카틀은 중간에서 멈췄다. 뒤쪽으로 물러났다. 뒷걸음쳤다. 다시 한 번 몸을 던지려고 시도했다. 대번에 뛰어들려고 했다. 불속으로 몸을 던지려고 했다.

그러나 엄두가 나지 않았다. 무지막지한 열기가 덤벼들자 뒷걸음칠 수밖에 없었다. 꽁무니를 빼는 수밖에 없었다. 도무지 용기가 나지 않았다. 이렇게 네 번 시도했다. 네 번 꾀했다. 그러나 불 속으로 뛰어들지 못했다. 네 번 다 하겠다는 말뿐이었다. 네 번째 시도가 끝났을 때, 신들은 나나우아친을 향해

---

7 아랫도리 가리개를 뜻한다. 대부분의 고대인과 마찬가지로 아스테카의 평민 남자는 아랫도리 가리개만 착용했다.

소리를 질렀다. 나나우아친에게 이렇게 말했다.

"이제 당신이 하시오. 당신이 하는 게 낫겠소. 나나우아친, 어떻게 해보시오."

나나우아친은 단번에 일을 끝내려고 작정했다. 단단히 마음먹고, 무섭지 않도록 눈을 감았다. 도중에서 머뭇거리지 않았다. 주저하지 않았다. 뒷걸음치지 않았다. 곧바로 몸을 던졌다. 불 속으로 대번에 뛰어들었다. 그 즉시 몸에 불이 붙었다. 타닥거리는 소리가 났다. 치지직하며 살이 타는 소리가 났다.

테쿠시스테카틀은 불에 타고 있는 나나우아친을 보고, 불 속으로 뛰어들었다. 테쿠시스테카틀도 곧바로 불에 탔다.

전해오는 얘기로는, 그때 독수리도 두 신을 뒤따랐다. 갑자기 불 속으로 날아들었다. 아직도 타고 있는 모닥불 속으로 뛰어들었다. 그래서 독수리 깃털은 시커멓다. 그때 불에 탄 자국이다.

오실롯[8] 역시 몸을 던졌다. 모닥불이 약해졌을 때 뛰어들었다. 그래서 오실롯은 얼룩덜룩하다. 여기저기 불에 그슬린 자국이 생겼다. 새까맣게 타지는 않았다. 그래서 얼룩덜룩하니 검은 반점이 생겼다. 검은 점이 여기저기 흩뿌려져 있다.

그곳에서 그런 일이 있어서 이런 말이 생겼다. 그래서 이렇게 말한다. 용감한 전사를 가리켜 독수리오실롯 전사라고 부른다. 전하는 얘기에 따르면, 독수리가 맨 처음이기 때문이다. 맨 처음 불 속으로 들어갔기 때문이다. 오실롯은 그 다음이다. 그래서 둘을 함께 불러 독수리오실롯이라고 한다. 오실롯이 나중에 불 속으로 들어갔기 때문이다.

아무튼 두 신은 불 속으로 뛰어들자마자 전부 타버렸다. 다른 신들은 나나우아친이 나오기만을 기다리고 있었다. 맨 처음 불로 뛰어들었으므로 태양으

---

8 오실롯은 중미와 남미에 분포하는 고양잇과 동물을 가리킨다. 이 단어는 아스테카인이 사용하던 나우아틀어 오셀로틀(océlotl)에서 유래했다. 에스파냐인은 처음에 호랑이로 번역하였는데, 현재는 보통 재규어로 번역한다.

로 빛날 것이다. 어둠을 물리치는 여명이 될 것이다.

한참 시간이 지났을 때, 신들이 한참 기다렸을 때, 붉은 기운이 감돌기 시작했다. 사방이 여명으로, 밝은 빛으로 휩싸였다. 전하는 얘기로는, 그때 신들은 무릎을 꿇고 태양이 어디로 나오나 기다리고 있었다. 신들은 사방을 두리번거렸다. 여기저기를 빙 둘러보았다. 어느 곳으로 나올지는 신마다 의견이 달랐다. 하는 말마다 각기 달랐다.

몇몇 신은 망자의 방향, 즉 북쪽으로[9] 나올 것이라고 생각하여 그쪽을 바라보고 있었다. 몇몇은 서쪽이라고 생각해서 서쪽을 바라보고, 몇몇은 남쪽이라고 생각해서 남쪽을 바라보고 있었다. 밝은 빛이 에워싸고 있었기 때문에 사방을 지목한 것이다. 그러나 몇몇은 여전히 붉은 색의 방향,[10] 즉 동쪽을 바라보면서 이렇게 말했다.

“틀림없이 이쪽이다. 태양은 이쪽으로 나올 것이다.”

동쪽을 바라보며 손가락으로 가리키던 신들의 말이 사실이었다. 그곳을 바라보던 신들의 이름은 케찰코아틀(다른 이름으로는 에에카틀)[11], 토텍(즉 아나우아틀의[12] 주인), 붉은 테스카틀리포카였다. 그리고 수많은 미미스코아와 여신 네 명이었다. 네 여신의 이름은 티아카판, 토이쿠, 틀라코이에우에, 소코이오틀이다.

달을 뜻하는 아스테카 문자(항아리 모양의 하얀색)에 토끼를 새겨넣었다.

---

9 아스테카에서 북쪽은 망자가 가는 하계(믹틀란)가 있는 곳이다.

10 아스테카인은 동서남북에 각각 색깔을 부여했다. 동쪽은 빨간색, 서쪽은 하얀색, 남쪽은 파란색(藍), 북쪽은 검정색이다.

11 에에카틀(Ehécatl)은 바람의 신이다. 아스테카에서는 케찰코아틀과 에에카틀은 동일한 신이라고 여겼다.

12 아나우아틀(Anáhuatl)은 ‘반지’ 또는 ‘조개껍질로 만든 원반’이라는 뜻이다.

태양이 떠올랐을 때는, 처음 모습을 드러냈을 때는 마치 붉은색을 칠한 것 같았다. 그 얼굴을 쳐다볼 수 없었다. 얼마나 밝은지 눈이 아팠다. 뜨거운 햇볕이 사방으로 쏟아졌다. 내뿜는 열기가 도처에 스며들었다.

그 후에 테쿠시스테카틀이 떠올랐다. 태양을 뒤따라 나왔다. 저기 같은 동쪽 태양이 떠오른 곳에서 모습을 드러냈다. 모닥불에 뛰어든 순서대로 차례차례 나타났다.

이런 이야기를 전하는 사람에 따르면, 이런 이야기를 사람들에게 들려주는 사람에 따르면, 만물을 환하게 비출 때 생김새는 똑같았다. 신들이 보기에도 생김새가 똑같았으므로 다시 모여서 의논했다.

"신들이여. 이게 무슨 일입니까? 저 둘이 앞뒤로 나란히 다닐 텐데, 저 둘이 똑같이 만물을 비출 텐데, 어찌 하면 좋겠습니까?"

신들은 결정을 내리고, 이렇게 말했다.

"일이 이렇게 될 줄이야, 일이 이렇게 될 줄이야."

그때 어느 신이 달려와 토끼로 테쿠시스테카틀의 얼굴을 때렸다. 그래서 얼굴이 어두워졌고, 얼굴에 상처가 났는데, 지금도 그렇게 보인다.[13]

아무튼 둘이 함께 나타났는데, 둘 다 움직이지 않았다. 길을 가지 않고 가만히 있었다. 가만히 머물러있었다.

그래서 신들이 다시 얘기했다.

"우리더러 어찌 살라고 움직이지 않는 것인가? 우리더러 평민과 뒤섞여 살라는 것인가? 우리가 태양을 되살려놓았거늘, 이제는 우리 모두 죽는 수밖에 없구나."

에에카틀이 임무를 수행하려는 순간이었다. 신들을 죽이려는 순간이었다. 그러나 전하는 이야기에 따르면, 솔로틀 신은 죽고 싶지 않았다.

솔로틀[14] 신이 신들에게 말했다.

---

13 태양보다 어두운 달이 되었다는 뜻이다.

14 솔로틀(Xólotl)은 쌍둥이 신이다.

"신들이여, 죽기 싫습니다."

그리고 펑펑 울었다. 눈이 퉁퉁 부어올랐다. 눈꺼풀도 부어올랐다. 그러나 죽음이 솔로틀 신에게 다가오자 벌떡 일어나서 도망갔다. 푸른 옥수수 밭으로 뛰어들어 모습을 감추고 옥수수로 변했다. 그 옥수수는 한 뿌리에서 두 줄기가 올라온 모습이었다. 그래서 이런 옥수수를 가리켜 농부들은 솔로틀이라고 부른다.

그러나 옥수수 밭에서 들켰다. 다시 도망쳐, 용설란 밭으로 들어갔다. 이번에도 용설란으로 변해 두 개가 되었는데, 이런 용설란도 솔로틀이라고 부른다. 또 다시 들켰다. 그러자 물속으로 들어가 아솔로틀로, 아홀로테로[15] 변했다. 그렇지만 거기서 붙잡혀 죽음을 맞게 되었다.

이렇게 모든 신이 죽었는데도 태양은 꿈쩍도 하지 않았다고 한다. 태양의 길을 가지 않았다. 이제 에에카틀이 나설 때였다. 에에카틀은 두 발로 서서 바람으로 힘껏 밀었다. 바람으로 길을 가게 만들었다. 이렇게 태양을 움직이게 만들었고, 태양은 계속 길을 갔다.

태양은 행로를 따라갔는데, 달은 아직도 그 자리에 머무르고 있었다. 태양이 마침내 거처로 들어가자 달이 움직이기 시작했다. 이렇게 태양과 달은 서로 떨어지게 되었다. 태양이 떠올라 낮에 소임을 다하면, 달이 나타나 밤에 소임을 다한다.

이때까지 보았듯이, 이제까지 얘기했듯이, 나나우아친은 태양이 되었고, 테쿠시스테카틀은 달이 되었다. 만약 먼저 불속으로 뛰어들었다면 태양이 되었을 것이다. 제일 먼저 나섰고, 귀한 물건으로 고행했기 때문이다.

여기서 이야기는 끝난다. 옛날 옛적부터 선인들이 간직하고 있다가 대대로 들려준 이야기는 여기서 끝난다.

---

15 아솔로틀(axólotl)은 도롱뇽의 일종이다. 아홀로테(ajolote)라고 부르기도 한다.

3. 다섯 태양의 전설

「다섯 태양의 전설」은 『치말포포카 고문서』 제3부, 일명 '1558년 수고'에 실려 있다. 이 신화에 따르면, 세상은 1558년 현재로부터 2513년 전에 창조되었다. 그 이후로 네 번의 태양(시대)을 거쳐 당시는 다섯 번째 태양이었다.

첫 번째 태양의 이름은 재규어 태양으로, 676년 동안 존속했다. 두 번째 바람 태양은 364년, 세 번째 비 태양은 312년, 네 번째 바람 태양은 676년 동안 존속했다. 이 네 태양을 모두 더하면 2028년이므로, 마지막 움직임 태양은 1558년 현재 485년 동안 지속되고 있다. 이밖에도 이 신화에서는 인간이 어떻게 만들어졌고, 식량인 옥수수를 어떻게 얻게 되었는지도 얘기하고 있다.

아스테카의 여러 신화를 비교 연구한 현대 학자들에 따르면, 다섯 번째 태양은 아스테카인이 기존의 네 태양에 태양을 하나 더 덧붙인 것이다. 풀어서 얘기하면, 13세기 중엽에 멕시코시티에 도착한 아스테카인이 주변 도시국가를 정복함으로써 세상을 지배하게 되었는데, 이 세상을 다섯 번째 태양이라고 명명하고, 역사서나 다를 바 없는 태양 신화에 삽입한 것이다. 그리고 다섯 번째 태양이 "신들의 피와 신들의 왕국"을 달라고 요구한 것은 아스테카인의 우주관을 표현한 구절인 동시에, 인신공희를 정당화하기 위한 정치 이데올로기라고 해석한다.

번역 대본은 레온 포르티야가 편찬한 『고대 멕시코 문학』이다. 이 책에는 벨라스케스의 1945년 번역본을 레온 포르티야가 일부 수정한 번역본이 실려 있다. 이외에도 레온 포르티야의 『나우아 철학』과 비어호스트의 번역본을 참고했다.

참고문헌

1. Anónimo. 1992. *History and mythology of the Aztecs: the Codex Chimalpopoca*. Translated by John Bierhorst. Tucson: University of Arizona Press.
2. León-Portilla, Miguel. 1993. *La filosofía náhuatl*. México: Universidad Nacional Autónoma de México.
3. ＿＿＿＿＿(ed). 1978. *Literatura del México antiguo*. Caracas: Biblioteca Ayacucho.
4. Velázquez, Primo Feliciano. 1945. *Códice Chimalpopoca: Anales de Cuauhtitlan y Leyenda de los soles*. México: Imprenta Universitaria.

여기 옛날부터 전해오는 이야기가 있다. 아주 오래 전에 땅이 어떻게 생겨났고, 세상이 각기 어떻게 생겨났으며, 각각의 태양이 어떻게 시작되었고, 어떻게 기원했는지 이야기하고 있다. 1558년 5월 22일 현재로부터 2513년 전의 일이다.

§첫 번째 태양[1]

이 태양 4재규어는[2] 676년 동안 존속했다. 이 첫 번째 태양에서 살던

1 모든 소제목은 역자가 첨가했다.

2 원문은 오실롯이다. 아스테카를 정복한 초기에 에스파냐인은 호랑이로 번역했고, 현재는 통상

사람들은 재규어에게 잡아먹혔다. 4재규어 태양 때의 일이었다. 그때 사람들은 7풀을[3] 먹었다. 그리고 676년 동안 살았다. 사람들이 잡아먹힌 때는 13년이었다. 이로써 사람들은 전멸하고, 만사가 종말을 맞았다. 그때 태양도 파괴되었다. 그 해가 1갈대 해였다. 4재규어 날日에 잡아먹혔다. 이로써 태양은 종말을 맞고, 사람들은 전멸했다.

§두 번째 태양

이 태양은 4바람이라고 부른다. 이 두 번째 태양 아래서 살던 사람들은 바람에 휩쓸려갔다. 4바람 태양 때였다. 바람에 휩쓸려 사라진 사람들은 원숭이로 변했다. 살던 집과 나무도 모두 바람에 휩쓸려갔다. 이 태양 또한 바람에 휩쓸려갔다. 그때 사람들은 12뱀을 먹었다.[4] 그리고 364년 동안 살았다. 그러다가 하루 만에 바람에 휩쓸려 전멸했다. 4바람 날日에 전멸한 것이다. 그 해가 1부싯돌이었다.

§세 번째 태양

이 태양은 4비이다. 세 번째 태양, 4비 태양에서 살던 사람들 역시 전멸했

적으로 재규어로 번역한다. 그러나 오실롯과 재규어 모두 고양이과 맹수이기는 하나 다른 동물이다.

3 7풀은 동식물의 이름이 아니라 아스테카인 달력에서 사용하는 날짜 명칭이다. 식량이 7풀이라는 구절의 정확한 의미는 알 수 없다. 필사자의 오류일 수도 있다. 다른 문헌에서는 이 시대의 식량이 도토리였다고 얘기한다.

4 12뱀도 날짜 명칭이다. 이 시대에는 콩과 식물인 메스키트 열매를 먹었다고 전하는 문헌도 있다.

다. 불이 비처럼 쏟아져서 칠면조로 변했다. 태양 역시 불에 탔다. 집도 모두 불에 탔다. 이렇게 312년을 살다가, 어느 날 불 비를 맞고 전멸했다. 그때 식량은 7부싯돌이었다.[5] 그 해는 1부싯돌이었으며, 4비 날日이었다. 죽은 사람들은 칠면조로 변했다. 그래서 지금도 칠면조 새끼를 가리켜 피필피필pipilpipil이라고 부른다.[6]

§네 번째 태양

이 태양은 4물이라고 부른다. 52년간 물이 차있었기 때문이다. 이 네 번째 태양에서 살던 사람들은 4물 태양 시기에 살았던 것이다. 676년 동안 지속됐다. 그러다가 사람들은 전멸했다. 물에 빠져 죽었으며, 물고기가 되었다. 하루만에 하늘까지 물에 잠겨 전멸했다. 그때 사람들은 4꽃을[7] 먹었다. 그 해는 1집이었고, 4물 날日이었다. 산이라는 산은 모두 사라졌다. 52년간 물에 잠겨있었고, 이로써 이 시기도 종말을 맞았다.

네 번째 태양이 종말을 맞을 무렵, 티틀라카우안은[8] 타타라는[9] 이름의 남편과 네네라는 이름의 부인을 불러 이렇게 명했다.

"다른 일은 그만하고, 거대한 통나무를 파거라. 잘 살펴보고 있다가 하늘이 무너지면 그 안에 들어가야 하느니라."

---

5 7부싯돌 또한 날짜 명칭이다. 이 시대에는 옥수수의 조상에 해당하는 아시신틀리(다른 이름으로는 테오신틀레)를 먹었다고 전한다.

6 벨라스케스와 비어호프는 이 구절은 "지금도 어린아이를 가리켜 어린이(pipilpipil)라고 부른다"고 번역한다.

7 4꽃은 날짜 명칭이다. 이 시대에는 옥수수와 흡사한 신코코피(cincocopi)를 먹었다고 한다.

8 뒤에 나오지만 티틀라카우안(Titlacahuan)은 전능한 신 테스카틀리포카(Tezcatlipoca)의 또 다른 이름이다.

9 타타(Tata)는 아버지라는 뜻이며, 네네(Nene)는 여성의 성기라는 뜻이다.

이리하여 부부가 통나무 안으로 들어가자 티틀라카우안은 뚜껑을 덮고 일러주었다.

"너는 옥수수 한 대만 먹어야 한다. 네 아내도 마찬가지다."

옥수수를 다 먹은 부부는 물이 빠지고 있다는 것을 깨달았다. 통나무가 더 이상 움직이지 않았던 것이다.

뚜껑이 열리자 물고기 한 마리가 눈에 띄었다. 부부는 나뭇가지로 불을 피워 생선을 구워먹었다. 이 광경을 보고 있던 시틀랄리니쿠에와 시틀랄라토낙이[10] 말했다.

"신들이여! 지금 누가 불을 피웁니까? 누가 하늘을 연기로 뒤덮고 있습니까?"[11]

곧이어 티틀라카우안, 즉 테스카틀리포카가 내려와서 부부를 꾸짖었다.

"타타, 지금 뭐하는 짓이냐? 부부가 지금 무슨 짓을 하는 거냐?"

그리고 부부의 목을 잘라서 머리로 엉덩이를 때리자 개로 변했다.

§새 불 의식의[12] 기원

2갈대 해年, 다시 하늘로 연기가 피어올랐다. 그것은 우리들 때문이었다. 우리들이 살고 있었기 때문이다. 1토끼 해에 하늘이 자리 잡고, 잉걸이 떨어져서 불이 나타났다. 그 전 25년은 밤이었다. 아무튼 1토끼 해에 하늘이 자리

---

10 시틀랄리니쿠에(Citlallinicue)와 시틀랄라토낙(Citlallatónac)은 각각 '치마처럼 펼쳐진 무수한 별의 여신', '만물을 빛나게 하는 신'이라는 뜻으로, 여성성과 남성성이라는 이중성을 지닌 최고의 신을 일컫는다.

11 신들이 화를 낸 이유에 대해서는 허락하지도 않았는데 자기들 마음대로 불을 피웠기 때문이라는 해석도 있고, 금지된 육고기를 먹었기 때문이라는 해석도 있으며, 홍수로 완전히 파괴되었다고 생각하던 땅에 생존자가 있었기 때문이라는 해석도 있다.

12 아스테카인에게 52년은 우리에게 100년과 같은 의미가 있었다. 새로운 52년 주기가 시작되는 해에 아스테카인은 모든 불을 꺼트리고, 새로 지핀 불을 얻어서 음식을 조리하고 밤을 밝혔다.

케찰코아틀

잡았다. 하늘이 자리 잡은 후, 이미 얘기했듯이, 개들이 연기를 피웠다. 나중에 숯불이 떨어져서 테스카틀리포카가 불을 피웠다. 그래서 2갈대 해에 다시 하늘로 연기가 피어올랐다.

§새 인간의 탄생

그 즉시 신들이 모였다. 그리고 이렇게 말했다.

"어떤 신께서 땅에 살겠습니까? 하늘은 이미 자리를 잡았고, 땅도 자리를 잡았습니다. 어떤 신께서 땅에 거주하겠습니까?"

모두들 시큰둥했다. 시틀랄리니쿠에, 시틀랄라토낙, 아판테쿠츠틀리, 테판키스키, 케찰코아틀, 테스카틀리포카는 내키지 않았다.

그 후 케찰코아틀은 저승으로[13] 갔다. 믹틀란테쿠틀리와 믹틀란시우아틀

13 아스테카인의 세계관에서 믹틀란(Mictlan), 즉 저승은 지위고하를 막론하고 평범한 죽음을 맞이한 사람들이 가는 곳이다. 이 저승은 9층으로 이루졌으며, 망자가 9층까지 도달하는 데는 4년이 걸린다고 한다. 믹틀란테쿠틀리(Mictlantecuhtli)와 믹틀란시우아틀(Mictlancíhuatl)은 저

을 찾아가서 이렇게 말했다.

"당신들이 보관하고 있는 귀중한 유골을 가지러 왔습니다."

믹틀란테쿠틀리가 말했다.

"그것으로 무얼 하시려고요?"

케찰코아틀이 대답했다.

"신들이 걱정하고 있습니다. 누군가는 땅에 살아야 하니까요."

그러자 믹틀란테쿠틀리가 이렇게 말했다.

"알겠습니다. 먼저 이 소라나팔을 불고, 왕국을 네 번 도십시오."[14]

그러나 나팔에 구멍이 없었다. 케찰코아틀은 애벌레를 불러 구멍을 뚫게 했다. 그리고 꿀벌과 호박벌이 구멍으로 들어가 소리가 나게 만들었다.

나팔 소리를 들은 믹틀란테쿠틀리가 다시 말했다.

"좋습니다. 유골을 가져가십시오."

그러나 사자使者들에게는 이렇게 일렀다.

"사자들이여, 케찰코아틀에게 가서 유골을 놓고 가라고 일러라."

케찰코아틀은 생각했다.

"그렇게는 못하지. 영원히 내 것이지."

그리 고 자기 나구알에게[15] 말했다.

"유골을 두고 가겠다고 일러라."

나구알은 큰소리로 말했다.

"여기 두고 가겠소."

그리고 케찰코아틀은 지상으로 올라갔다.

승을 다스리는 남신과 여신이다.

14 벨라스케스의 번역은 다음과 같다. "내 소라나팔을 불고, 옥돌로 만든 내 의자 주위를 네 번 도십시오."

15 아스테카인의 믿음에 따르면, 인간은 자신을 수호해주는 마술적 힘을 지닌 동물(원숭이, 칠면조, 개, 재규어 등)이 있다고 믿었으며, 이를 가리켜 나구알(nagual)이라고 한다. 나우알(nahual)로 표기하기도 한다.

그때 케찰코아틀은 귀중한 유골을 소지하고 있었다. 한쪽에는 남자 유골이 있었고, 다른 쪽에는 여자 유골이 있었다. 케찰코아틀은 두 유골을 묶어서 꾸러미를 만들었다.

믹틀란테쿠틀리가 다시 사자들에게 말했다.

"정녕 케찰코아틀이 귀중한 유골을 가져갔단 말이더냐? 어서 가서 허방을 파거라."

사자들은 허방을 팠다.

케찰코아틀은 허방에 빠졌다. 메추리 떼가 덤벼들자 놀란 케찰코아틀은 기절했고, 귀중한 유골은 바닥에 흩어졌다. 메추리 떼가 유골을 물어뜯고 부리로 쪼았다.

조금 후, 정신을 차린 케찰코아틀은 울면서 나구알에게 말했다.

"나구알, 이 일을 어찌하면 좋단 말이냐?"

나구알이 대답했다.

"일이 잘못되었으면 잘못된 대로 해야지."[16]

케찰코아틀은 유골을 모아서 다시 묶었다. 그리고 타모안찬[17]으로 가져갔다.

케찰코아틀이 유골을 갖고 오자 킬라스틀리라는 이름의 여신, 즉 시우아코아틀이[18] 유골을 분쇄해서 귀중한 사발에 담았다. 케찰코아틀은 성기를 사발에 대고 피를 냈다. 그 즉시 여러 신은 고행에 들어갔다. 그 신의 이름은 아판테쿠틀리, 우익톨린키, 테판키스키, 틀랄라마낙, 촌테목 그리고 여섯 번째 신이 케찰코아틀이었다.

신들이 말했다.

---

16 원래 지상에는 거인들이 살았으나 이렇게 유골이 부서지는 바람에 지금은 키가 작아지고, 사람마다 키 차이가 생겼다고 한다.

17 타모안찬(Tamoanchan)은 아스테카인이 생각하는 천상낙원이다.

18 시우아코아틀(Cihuacóatl)은 '뱀 여자'이라는 뜻으로, 의사의 수호신이다.

"신들이여, 인간이 태어났다.

이처럼 신들이 고행했기 때문에 우리가 태어나게 된 것이다.

§옥수수 발견

다시 신들이 말했다.

"신들이여, 저들이 무엇을 먹어야 하오? 우리의 식량 옥수수를 주고 싶소이다."

그때 개미가 곡식 산에서[19] 옥수수 알갱이를 가져오고 있었다.

케찰코아틀은 개미를 발견하고 이렇게 얘기했다.

"어디서 옥수수를 가져왔는지 말해라."

그러나 개미는 대답하지 않으려고 했다. 케찰코아틀은 집요하게 되물었다. 마침내 개미가 대답했다.

"저쪽입니다."

그리고 개미는 케찰코아틀을 안내했다. 케찰코아틀은 그 즉시 검은 개미로 변했다. 붉은 개미가 안내했다. 곡식 산으로 들어갔다. 케찰코아틀과 개미는 옥수수 알갱이를 꺼내왔다. 다시 말해서, 붉은 개미가 케찰코아틀을 곡식 산으로 안내했다. 곡식 산에는 옥수수 알갱이가 잔뜩 쌓여있었던 것이다.

케찰코아틀은 옥수수 알갱이를 등에 지고 타모안찬으로 왔다. 그곳에서 신들은 배불리 먹고 살고 있었다. 이윽고 케찰코아틀이 옥수수를 우리 입에 넣어주었다. 그래서 우리는 강건해졌다.

그 후에 신들이 말했다.

"곡식 산을 어찌할까요?"

---

19 '곡식 산'으로 번역한 토나카테페틀(Tonacatépetl)은 '우리 식량'이라는 뜻이다. 우리 식량이란 옥수수를 의미한다.

곡식 산은 여전히 저기에 있었다. 케찰코아틀은 곡식 산을 끈으로 묶어 잡아당겼는데, 꼼짝도 하지 않았다.

그러는 동안에 오소모코가[20] 점을 쳤다. 시팍토날 역시 점을 쳤다. 시팍토날은 여자이므로 오소모코의 아내이다.[21] 이윽고 오소모코와 시팍토날이 말했다.

"나나우아틀이[22] 햇살을 비출 때만이[23] 곡식 산은 열릴 것이다."

틀랄로케를[24] 모두 소집했다. 파란 틀랄로케, 하얀 틀랄로케, 노란 틀랄로케, 빨간 틀랄로케가 나타났다.

나나우아틀이 햇살을 쏘자 틀랄로케는 우리의 식량 옥수수를 훔칠 수 있었다. 하얀 옥수수, 검은 옥수수, 노란 옥수수, 빨간 옥수수, 강낭콩, 치아, 아마란스, 미치아우틀리[25] 등 우리를 위해서 우리 식량을 훔쳤다

§다섯 번째 태양

이 태양의 이름은 4움직임이다. 우리 태양이다. 지금 우리가 살고 있는 태양이다. 여기에 있는 것이 그 상징이다. 태양이 불속으로, 테오티우아칸의 신성한 모닥불 속으로 뛰어들었기 때문이다. 톨란 왕의 태양, 다시 말해서 케찰

---

20 오소모코(Oxomoco)는 밤의 여신이다. 바로 뒤에 나오는 시팍토날(Cipactónal)은 낮의 남신이다.

21 흔히 오소모코는 여자, 시팍토날은 남자라고 하는데, 「다섯 태양의 전설」을 쓴 저자는 이러한 견해가 잘못이라고 강조한 구절이다.

22 나나우아틀(Nanáhuatl)은 나나우아친(Nanahuatzin)이라고 부르기도 한다. 온몸에 부스럼이 돋아있으며, 신 중에서 가장 미천한 신이다.

23 벨라스케스와 비어호스트는 이 구절을 "나나우아틀만이 막대기로 곡식 산을 털 수 있다"고 번역한다.

24 틀랄로케(tlaloque)는 물의 신 틀랄록의 명을 받고 비를 내리는 신이다.

25 미치아우틀리(michyauhtli)는 아마란스의 일종이다.

코아틀의 태양과 동일한 태양이다.

이 태양이 되기 전의 이름은 나나우아틀이며, 타모안찬 출신이다. 독수리, 재규어, 매, 늑대.[26] 6바람과 6꽃, 둘 모두 태양의 이름이다.

여기 이름하여 신성한 모닥불이 있다. 4년 동안 불타올랐다. 토나카테쿠틀리와 시우테쿠틀리가 나나우아틀을 불러서 말했다.

"이제부터 당신이 하늘과 땅을 유지할 것이다."

심란해진 나나우아틀이 말했다.

"지금 무슨 말씀인지요? 저는 불쌍한 환자입니다."

두 신은 4부싯돌을 불렀다. 4부싯돌은 달月이다. 물의 천국을 다스리는 신도 불러왔고, 틀랄로케 중의 한 명인 나파테쿠틀리도 불러왔다.

이윽고 나나우아틀은 금식을 하고, 바늘과 가시를[27] 챙겼으며, 달에게도 가시를 주었다. 둘은 고행을 했다.[28] 먼저 나나우틀이 목욕했고, 다음에 달이 목욕했다. 달의 가시는 귀한 깃털이었으며, 바늘은 옥이었고, 향도 옥을 사용했다.

나흘이 흘렀다. 나나우아틀을 백토白土로 칠하고 깃털을 달아주었다. 나나우아틀은 불로 뛰어들었다. 그동안 4부싯돌은 여자처럼 춤을 추고 노래를 불렀다. 나나우아틀은 불 속에 떨어졌다.

달은 재에 떨어졌다.

나나우아틀은 불속으로 뛰어들 때 독수리를 붙잡아 데려갈 수 있었다.[29] 재규어는 데려갈 수가 없었다. 재규어는 불 옆에 서 있다가 훌쩍 뛰어넘었다. 그래서 반점이 있다. 거기서 매는 까맣게 그을렸고, 늑대는 살짝 그을렸다. 이 세 동물은 데려가지 못했다.

---

26 이 구절은 문맥에서 벗어난 듯이 보인다.

27 아스테카인은 종종 선인장 가시로 자기 몸을 찔러 피를 흘리는 의식을 거행했다.

28 고행이란 가시로 몸을 찔러 피를 냈다는 뜻이다.

29 그래서 불에 탄 독수리 깃털은 까맣다.

나나우아틀이 하늘에 도착했을 때, 토나카테쿠틀리와 토나카시우아틀은 나나우아틀을 목욕시키고, 홍학 깃털로 만든 왕좌에 앉혔다. 그리고 빨간 띠로 머리를 동여매주었다.

나나우아틀은 나흘간 하늘에 머물렀다. 4움직임 날日에 멈춘 것이다.[30] 4일 동안 움직이지 않고 가만히 있었다.

그때 신들이 말했다.

"왜 안 움직이지?"

그리고 까만색 매를 보내 물었다.

"신들이 안 움직이는 이유를 물어보랍니다."

태양이 대답했다.

"신들의 피와 신들의 왕국을 달라는 것이다."[31]

신들은 상의했다. 샛별의 신은 화를 내고, 말했다.

"내가 화살을 쏘면 아마 움직일 것입니다."

그리고 태양을 향해 화살을 날렸으나 맞히지 못했다.

"이런!"

태양이 샛별의 신에게 화살을 쏘았다. 붉은 깃털이 달린 화살이었다. 그때 아홉 층의 하늘이[32] 한꺼번에 샛별의 신 얼굴을 덮었다. 이 샛별의 신은 서리가 되었다.

신들이 모였다. 남신은 티틀라우아칸과 우이칠로포츠틀리, 여신은 소치케찰, 이아팔리이쿠에, 노츠팔리이쿠에였다. 이 신들은 저기 테오티우아칸에서 자진自盡했다.

---

30 비어호스트는 "4움직임 일에 나타났다"고 옮기고 있다.

31 비어호스트는 "신들의 피, 신들의 색깔, 신들의 귀한 물질을 달라는 것이다"라고 옮긴다. 여기서 피, 색깔, 귀한 물질은 모두 피를 가리킨다.

32 아스테카의 하늘이 몇 층인지는 문헌마다 상이하다. 여기에서는 9층이지만, 어떤 문헌에서는 13층이라고 한다.

태양이 하늘로 떠난 후, 재에 떨어진 달도 움직였다. 달이 하늘 가장자리에 도착했을 때, 술에 취한 주신이 다가와서 토끼 모양의 주전자로 얼굴을 가격했다.

교차로에서 만난 치치미메,[33] 즉 콜렐레틴이 달에게 말했다.

"어서 오시오."

치치미메는 오랫동안 달을 붙잡고 누더기 옷을 입혔다.

그때 4움직임 태양이 정지했고, 밤이 되었다.

33 치치미메(Tzitzimime)는 끊임없이 세상을 파괴하는 요괴들이다.

5. 그림을 통해서 본 메시카인의 역사

이 문헌은 에스파냐가 아스테카를 정복한 직후인 1530년대에 작성되었다. 저자는 명확하지 않은데, 프란치스코 수도회 소속의 안드레스 데 올모스 수사로 추정한다. 그로부터 수세기가 지난 1891년 호아킨 가르시아 이카스발세타가 이 원고를 발굴하여 '그림을 통해서 본 메시카인의 역사'라는 제목으로 처음 출판하였다.

책의 서두에서 밝히고 있듯이, 저자는 원주민이 남겨놓은 여러 '그림', 즉 고문서를 읽고 주요 내용을 에스파냐어로 풀어놓았다. 총 20장과 부록 3장으로 구성되어 있는데, 천지창조, 인간창조, 태양 신화, 아스테카인의 유랑과 테노츠티틀란(현재의 멕시코시티) 정착을 다루고 있다.

이 가운데 태양 신화를 살펴보면, 현재까지 모두 5번에 걸쳐 태양이 창조되었다고 기술하고 있다. 첫 번째 태양은 물속에 빠져 사라졌고, 두 번째 태양은 바람에 휩쓸려갔으며, 세 번째 태양은 불 비로 파괴되었고, 네 번째 태양은 홍수로 몰락했다. 마지막 다섯 번째 태양은 신이 아들을 희생시켜 만들었으므로 인간의 심장과 피를 바쳐야 한다는 것이다. 이 태양 신화는 구체적인 부분에서는 다른 태양 신화와 차이가 있지만 기본 구성은 유사하다.

여기에서는 아스테카의 신화를 다룬 부분, 즉 1장에서 9장까지 번역했다. 번역 대본으로는 1965년 가리바이가 편찬한 책을 사용했으며, 일부 신 이름과 지명은 현대 명칭으로 바꾸었다.

참고문헌

1. Garibay, Angel María(ed.). 2005. *Teogonía e historia de los mexicanos : tres opúsculos del siglo XVI*. México D.F.: Editorial Porrúa.

§세계 창조와 최초의 신들

메시카인이[1] 사용하는 글자를 보면,[2] 기독교를 믿지 않던 시대에 사제와 교황을[3] 지낸 사람들과 옛사람들이 남긴 문헌을 보면, 신전에서 법을 배우고 또 법을 시행하도록 교육받은 귀족과 통치자들의 말을 들어보면, 한눈에 봐도 오래되고 대다수는 인간의 피가 묻어있는 그 사람들의 책과 그림을 내 앞에 쌓아놓았는데, 다음과 같다.

한 신이 있었는데, 토나카테욱틀리라고[4] 불렀다. 이 신의 아내는 토나카시우아틀, 다른 이름으로는 카체케카틀이라고 불렀다. 두 신은 스스로를 창조했으며, 항상 제13하늘에[5] 머물렀다. 제13하늘의 시초에 대해서는 알려진 바

1 아스테카인은 스스로를 가리켜 메시카(Mexica)인이라고 불렀다. 아스테카라는 말이 널리 쓰이게 된 때는 19세기 중반부터이다.

2 아스테카인이 사용하던 그림문자를 뜻한다.

3 이 단락은 에스파냐 수사의 말이다. 아스테카에 교황이 있었던 것은 아니지만 서구인이 이해하기 쉽도록 사제의 우두머리를 '교황'으로 옮긴 것이다.

4 현재는 토나카테욱틀리(Tonacateuctli)보다는 토나카테쿠틀리(Tonacatecuhtli)라고 표기한다. 토나카테쿠틀리와 토나카시우아틀(Tonacacihuatl)은 이중적인 속성을 지닌 아스테카 최상의 신이다. 다른 문헌에서는 오메테오틀이라고 부른다.

5 아스테카인은 하늘을 몇 층으로 생각했는지는 논란의 대상이다. 이 문헌에서는 13층이라고 하지만 어떤 문헌에서는 9층이라고 한다. 현재의 통설은 13층이다.

가 전혀 없다. 오로지 창조되었다는 것, 거기 있다는 것, 그리고 제13하늘에서 그런 일이 일어났다는 것뿐이다.

이 남신과 여신은 네 명의 자식을 낳았다.

장자는 붉은 테스카틀리포카라고 불렀다. 우에호친코 사람들과 틀라스칼라 사람들은 이 신을 주신으로 섬겼으며, 카마스틀레라고 불렀다. 이 신은 태어날 때부터 온통 붉은색이었다.

둘째 아들은 검은 테스칼리포카라고 불렀다. 이 아들은 성질이 괄괄하여 다른 세 아들을 제압하고 장악했다. 넷 중에서 중간에 태어났기 때문이다. 태어날 때부터 검은색이었다.

셋째 아들은 케찰코아틀이라고 불렀다. 다른 이름은 이오우알리 에에카틀이다.[6]

넷째이자 막내아들은 오미테쿠틀리라고 불렀다.[7] 다른 이름으로는 마키스코아틀인데, 메시카인은 우이칠로포츠틀리라고 불렀다. 왼손잡이이기 때문이다. 메시카인은 이 신을 최고의 신으로 섬겼다. 고향에서부터 최고의 신으로 섬겼기 때문이고, 다른 신들과는 다르게 전쟁의 신이었기 때문이다.

토나카테욱틀리와 토나카시우아틀의 네 자식 가운데 테스칼리포카는 모든 생각을 알고 있었고, 모든 곳에 있었으며, 모든 마음을 읽었다. 그래서 모이오코이아라고 불렀다. 이 말은 전능하다는 뜻이다. 즉, 누구의 손도 빌리지 않고 만물을 만든다는 뜻이다.

또 이름이 이러하므로, 이 신은 공기처럼 그릴 수밖에 없었다.[8] 그래서 보통은 이 이름[모이오코이아]을 부르지 않았다.

막내 우이칠로포츠틀리는 메시카인의 신인데, 태어날 때 살은 없고 뼈뿐이

6 케찰코아틀(Quetzalcóatl)은 생명의 신, 옥수수의 신, 문화와 예술의 신이다. 이오우알리 에에카틀은 흔히 에에카틀(Ehécatl)이라고 부르며, 바람의 신이다.

7 일설에 따르면, 우이칠로포츠틀리(Huitzilopochtli)는 '왼손잡이 벌새'라는 뜻이라고 한다.

8 눈에 보이지 않으므로 그리지 않았다는 뜻이다.

었다.

이렇게 600년을 지냈다. 이 기간에 신들은, 부모나 자식이나, 아무 일도 하지 않았다. 그래서 이들의 그림에는 600년이라는 기간 외에는 아무런 설명이 없다. 20을 의미하는 기호로 20년씩 600년을 센다.[9]

이 신들은 이런 이름 외에도 다른 이름이 많다. 사람들이 이해하는 바에 따라서, 즉 어떤 속성을 신에게 부여하느냐에 따라서 이름을 붙였기 때문이다.

그리고 종족마다 다른 이름을 붙였다. 언어가 다르기 때문이었다. 이렇게 해서 동일한 신을 여러 이름으로 부르게 되었다.

§세상을 어떻게 창조했고, 누가 창조했는가?

토나카테욱틀리에게서 4형제가 태어나고 600년이 흘렀을 때, 4형제는 모여서 해야 할 일과 다스릴 법을 정하는 게 좋겠다고 말했다.

모두들 케찰코아틀과 우이칠로포츠틀리에게 그 일을 맡겼다. 나머지 두 형제의 판단과 의견이 그러했기 때문이다.

두 신이 불을 만들었다. 만들기는 만들었는데, 반쯤 만들어서 완전하지 못했다. 눈부시게 빛나지 않고 흐릿했다.

다음으로 남자 한 명과 여자 한 명을 만들었다. 남자는 우수무코라고 불렀고, 여자는 시팍토날이라고 불렀다. 두 사람에게 땅을 일구라고 명했다. 또 여자에게는 실을 잣고 베를 짜라고 명했다.

이 두 사람에게서 많은 평민이 태어났다.[10] 쉬지도 못하고 항상 일만하는 사람들이다.

그리고 신들은 여자에게 옥수수 몇 알을 주었다. 치료도 하고, 점도 치고

9 아스테카인은 20진법을 사용했다.

10 아스테카는 신분제 사회로, 귀족은 통치하고 평민은 농업, 수공업, 상업에 종사했다.

주술을 행하라고 준 것이다. 그래서 오늘날에도 여자들은 이렇게 사용한다.

이어 날日을 만들고, 달로 나누었다. 한 달은 20일이고, 1년은 18개월, 360일인데, 나중에 다시 얘기하겠다.[11]

두 신은 믹틀란테쿠틀리와 믹테카시우아틀도 창조했다. 이들은 부부였다. 또 저승의[12] 신이었으므로 저승에 두었다.

그 다음에는 제13하늘 아래의 여러 하늘을 창조했다. 물도 만들고, 그곳에다 시팍틀리라고 부르는 큰 물고기를 만들었는데, 악어처럼 생겼다. 뒤에 이야기하겠지만, 이 물고기로 땅을 만들었다.

물의 남신과 여신을 창조하려고 모인 네 신은 틀랄테쿠틀리와[13] 부인 찰치우틀리쿠에를 만들었다. 물의 신으로 창조한 것이다. 메시카인은 물이 필요할 때 이 두 신에게 빌었다.

물의 신에 관해 전해오는 이야기에 따르면, 집에 방이 4개 있다고 한다. 중앙에 큰 정원이 있는데, 이곳에 거대한 물통 4개가 있다. 하나는 매우 좋은 물로, 이 물통에서 비가 내리면 모든 빵과[14] 씨앗이 잘 자라고, 풍년이 든다. 다른 물통은 물이 나빠서, 이곳에서 비가 내리면 빵에 거미줄이 생기고, 작물이 시든다. 또 다른 물통에서 비가 내리면 얼음이 떨어지며, 나머지 물통에서 비가 내리면 열매가 안 맺히고 말라붙는다.

이 물의 신은 비를 내릴 때 이용하려고 몸집이 작은 심부름꾼을 많이

---

11 나중에 다시 나오지만, 아스테카의 태양력에서 1년은 365일이다. 20일x18개월=360일이고, 나머지 5일은 여분의 날이라고 불렀다.

12 원문은 '지옥'인데, 기독교 사고의 산물이라서 저승으로 번역한다. 아스테카인은 저승을 믹틀란(Mictlán)이라고 불렀다.

13 다른 신화를 보면, 물을 관장하는 남신은 틀랄록(Tláloc)이다.

14 아스테카인에게는 '빵'이라는 개념 자체가 없었다. 16세기에 이 문헌을 편찬한 사람이 원주민 문화를 에스파냐 문화의 맥락에서 기술했다는 증거인데, 이후에도 길이의 단위 레과(legua)를 비롯하여 지명 멕시코시티, 누에바에스파냐(Nueva España), 곡물 밀 등 아스테카 정복 이후에 에스파냐인이 사용하던 단어가 종종 등장한다.

만들었다. 심부름꾼은 앞서 언급한 집의 4방에 기거하며, 양손에 물통에서 물을 담는 단지와 막대기를 들고 있다. 비의 신이 물을 얼마동안 주고오너라고 명령하면 심부름꾼은 단지와 막대기를 들고나가서 명령 받은 대로 물을 준다. 천둥은 이들이 막대기로 단지를 깨뜨리는 소리이고, 번개는 단지 안에 들어있던 것 또는 단지의 일부분이다.[15]

80년 전에 찰코의 지배자는 데리고 있던 곱사등이를 물의 신 심부름꾼들에게 희생물로 바치려고 화산으로 데려가라고 명했다. 이 화산은 매우 높고 항상 눈이 쌓여 있으며, 이 멕시코시티로부터 15레과[16] 떨어진 곳에 있다. 찰코 지배자의 명을 받은 하인들은 곱사등이를 동굴에 넣고 문을 봉해버렸다. 곱사등이는 먹을 것이 없어서 정신이 몽롱해졌다. 그리고 어느 곳으로 갔는데, 그곳에서 앞서 말한 궁전을 보았고, 신의 생활을 목격했다. 나중에 하인들이 죽었는지 살펴보려고 왔다. 그런데 살아 있어서 데리고 갔다. 곱사등이는 자기가 본 바를 얘기했다.

이 해, 찰코 사람들은 메시카인에게 패해서 노예가 되었다. 그 일이 패배의 징조였다고 전한다.

그 후, 네 신이 함께 모여서 물고기 시팍틀리로 땅을 만들었다. 그 땅을 틀랄테쿠틀리라고 불렀다. 물고기로 만들었으므로 그림에서는 물고기를 덮고 있는 땅의 신으로 그린다.[17]

---

15 단지가 깨질 때 튀는 불꽃으로 추정한다.

16 레과는 에스파냐에서 사용하던 길이의 단위로 지역과 시대에 따라서 4~7킬로미터에 이른다. 16세기 에스파냐에서 육상 거리를 측정할 때 사용하던 1레과는 약 4.8킬로미터이다.

17 2006년 10월 멕시코시티의 대신전(Templo mayor)에서 가로 3.62미터, 세로 4.19미터, 무게 12.35톤에 달하는 틀랄테쿠틀리(Tlaltecuhtli) 석조상이 발굴되었다. 본문에서는 남신이라고 얘기하고 있으나 여신의 속성도 지니고 있다. 다시 말해서 남성이면서 여성인 이중성을 띄고 있다.

§태양의 창조. 얼마나 많은 태양이 있었으며, 각 태양은 얼마나 지속되었는가? 각 태양 때 평민이 먹은 것과 거인에 대한 이야기

위에서 언급한 것은 모두 만들어지고 창조되었는데, 햇수를 계산하지 않는다. 시간을 구분하지 않고 뭉뚱그려서 얘기한다.

이런 일이 시작될 무렵, 이미 얘기한 바 있는 최초의 남자와 여자에게서 남자 아이가 태어났다. 이름은 필친테쿠틀리였다. 결혼할 여자가 없었기 때문에 신들은 소치케찰의[18] 머리털로 여자를 만들어주었다. 필친테쿠틀리는 이 여자와 처음으로 결혼했다.

이런 일이 있었을 때, 네 신은 반쯤 만든 태양이 희미하게 빛나는 것을 보고, 나머지 반을 만들어서 땅 구석구석을 밝게 비추자고 말했다.

이를 지켜본 테스카틀리포카는 자신이 태양이 되어 땅을 비추었다.[19] 메시카인도 태양을 우리처럼 그린다. 전하는 얘기로, 우리가 보는 것은 태양이 아니라 태양의 광채이다. 태양은 아침에 나와서 한낮까지 길을 가고, 거기서 다시 동쪽으로 돌아가 다음날 또 나온다. 한낮부터 석양까지 보이는 것은 태양이 아니라 태양의 광채이며, 밤에는 나다니지를 않아서 보이지 않는다. 이처럼 테스카틀리포카는 신에서 태양이 되었다.

그리고 네 신이 모여서 거인들을 창조했다. 무척이나 크고, 힘이 센 사람들이라서 맨손으로 나무를 뽑을 정도였다. 음식은 참나무 도토리밖에 먹지 않았다. 이 거인들은 이 태양이 지속된 만큼 살았는데, 52년이 13번이었으므로, 676년이었다.

---

18 소치케찰(Xochiquétzal)은 미와 사랑의 여신이다.

19 첫 번째 태양을 가리킨다. 이 태양은 재규어 태양이라고 부르며, 뒤에 언급하듯이 52년이 13번 지났으므로 676년 동안 지속되었다.

§연도 계산법

이 첫 태양부터 연도를 계산하기 때문에 수를 나타내는 그림은[20] 이 태양부터 계속 앞으로 나가고, 신들이 태어나고 우이칠로포츠틀리가 살 없이 뼈로만 태어난 600년은, 앞서 말했듯이, 제쳐놓는다. 연도를 세는 순서와 방법을 얘기하면 이렇다.

앞서 얘기했듯이, 한 해는 360일이다. 매달 20일씩 18달이 있다. 여기서 남는 5일은 축제일로 정해져 있는데, 이에 대해서는 나중에 제전 행사를 언급할 때 말하겠다.

이미 말했듯이, 해年는 4개씩 센다.[21] 메시카인의 말에서도, 그림에서도 4년까지만 센다.

첫 해는 텍파틀tecpatl이라고 부른다. 돌이나 부싯돌 그림으로 나타낸다. 이런 부싯돌로 몸을 갈라서 심장을 꺼냈다. 둘째 해는 칼리calli라고 부르는데, 집 그림으로 나타낸다. 집을 칼리라고 부르기 때문이다. 셋째 해는 토츠틀리tochtli라고 부른다. 토끼 머리 그림으로 나타낸다. 토키를 토츠틀리라고 부르기 때문이다. 넷째 해는 아카틀acatl이라고 부른다. 물에서 자라는 갈대 그림으로 나타낸다.

이러한 네 명칭과 그림으로 센다. 그리하여 13에 이르면, 시작한 해로 돌아가므로 중요한 해로 간주한다. 로마인의 15년 주기나 5년 주기와[22] 같다. 4곱하기 13, 즉 4년 단위가 13번이므로 52년이 된다. 이 52년을 가리켜 메

---

20 '수를 나타내는 그림'이란 연도 표시 그림문자를 뜻한다.

21 이하에서 52년 주기를 설명하고 있다. 52년은 각각 고유한 이름이 있었다. 우리가 10간 12지를 결합하여 갑자년, 을축년 식으로 이름을 붙이듯이, 아스테카인은 부싯돌, 집, 토끼, 갈대라는 4개의 명칭과 1부터 13까지의 숫자를 결합하여 매해 이름을 붙였다. 이를테면, 1부싯돌 해, 2집 해, 3토끼 해, 4갈대 해, 5부싯돌 해 식으로 진행해서 다시 1부싯돌 해가 되기까지 52년이 걸린다(당연하지만 아스테카인은 아라비아 숫자를 사용하지 않았다. 현대인이 편의상 사용하는 것이다).

22 로마인은 15년마다 재산을 재평가하여 세금을 매겼으며, 5년마다 인구조사를 실시하였다.

시카인은 '시대'라고 불렀다.

52년이 되면 매우 엄숙한 의식을 올리며, 이 해를 대년大年이라고 불렀다. 지나간 시대는 과거로 돌리고, 다시 4년씩 헤아리기 시작했다.

이 해는 엄숙하고 또 새로운 시대로 들어가므로 메시카인은 관습적으로 모든 불을 꺼트렸으며, 사제들은 새 불을 얻기 위해서 이스타팔라파 근처에 있는 높은 산으로 올라갔다. 멕시코시티에서 2레과 거리의 그곳 신전에서 새 불 제전을 열었다.

이렇게 이 해부터[23] 계속해서 4년씩 계산한다. 4년이 13번 지나면 52년이 된다. 그리고 52년 단위로 모든 해를 계산한다.[24]

여기서 테스카틀리포카가 태양이던 시절에[25] 창조한 거인들 얘기로 돌아가면, 테스카틀리포카가 태양에서 물러난 뒤로 몰살되었다고 전한다. 호랑이가[26] 거인들을 죽여서 먹어버렸다. 그리하여 아무도 남지 않았다. 이 호랑이는 다음과 같이 창조되었다.

52년이 13번 지난 후에는 케찰코아틀이 태양이었다.[27] 테스카틀리포카는 태양에서 물러났다. 케찰코아틀이 거대한 지팡이로 가격하여 물에 빠뜨려버렸기 때문이다. 테스카틀리포카는 물속에서 호랑이로 변하여 거인들을 죽이려고 물 밖으로 나왔다. 이 일은 하늘에도 나타나있다. 큰곰자리의 큰곰이 물로 들어갔는데, 바로 그 큰곰이 테스카틀리포카이며, 저 높은 곳에서는 아직도 테스카틀리포카를 기억하고 있다고 전한다.

이 시기에 평민은 소나무 씨앗을 먹었다. 그 외에 다른 것은 먹지 않았다.

---

23 1부싯돌 해를 가리킨다.

24 서기를 도입하기 전에 우리가 60갑자를 사용하여 60년 단위로 연도를 표기했듯이, 아스테카인은 52년 단위로 연도를 표기했다는 뜻이다.

25 첫 번째 태양을 가리킨다.

26 16세기 에스파냐 사람들은 오실롯을 가리켜 호랑이라고 불렀다. 현재는 일반적으로 재규어라고 옮기고 있다.

27 두 번째 태양이다. 이 태양은 바람의 태양이며 676년 동안 지속되었다.

케찰코아틀은 52년의 13번 동안 태양이었으므로 676년 만에 종말을 맞았다. 테스카틀리포카는 신이므로 형제들이 원하는 모습으로 변했다. 그래서 호랑이로 변신하여 돌아다니다가 케찰코아틀을 걷어찼다. 쓰러진 케찰코아틀은 태양에서 물러났다. 거대한 바람이 불어와 케찰코아틀을 데려갔다. 평민도 모두 데려갔는데, 공중에 매달린 몇몇을 제외하고는 수컷 원숭이와 암컷 원숭이가 되었다.

저승의 신 틀라토카테쿠틀리가 태양이 되었다.[28] 이 태양은 52년이 7번 지나가는 동안 존속했다. 364년이다. 이 기간에 평민은 아시신틀리만[29] 먹었다. 씨앗은 밀처럼 생겼고, 물에서 자란다.

이 시기가 끝났을 때, 케찰코아틀은 하늘에서 불 비를 내렸다. 틀라토카테쿠틀리에게 태양 자리를 빼앗아서 이 신의 아내 찰치우틀리쿠에에게 넘겨주었다.[30] 이 태양은 52년씩 6번 태양이었다. 312년이다. 이 기간에 평민은 옥수수 비슷한 씨앗을 먹었다. 신코코피라고 부르는 씨앗이다.

이렇게 신들이 탄생한 이후 이 태양이 임무를 완수할 때까지 계산하면 2,628년이다.[31]

§홍수, 하늘의 붕괴와 재건

앞서 얘기한 찰치우틀리쿠에가 태양이던 마지막 해에는 비가 억수로 퍼부어 사방에 홍수가 났고, 하늘이 무너졌다. 평민도 모두 물에 떠내려가, 지금

28 세 번째 태양이다. (불)비의 태양이라고 부른다.

29 옥수수의 조상에 해당하는 야생풀 이름이다. 테오신틀레라고 부르기도 한다.

30 네 번째 태양, 물의 태양이다.

31 처음 600년+626년(첫 번째 태양)+626년(두 번째 태양)+364(세 번째 태양)+312년(네 번째 태양)=2,628년

있는 모든 종류의 물고기가 되었다. 이리하여 평민은 더 이상 존재하지 않게 되었다. 하늘도 없어졌다. 땅 위로 내려앉았기 때문이다.

네 신은 하늘이 땅 위로 내려앉은 것을 보았는데, 그 때가 4년의 첫 해였다.[32] 이후, 태양도 없어지고, 비가 무척 내렸다. 이때가 [4년의 세 번째 해인] 토끼 해였다.[33] 네 신은 땅 중심을 지나는 네 길을 만들었다. 그 길로 들어가서 하늘을 세우려는 것이었다.

그 일을 도와줄 사람으로 남자 네 명을 창조했다. 한 사람은 쿠아우테목이었고, 다른 사람은 이츠코아틀이었으며, 또 한 사람은 이츠말리였고, 마지막 한 사람은 테네수치틀이었다.

이 네 남자를 만든 후, 두 신 테스카틀리포카와 케찰코아틀은 거대한 나무가 되었다. 테스카틀리포카는 테스카쿠아우이틀이라고 부르는 나무가 되었다. 이 말은 '거울 나무'라는 뜻이다. 케찰코아틀은 케찰우에소틀이라고[34] 부르는 나무가 되었다. 두 신과 네 남자는 나무로 별이 박힌 하늘을 들어올렸다. 그 하늘이 지금의 하늘이다.

이렇게 하늘을 들어 올렸기 때문에, 아버지 토나카테쿠틀리는 이 두 신을 하늘과 별의 지배자로 삼았다.

테스카틀리포카와 케찰코아틀은 다시 세운 하늘을 지나다니면서 길을 만들었다. 하늘에 그 길이 보이는데, 그 길에서 두 신은 만나고, 그 후 지금까지 그 길에 있으며, 그 길에 거처하고 있다.

32 1부싯돌 해라는 뜻이다.

33 3토끼 해라는 뜻이다.

34 버드나무의 일종이다.

§하늘과 별이 복원된 다음에 일어난 일

하늘을 들어 올린 다음에 신들은 땅에 생명을 주었다. 하늘이 무너질 때, 모두 죽었기 때문이다.

홍수가 나고 둘째 해, 즉 갈대 해였을 때, 테스카틀리포카는 이름을 버리고, 미스코아틀이라는 이름으로 바꾸었다.[35] 그 말은 '구름의 뱀'이라는 뜻이다.

그래서 이 신을 이런 이름으로 부르는 사람들은 뱀으로 그린다.

이 해, 미스코아틀은 신들에게 바치는 제전을 열고자, 여느 때처럼 막대기에서 빛을 꺼냈다. 이것이 부싯돌로 불을 만든 시초였다. 가슴에 품고 다니던 막대기가 곧 부싯돌이었다. 이렇게 불을 꺼낸 다음부터 제전은 큰 불을 많이 만드는 행사가 되었다.

불을 꺼낸 이 둘째 해부터 여섯째 해가 될 때까지 주목할 만한 일은 없었다. 홍수가 나고 여섯째 해에 신테우틀이 태어났다. 최초의 인간 가운데 장남인 필친테쿠틀리의 아들이었다. 필친테쿠틀리는 신이었고 아내도, 앞서 얘기했듯이, 여신의 머리털로 만든 신이었기 때문에 죽을 수가 없었다.

그로부터 2년 뒤, 즉 홍수가 나고 여덟째 해에 신들은 많은 평민을 창조했다. 전에 있던 평민과 같았다. 열셋째 해가 다 지나가도록 다른 일은 그려놓은 것이 없다.

첫 번째 13년이 지나고 두 번째 13년의 첫 해였다. 전해오는 얘기로, 네 신이 모두 모여서 왜 땅이 밝지 않고 어둡냐고 말했다. 그리고 땅을 밝게 하려면 불과 빛을 만드는 수밖에 없으므로 땅을 밝힐 태양을 만들었다. 그리고 이 태양은 심장을 먹고 피를 마셔야 하고, 이를 위해서는 전쟁을 일으켜야 하며, 전쟁에서 심장과 피를 얻게 하자고 말했다.

모든 신의 뜻이 그러하였으므로, 두 번째 13년의 첫 해, 그러니까 홍수 후

---

35 뒤에 나오지만, 카마스틀레(Camaxtle)라고 부르기도 한다.

14년에 전쟁을 일으켰다. 이 전쟁은 2년 동안 지속되다가 끝났다. 셋째 해에 또 전쟁을 일으켰다.

이 때 테스카틀리포카는 남자 400명과[36] 여자 5명을 만들었다. 태양이 먹을 사람이 필요했기 때문이다. 남자는 4년밖에 살지 못했고, 다섯 여자는 살아남았다.

이 두 번째 13년의 열째 해에 필친테쿠틀리의 첫 아내 수치케찰이 전쟁에서 죽었다. 전쟁에서 죽은 첫 여자였다. 그리고 전쟁에서 죽은 수많은 여자 가운데 가장 힘이 센 여자였다.

§태양은 어떻게 만들어졌고, 그 뒤에는 무슨 일이 일어났는가

두 번째 13년의 열셋째 해, 즉 홍수가 일어난 지 26년이 되던 해에 신들은 태양을 만들기로 합의하고, 이 태양에게 먹을 것을 주려고 전쟁을 일으켰다. 케찰코아틀은 자기 아들을 태양으로 만들려고 하였다. 이 아들의 아버지는 케찰코아틀이지만 어머니는 없었다. 물의 신 틀랄로카테쿠틀리 또한 자기와 아내, 즉 달月인 찰치우틀리쿠에 사이에서 태어난 아들을 태양으로 만들려고 하였다.

이를 위해 두 아들은 ○일[37] 동안 아무 것도 먹지 않았으며, 귀에서 피를 빼냈다.

이렇게 금식하고, 기도와 희생을 드리고자 귀와 몸에서 피를 빼냈다.

이런 일이 다 끝나자, 케찰코아틀은 아들을 집어서 거대한 불 속으로 던졌다. 그곳에서 태양이 되어 솟아나와 땅을 밝혔다.

---

36 아스테카에서 400은 무수히 많다는 뜻이다.

37 원문에 공백이 있다. 아스테카에서 고행은 보통 4일 동안 행했기 때문에 가리바이는 4일이라고 추정한다.

불이 꺼진 다음에 틀랄로카테쿠틀리가 와서 아들을 재에다 던졌다. 거기서 달이 되어 나왔기 때문에 달은 잿빛이고 어둡다.

이 13년의 마지막 해에 태양이 빛나기 시작했다. 그 이전에는 항상 밤이었다. 달은 태양 뒤를 따라가기 시작했다. 그러나 결코 태양을 따라잡지 못한다. 태양과 달은 공중으로 다니지만 결코 하늘에 도달하지 못한다.

§태양과 달이 만들어진 후에 일어난 일

태양을 만들고 1년이 지난 뒤에, 다시 말해서 홍수 후 세 번째 13년의 첫 해에, 네 신 가운데 한 신인 카마스틀레는[38] 제8하늘로 가서 남자 4명을 만들고, 딸로 여자 1명을 만들었다. 전쟁을 일으켜서 태양에게 심장과 마실 피를 주려는 것이었다. 그런데 다 만들어놓은 사람들이 물속에 빠져서 다시 하늘로 돌아가 버렸다. 전쟁은 없었다.

그 다음해, 그러니까 세 번째 13년의 둘째 해에 카마스틀레, 다른 이름으로는 미스코아틀이 지팡이를 쥐고 바위를 쳤다. 그 바위에서 치치메카 사람 400명이 나왔다. 이들이 최초의 치치메카 사람이라고 한다. 우리는 이 사람들은 오토미 사람들이라고 부르는데, 에스파냐어로 풀자면 '산山 사람들'이라는 뜻이다. 나중에 얘기하겠지만, 이 사람들이 이 땅의 거주민이었는데, 메시카인이 와서 이 사람들을 정복하고 거주하게 되었다.

이 세 번째 13년의 열한째 해에 카마스틀레는 고행하였다. 용설란 가시로 혀와 귀에서 피를 냈다. 신들에게 무언가를 부탁할 때는 그런 곳을 앞서 말한 가시로 피를 내는 것이 관습이다.

카마스틀레가 이런 고행을 한 이유는 제8하늘에서 창조한 아들 네 명과

38 테스카틀리포카를 가리킨다.

딸을 내려오게 하여 치치메카 사람들을 죽이고 싶었기 때문이다. 태양이 먹을 심장을 얻으려는 것이었다.

이 세 번째 13년의 열두째 해에 아들 4명과 딸이 내려와서 나무에 자리를 잡았다. 이들은 독수리가 먹여 살렸다.

이 때 카마스틀레는 용설란 술과 다른 여러 술을 발명했다. 치치메카 사람들도 부지런히 술을 담갔는데, 먹고 취할 줄밖에 몰랐다.

이렇게 카마스틀레 자식들이 나무에 있을 때, 치치메카 사람들 눈에 띄게 되었다. 치치메카 사람들이 다가오자 자식들이 나무에서 내려와 치치메카 사람들을 몰살시켰다. 단지 세 명만 도망쳤다. 한 명은 시우넬이고, 또 한 명은 미미츠이며, 나머지 한 명은 그들을 창조한 신 카마스틀레였다. 그 당시 카마스틀레는 치치메카 사람으로 변장하고 있었다.

홍수 후 네 번째 13년의 넷째 해에 하늘에서 요란한 소리가 나더니, 머리가 둘 달린 사슴이 하늘에서 떨어졌다. 카마스틀레는 그 사슴을 잡으라고 명했다. 멕시코시티에서 3레과 떨어진 쿠이틀라우악에 살고 있던 사람들에게 그 사슴을 잡아서 신처럼 대접하라고 명했다. 사람들은 그 말대로 하였고, 4년 동안 먹을 것으로 토끼, 뱀, 나비를 주었다.

네 번째 13년의 여덟째 해에 카마스틀레는 이웃 사람들과 전쟁을 치렀다. 전쟁에서 이기려고 앞서 얘기한 사슴을 잡아서 짊어지고 갔다. 결국 승리하였다.

다섯 번째 13년의 둘째 해에 카마스틀레는 많은 불을 피워 하늘에 제전을 올렸다. 홍수 후 다섯 번째 13년이 끝날 때까지 카마스틀레는 항상 전쟁을 했다. 그 전쟁으로 태양에게 먹을 것을 바쳤다.

메시카인의 그림에 나타나 있듯이, 여섯 번째 13년의 첫 해에 치치메카 사람들은 카마스틀레와 전쟁을 벌여서 카마스틀레가 가져온 사슴을 빼앗았다. 그 때문에 카마스틀레가 승리했다.

카마스틀레가 사슴을 잃어버린 이유는 들판을 돌아다니다가 테스카틀리포카의 친척 여자를 만났기 때문이다. 이 여자는, 예전에 남자 400명을 만들 때 함께 만든 여자 5명의 후손이었다. 남자들은 다 죽고 여자들만 생존했는데, 그 후손이다. 이 여자가 카마스틀레의 아들을 낳았는데, 1갈대 왕[39]이라고 불렀다.

이 열셋째 해는 소년기를 지난 1갈대 왕이 7년 동안 어떻게 고행했는지를 그리고 있다. 혼자 산을 돌아다니며 피를 냈다. 신들이 1갈대 왕을 위대한 전사로 만들고 싶었기 때문이다.

홍수 후 여섯 번째 13년의 열셋째 해에 1갈대 왕은 전쟁을 시작했다. 그리고 툴라의[40] 최초 지배자가 되었다. 그곳에 사는 주민들이 용감하다고 지배자로 추대했기 때문이다.

이 1갈대 왕은 아홉 번째 13년의 둘째 해까지 살았는데, 그때까지 툴라의 지배자였다. 4년 전에 툴라에 거대한 신전을 세웠다. 신전을 세울 때 테스카틀리포카가 1갈대 왕을 찾아와서 말하기를, 온두라스 쪽에, 지금은 틀라팔라라고 부르는 곳에 집을 만들어 놓 았으니 그곳으로 가서 머물다가 죽어야 한다고 말했다. 또 지금 당장 툴라를 떠나야 하며, 그곳 사람들은 1갈대 왕을 신으로 여길 것이라고 말했다.

테스카틀리포카의 말을 듣고, 1갈대 왕은 예전에 하늘과 별도 4년 내에 떠나야 한다고 말한 적이 있다고 대답했다.

이리하여 4년이 다 지났을 때, 1갈대 왕은 툴라의 모든 평민을 데리고 떠났다. 촐룰라에 평민을 남겨두었는데, 여기서 촐룰라 사람들이 유래했다.

또 다른 사람들은 쿠스카틀란 지방에 남겨놓았다. 이들의 후손이 지금 그곳에 살고 있다. 이와 마찬가지로 셈포알라에도 남겨놓아 그곳에 사람들이 살

---

39 정식 명칭은 '지고한 1갈대 왕 케찰코아틀'(Ce Acatl Topiltzin Quetzalcóatl)이다. 현대에 와서는 흔히 케찰코아틀이라고 부르며, 역사적 실존 인물로 여긴다. 케찰코아틀 신과는 구별해야 한다.

40 툴라(Tula)는, 9세기부터 12세기까지 존속한 톨테카(Toteca) 문명의 중심도시이다. 멕시코시티에서 북쪽으로 75킬로미터 거리에 위치하고 있다.

게 되었다. 1갈대 왕은 틀라팔라에 당도하였고, 그날 병으로 쓰러져 죽었다.

틀라는 텅 비었다. 지배자 없이 9년이 흐른 것이다.

§메시카인이 누에바에스파냐로 출발하다

홍수 후 열 번째 13년도 다 흘러갔을 때, 즉 130년이 지났을 때, 메시카인은 아스틀란이라고 부르는 한 마을에 거주하고 있었다. 이 누에바에스파냐의[41] 서쪽으로 가다가 북쪽으로 꺾어진다. 이곳에 많은 사람이 살고 있었고, 마을 한가운데는 산이 있었다. 이 산에서 샘이 솟아나 강을 이루고 있어서 이 멕시코시티의 차풀테펙과 유사하다. 강 건너편에는 매우 큰 마을이 또 하나 있었는데, 쿨우아칸이라고 부른다.

연도 계산은 메시카인이 고향을 떠난 첫 해부터 시작하기 때문에, 여기에서도 이 해부터[42] 시작하여 연도를 계산하겠다. 이 해 메시카인은 정복할 땅을 찾아서 떠나기로 합의하였다.

출발에 앞서 카우디요, 즉 대장 3명을 뽑았다. 한 사람은 수이친이라고 불렀고, 다른 사람은 텍파친이라고 불렀으며, 나머지 한 사람은 쿠아틀리쿠에라고 불렀다. 이 3명과 함께 수많은 메시카인이 출발했다. 그림에는 몇 명인지 숫자가 나타나있지 않다.

메시카인은 상像을 지니고 다녔고, 신전을 건축하는 방법도 알고 있었다. 어디에 도착하든 우이칠로포츠틀리에게 신전을 지어주려는 것이었다. 아스틀

41 누에바에스파냐란 에스파냐가 신대륙을 정복한 이후에 현재의 멕시코 지역에 설치한 부왕령(副王領)의 명칭이다.

42 이하에서 저자는 『여정의 두루마리』라는 고문서의 내용을 이야기하고 있다. 이 문헌에 따르면, 아스틀란을 떠난 해는 1부싯돌 해이다. 통설에 따르면, 이 해는 서기 1168년이다.

란에 있던 신전에서 작별을 고하고, 길을 떠났으므로 길을 그린 그림은 신전에서 시작된다.[43]

43 이하는 아스테카인이 고향 아스틀란을 떠나 테노츠티틀란(Tenochtitlán), 즉 현재의 멕시코시티에 정착할 때까지의 여정을 다루고 있다.

6. 우이칠로포츠틀리 탄생 신화

우이칠로포츠틀리는 아스테카인이 숭배하던 전쟁의 신이다. 아스테카인은 여러 신을 숭배했으나 고유의 신은 우이칠로포츠틀리 하나뿐이었다. 나머지 모두 테노츠티틀란(현재의 멕시코시티)에 정착한 이후에 주변 사람들이 전통적으로 숭배하던 신을 수용한 것이다.

아스테카인은 우이칠로포츠틀리를 최고의 신으로 여기고, 비의 신 틀랄록과 함께 대신전에 안치했다. 그리고 시시때때로 포로로 잡아온 전사를 희생하여 이 신에게 바쳤다. 아스테카 인신공희의 대상 가운데 하나가 우이칠로포츠틀리인 것이다.

이 탄생 신화에 따르면, 우이칠로포츠틀리는 어머니 코아틀리쿠에 뱃속에서 완전 무장을 한 채로 태어나 누이와 형제들을 모두 죽였다. 누이와 형제들이 어머니를 살해하려고 공격했기 때문이다.

이 신화를 어떻게 해석하는가는 사람에 따라 다르지만, 어떤 학자는 해(우이칠로포츠틀리)와 달(누이)과 별(동생들)의 싸움으로 해석한다. 해가 달과 별을 물리쳤다는 것이다.

이 신화의 출처는 사아군 신부가 편찬한 『피렌체 고문서』 제3권 1장이며, 번역할 때는 레온 포르티야의 번역본을 대본으로 사용하였다. 앤더슨과 디블이 공역한 영역본도 참고하였다.

참고문헌

1. León-Portilla, Miguel(ed). 1978. *Literatura del México antiguo*. Caracas: Biblioteca Ayacucho.
2. Sahagún, Bernardino de. 1978. *Florentine codex. General history of the things of New Spain*. Book 3. Translated and edited by Arthur J. O. Anderson and Charles E. Dibble. Santa Fe, New Mexico: School of American Research ; Salt Lake City, Utah : University of Utah.

메시카인은 우이칠로포츠틀리를 무척 숭배했다.
메시카인은 이 신의 시작, 기원이
이렇다고 알고 있었다.

툴라 쪽에 있는 코아테펙에[1]
어떤 여자가 살고 있었다.
코아틀리쿠에라는[2] 이름의 여자가
거주하고 있었다.
400명의[3] 남방인과
이들의 누이인

1 코아테펙(Coatepec)은 '뱀 산'이라는 뜻이다.

2 코아틀리쿠에(Coatlicue)는 '뱀 치마'라는 뜻이다.

3 아스테카에서 400은 '많다', '무수하다'는 뜻이다.

우이칠로포츠틀리

코욜사우키의 어머니였다.

코아틀리쿠에는 그곳에서 고행을 하고 있었다.
빗자루로 청소하고 있었다. 비로 청소하는 것이 코아틀리쿠에의 일이었다.
이렇게 코아테펙, 즉 뱀 산에서
코아틀리쿠에는 고행을 하고 있었다.
한번은
빗자루로 청소하고 있는데,
위에서 깃털 뭉치가 내려오고 있었다.
귀한 깃털로 만든 공 같았다.
코아틀리쿠에는 깃털 뭉치를 받아서
품에 간직했다.
청소를 마친 후에
품에 간직한 깃털 뭉치를 찾았는데,
아무것도 없었다.
그때 코아틀리쿠에는 임신했다.

400명의 남방인은
어머니가 임신했다는 사실을 알고
격노했다.
"누가 어머니에게 이런 짓을 한 거야?
누가 임신을 시킨 거야?
우리를 얕보고, 욕보이는구나."

코욜사우키는 동생들에게
이렇게 말했다.
"동생들아. 어머니가 우리 명예를 더럽혔다.
임신한 못된 어머니를
죽이는 수밖에 없다.
그런데 뱃속의 아이는 누구 짓일까?"

코아틀리쿠에는 이 사실을 알고
무척이나 놀랐다.
무척이나 서러워했다.
그러나 뱃속에 있던 우이칠로포츠틀리는
코아틀리쿠에를 위로하며 이렇게 말했다.
"두려워하지 마세요.
내가 할 일이 무엇인지 잘 알고 있으니까요."
코아틀리쿠에는 뱃속에 있는 아들의 말을 듣자
위안이 되었다.
마음이 놓였다.
안심이 되었다.

그러는 동안 400명의 남방인은
함께 모여서 의논했다.
어머니를 죽이기로
결정했다.
어머니가 창피했기 때문이다.
400명의 남방인은 무척이나 화가 났다.
무척이나 분노했다.
심장이 튀어나올 듯이 격노했다.
코욜사우키는 어머니를 죽이라고
동생들을 부추겼다.
분노를 자극했다.
400명의 남방인은
무장을 하고
싸울 준비를 했다.
400명의 남방인은
고위 전사처럼 단장했다.
머리를 땋아서 위로 묶었다.
전사처럼 머리를 만들었다.

그러나 그들 가운데
쿠아우이틀리칵이 밀고했다.
400명의 남방인이 한 말을 듣자마자
곧바로 우이칠로포츠틀리에게 알려주었다.
우이칠로포츠틀리는
쿠아우이틀리칵에게 이렇게 대답했다.
"조심하세요. 감시하고 있으니까요.

아무튼 내가 해야 할 일을 잘 알고 있습니다."

마침내 400명의 남방인은 작심하고,
어머니를 죽이기로,
처지하기로 마음먹고,
코욜사우키의 지휘 아래
움직이기 시작했다.
모두 늠름했다. 모두 전투복을 입고,
무장하고 있었다.
400명의 남방인은 종이 옷과
괴물 머리 모양의 칼과 팔목장식과
색칠한 종이로 만든 장식을 착용하고,
종아리에는 방울을 줄줄이 묶었다.
오요우알리라고 부르는 방울이었다.
그리고 화살에는 뾰쪽한 촉을 달았다.

400명의 남방인이 움직이기 시작했다.
질서 있게 줄맞춰 갔다.
대오가 정연했다.
코욜사우키가 이끌고 있었다.

그러나 쿠아우이틀리칵은 그 즉시 산으로 올라갔다.
그곳에서 우이칠로포츠틀리에게 말했다.
"지금 오고 있다."
우이칠로포츠틀리가 대답했다.
"어디쯤 왔는지 잘 보세요."

쿠아우이틀리칵이 말했다.
"촘판티틀란을 지나고 있다."
우이칠로포츠틀리가 다시 말했다.
"이제 어디쯤 왔습니까?"
쿠아우이틀리칵이 대답했다.
"코아살판을 지났다."
또다시 우이칠로포츠틀리가 쿠아우이틀리칵에게 물었다.
"지금은 어디쯤에 왔습니까?"
그 즉시쿠아우이틀리칵이 대답했다.
"산기슭에 왔다."
우이칠로포츠틀리는 또 물었다.
"지금은 어디쯤입니까?"
쿠아우이틀리칵이 대답했다.
"이제 정상에 올라왔다. 정상에 있다.
코욜사우키가 이끌고 있다."

바로 그 순간에 우이칠로포츠틀리가 태어났다.
옷을 갖춰 입고 있었다.
독수리 깃털 방패와
투창과 청색 창
이름하여 청금석 창을 들고 있었다.
얼굴은 빗금으로 색칠하고 있었다.
'어린이 그림'이라고 부르는 색깔이었다.
머리 위에는 아름다운 깃털을 꽂고 있었고,
귀걸이를 착용하고 있었다.
한 발, 그러니까 왼발은 가늘어서

깃털로 덮인 신발을 신고 있었다.
두 다리와 두 팔에도
청색을 칠했다.

토찬칼키라는 사람이
우이칠로포츠틀리가 들고 있는
시우코아틀이라고 부르는 뱀 모양의 횃불에 불을 붙였다.
우이칠로포츠틀리는 이 시우코아틀로
코욜사우키를 베었다.
코욜사우키 머리는
코아테페틀 산기슭으로 떨어졌다.
코욜사우키 몸은
아래로 굴러
산산조각이 났다.
손도 다리도 몸도
여러 조각이 났다.[4]

우이칠로포츠틀리는 벌떡 일어나
400명의 남방인을 뒤쫓았다.
추격해서 궁지에 몰아넣고,
코아테페틀 정상에서 뿔뿔이 흩어지게 만들었다.
400명의 남방인을
산 밑까지 쫓아갔다.

---

4 1978년 전력공사를 하던 중 멕시코시티의 대신전 유적지에서 코욜사우키(Coyolxauhqui) 유물이 발견되었다. 직경 3미터, 두께 30센티미터, 무게 30톤의 이 석조 유물에는 신화에서 기술한 것처럼 사지가 절단된 코욜사우키의 모습이 새겨져 있다.

산을 돌며
400명의 남방인을 토끼몰이 하듯 추격했다.
이렇게 네 바퀴를 돌았다.

400명의 남방인은 우이칠로포츠틀리에게 손을 쓸 수 없었다.
대적해볼 수도 없었다.
발목에 매단 방울을 울려도 소용이 없었다.
방패를 두들겨도 소용이 없었다.
도저히 방법이 없었다.
어찌할 도리가 없었다.
공격을 막아낼 수가 없었다.

우이칠로포츠틀리는 400명의 남방인을 뒤쫓았다. 섬뜩하게 만들었다.
닥치는 대로 죽였다. 모조리 죽였다. 몰살했다.
한 명도 놓아주고 않고
계속 추격했다.
그러나 대부분은 우이칠로포츠틀리에게 빌면서 말했다.
"이제 그만해라."

그러나 우이칠로포츠틀리는 만족하지 않았다.
있는 힘을 다해 공격하고,
뒤쫓았다.
단지 몇 명만이 도망칠 수 있었다.
우이칠로포츠틀리 손아귀에서 벗어나서
남쪽으로 갔다.
이렇게 남쪽으로 갔기 때문에

남방인이라고 부른다.
소수만이 우이칠로포츠틀리 손아귀에서
벗어날 수 있었다.

우이칠로포츠틀리는 남방인을 다 죽였을 때,
분노를 다 폭발시켰을 때,
남방인의 옷과 장식품을 벗기고 괴물머리 모양의 칼을 빼앗았다.
옷과 장식품은 자기가 착용하고, 칼도 챙겼다.
자신과 운명을 함께하는
고유한 상징물로 삼았다.

사람들 얘기로, 이 우이칠로포츠틀리는
매우 비범했다.
귀한 깃털 뭉치가
어머니 코아틀리쿠에 뱃속에 들어가
임신했기 때문이다.
그 누구도 아버지라고 나서지 않았다.
메시카인은 우이칠로포츠틀리를 숭배한다.
희생물을 바치고,
경배하며 복종한다.
우이칠로포츠틀리는 경배하는 사람에게
보답을 한다.
우이칠로포츠틀리 숭배는
저기 코아테펙, 뱀 산에서 시작했다.
아주 오래 전부터 숭배해왔다.

제2부 콜럼버스의 항해

7. 산타페 협정

콜럼버스(Cristóbal Colón, 1451?~1506)가 신대륙으로 항해를 준비하던 15세기 말, 에스파냐는 여러 왕국으로 나뉘어져 있었다. 이 가운데 카스티야 왕국의 공주와 아라곤 왕국의 왕자가 1469년 결혼했다. 그런데 공주가 1474년 카스티야 왕국의 이사벨 여왕으로 등극하고, 왕자는 1479년에 아라곤왕국의 왕위를 물려받아 페르난도 2세로 즉위했다. 이렇게 부부가 각자 왕국의 왕이고 여왕이었으므로, 이들을 일러서 '가톨릭 양왕(兩王)'이라고 부른다.

가톨릭 양왕은 이베리아 반도의 마지막 이슬람 세력인 나사리 왕국을 축출하려고 1490년 경 그라나다 지방에 전시사령부를 건설하고 산타페라고 명명했다. 두 왕은 이곳에 거주하면서 전쟁을 독려하였고, 마침내 1491년 11월 25일 알람브라 궁전에 살던 나사리 왕국의 왕에게 항복문서를 받아냈다.

한편, 콜럼버스는 1483년 새로운 동양항로 개척이라는 계획서를 들고 포르

15세기 이베리아반도의 여러 왕국

투갈을 찾아갔으나 지구의 반경을 지나치게 작게 계산하였기에 지원을 얻지 못하였다. 이후 찾아간 카스티야 왕실도 처음에는 부정적인 입장이었으나 1486년 콜럼버스를 면담한 이사벨 여왕은 관심을 보이며, 그라나다의 나사리 왕국을 점령한 뒤에 재고해보겠다고 약속했다.

1491년 12월 이사벨 여왕은 약속한 대로 그라나다의 산타페에서 왕실자문회의를 소집하여 콜럼버스 계획안을 논의하였다. 이번에도 부결되었는데, 주원인은 콜럼버스의 무리한 요구 때문이었다. 에스파냐 왕실은 다년간 전쟁을 치른 끝이라서 재정이 넉넉하지 않았던 것이다. 그러자 루이스 데 산탄헬 대신이 114만 마라베디라는 거금을 왕실에 빌려줌으로써 콜럼버스의 항해 계획은 탄력을 받기 시작했고, 왕실과 콜럼버스는 항해 준비에 착수하게 되었다.

산타페 협정은 가톨릭 양왕 측과 콜럼버스 측이 협상을 통해서 1492년 항해와 관련한 양측의 이해관계를 조정한 문건이다. 가톨릭 양왕 측의 협상자는 후안 데 콜로마였고, 콜럼버스 측의 협상자는 후안 페레스 수사였다. 협정문 서명일은 1492년 4월 17일인데, 원본은 전하지 않는다.

이 협정문에서 가톨릭 양왕은 콜럼버스에게 막대한 특전을 베풀었다. 콜럼버스를 제독으로 삼으며, 발견한 땅의 총독으로 임명하고, 교역 이익의 10분의 1은 콜럼버스 몫이다. 콜럼버스가 신대륙이라는 광대한 땅에 도착하리라고 누가 상상이나 했겠는가?

콜럼버스의 항해가 계속되고 에스파뇰라섬(지금의 아이티와 도미니카공화국이 위치한 카리브해의 섬)의 총독이 되어 식민지를 경영하는 등, 권한이 점점 커지자 에스파냐 왕실은 콜럼버스를 견제하기 시작했다. 결국 1498년 3차 항해를 떠난 콜럼버스는 1500년 쇠고랑을 차고 에스파냐로 송환되었다. 이때부터 에스파냐 왕실은 산타페 협정에서 콜럼버스에게 부여한 특전을 하나씩 무효로 만들었다.

1502년 에스파냐 왕실이 에스파뇰라섬의 총독 지위를 박탈했음에도 불구하고, 콜럼버스는 자신이 도착한 곳이 동양의 언저리라고 믿고 있었기에 1502년 동양으로 가는 항로를 찾으려고 마지막 항해에 나섰다. 실패로 끝난 이 항해를 마치고 1504년 에스파냐로 돌아온 콜럼버스는 1506년 바야돌리드에서 쓸쓸한 죽음을 맞이했다.

이후 에스파냐 왕실은 본격적으로 산타페 협정의 무효화에 나섰다. 1508년 콜럼버스의 아들 디에고 콜럼버스를 종신 총독이 아니라 한시적인 총독으로 임명했다. 그러자 콜럼버스 측은 산타페 협정에 근거하여 에스파냐 왕실을 상대로 소송을 제기했다. '콜럼버스 소송'이라고 부르는 이 소송은 16세기 내내 진행되었고, 18세기 말까지도 간헐적으로 제기되었는데, 승자는 항상 에스파냐 왕실이었다.

번역 대본은 바르톨로메 데 라스 카사스의 『인디아스 역사』 제1권 33장이다.

참고문헌

1. De las Casas, Bartolomé. 1951. *Historia de las Indias*. México: Fondo de Cultura Económica.

요청받은 사항인 바, 크리스토발 콜럼버스가 여러 대양에서 발견한 것과 이제 하느님의 가호 아래 양 전하에게[1] 봉사하기 위하여 여러 대양을 항해하고 발견할 것에 대한 보상으로 양 전하께서 상기上記 크리스토퍼 콜럼버스에게 허여한 사항은 아래와 같다.

1 이 구절으로 보아, 이 문건은 콜럼버스가 작성하고 가톨릭 양왕이 승인한 것이라고 해석한다.

하나. 상기 대양의 지배자로서 양 전하께서는 이제부터 상기 크리스토퍼 콜럼버스를 본인의 재주와 노력으로 상기 대양에서 발견하거나 획득할 모든 섬과 육지의 종신 제독으로 임명하며, 콜럼버스 본인의 사후에는, 과거 카스티야 대제독[2] 돈 알폰소 엔리케스 및 동 지위의 전임자들이 관할지역에서 향유한 바 있는 전례에 따라, 상기 콜럼버스의 상속자와 후계자가 대대로 영구히 상기 직위에 속한 모든 특권과 특전을 승계한다.

양 전하여 홍복을 누리소서. 후안 데 콜로마.[3]

하나. 양 전하는 상기 콜럼버스를, 전술한 바처럼 상기 콜럼버스가 상기 바다에서 발견하거나 획득할 모든 육지과 섬의 부왕과 총독으로 삼는다. 상기 콜럼버스는 어떤 섬과 대륙이든 각각을 통치하기 위하여 각 직위마다 3인을 선발하기로 하며, 양 전하께서는 그 중에서 해당 직위의 최적임자 1인을 낙점하기로 한다. 이로써 우리 주님께서 양 전하를 위하여 크리스토발 콜럼버스에게 발견과 획득을 허락하신 땅은 훌륭히 다스려질 것이다.

양 전하여 홍복을 누리소서. 후안 데 콜로마.

하나. 어떠한 상품이든 모두, 상기 제독관할권의 영역 내에서 구입, 교환, 습득, 획득, 취득 등 그 방법이 여하하든, 또 진주, 보석, 금, 은, 향신료, 기타 어떠한 물건과 상품이든 그 종류와 명칭을 막론하고 전체에서 모든 소요 경비를 제한 나머지의 10분의 1을 자신의 몫으로 취하고 소유하도록 양 전하께서는 지금부터 상기 콜럼버스에게 은전을 베풀어 허락한다. 그런즉 부채나 담보

---

2 카스티야 대제독이라는 칭호는 세비야를 정복한 라몬 데 보니파스가 1247년 처음 사용하였다. 1405년 알폰소 엔리케스는 처가에서 이 칭호를 물려받았고, 이후에는 엔리케스 가문이 계승하였다.

3 '양 전하여 홍복을 누리소서'란 왕에게 바치는 관용구이며, 후안 데 콜로마는 왕실의 모든 문건을 관장하는 대서기관이자 비서실장이었다. 따라서 이 두 구절은 왕의 재가를 받은 공식문서라는 뜻이다.

가 없이 완전히 깨끗한 10분의 1은 콜럼버스가 자신의 몫으로 취하고 소유하고 또 임의로 처분하며, 나머지 10분의 9는 양 전하의 몫으로 남겨놓는다.

양 전하여 홍복을 누리소서. 후안 데 콜로마.

하나. 상술한 바와 같이 상기 콜럼버스가 획득하거나 발견할 섬과 육지에서 상품을 가져올 것이며, 또한 저곳에서 교환하여 다른 상품을 이곳으로 가져올 것이므로, 만일 상기 교역과 거래가 이루어진 곳에서 어떤 분쟁이 발생한다면, 그러한 분쟁을 재판하는 것이 제독의 직위라는 특권에 의하여 상기 콜럼버스에게 속한다면, 양 전하께서 기꺼이 허여하노니 상기 콜럼버스 또는 콜럼버스의 대리인을 제외한 다른 어떤 재판관도 그러한 분쟁을 심리할 수 없으며, 이는 지금부터 적용한다.

양 전하여 홍복을 누리소서. 상기 업무가 제독(콜럼버스)의 소관이라면, 상기 알론소 엔리케스 제독과 그 전임자들이 관할구역에서

누린 전례를 따르는 것이 정당하다. 후안 데 콜로마

하나. 상기 교역과 거래를 위해 준비한 모든 선박과 관련하여, 몇 번을 준비하든 준비할 때마다 상기 크리스토발 콜럼버스는, 만약 원한다면, 준비에 소요되는 모든 비용 가운데 10분의 8을 마련하여 투자하며, 이러한 준비의 결과물 가운데 10분의 8을 수익으로 취하고 소유한다.

양 전하여 홍복을 누리소서. 후안 데 콜로마.

이 문서는 각 조항 말미에 양 전하의 응답을 부기하여 작성하고 발행한다. 우리 주 탄생 1492년 4월 17일, 그라나다 베가 지방의 산타페에서.

왕. 여왕.

왕과 여왕의 명을 받들어 후안 데 콜로마

8. 통행허가증

콜럼버스의 1492년 항해는 가톨릭 신앙의 전파라는 종교적 목적도 있었지만 동양과 교역이라는 경제적 목적을 제외하고는 설명할 수 없다. 그 직접적인 근거가 가운데 하나가 여기에 소개하는 통행허가증과 다음에 소개할 익명의 동양 군주에게 보내는 친서로, 두 문서 모두 당시의 유럽에서 세계공용어로 인식하던 라틴어로 작성하였다.

통행허가증은 가톨릭 양왕의 명의로 발급된 문서로, 콜럼버스 항해가 용이하도록 각종 물자와 편의를 제공하라는 내용을 담고 있으며, 수신자는 에스파냐 국내는 물론이고 국외의 관계자까지 포괄하고 있다.

번역 대본으로는 가르시아 가요의 라틴어 에스파냐어 대역본을 사용하였다.

참고문헌

1. García Gallo, Alfonso. 1958. "Las bulas de Alejandro VI y el ordenamiento jurídico de la expansión portuguesa y castellana en África e Indias", en *Anuario de historia del derecho español*, 27–28(1957–1958), pp.461–829.

하느님의 은총으로[1] 카스티야 등의 왕과 여왕인 페르난도와 이사벨은 모든 국왕 전하와 세자 저하, 그리고 고귀한 친지, 친구에게 안부를 전하며, 매사가 흥성하기를 기원합니다. 또한 모든 각하, 귀족, 공, 공작, 후작, 백작, 자작, 남작, 남녀 영주, 공동체와 공동체의 구성원, 선하고 독실한 친구 및 선기船旗와 선주를 불문하고 항해하는 모든 선박, 3단노櫓갤리선, 2단노갤리선의 선장, 함장, 부함장, 선원 그리고 직책, 계급, 권한, 특권, 담당업무를 막론하고 모든 우리 관리와 신하 및 이 문서를 받은 모든 사람에게 안부를 전합니다.

본 국왕들은, 하느님을 섬기고 가톨릭 신앙을 전파하며 우리의 이익과 편의를 도모하려는 목적에서 고귀한 인사 크리스토퍼 콜럼버스와 무장한 카라벨 선 세 척을[2] 대양을 통해 인도쪽으로[3] 파견합니다.

콜럼버스가 부득이 귀 왕국, 공국, 영토, 영지, 지역, 소유지, 관할지의 바다, 항구, 해변, 육지, 요새, 기타 장소를 통과한다면 본 국왕들의 대의와 사랑을 고려하여 보호해주리라 믿습니다. 따라서 본 국왕들은, 콜럼버스의 선박, 선원, 무기, 재산, 물건, 상품, 기타 물품을 소중하게 취급해주기를 바라기에, 국왕 전하와 세자 저하 및 각종 지위, 계급, 직위의 인사에게 간곡하게 청하오니, 귀 바다, 항구, 해변, 영지, 영토, 요새, 관할지에 상기의 콜럼버스가 도착하면 본 국왕들의 뜻을 고려하고 존중하여 보호해주고, 콜럼버스와 카라벨 선 등의 선박과 화물을 너그러이 맞아주고, 귀 왕국, 공국, 도시, 요새, 육지, 항구, 해변에 들어올 수 있게 하며, 카라벨 선을 위시한 선박 및 동 선박에 싣고 운송하는 물건, 상품, 소유물이 자유롭고 안전하게 통과할 수 있도록 승낙하고 허락하고 명령하기 바랍니다.

또한 본 국왕들을 고려하여 콜럼버스가 필요하여 요청하는 물자, 노동,

---

1 중세에 군주가 사용하던 상용구. 하느님에게 권한을 위임받아 통치한다는 뜻을 담고 있다.

2 콜럼버스가 1492년 항해에서 실제로 사용한 배는 카라벨(carabela)선 두 척과 나오(nao)선 한 척이었다. 기함인 산타 마리아 호는 나오선이었다.

3 이 당시 서구에서 사용하던 인도란 동양 일반을 막연하게 지칭하던 말이었다.

조력, 조언, 기타 도움을 제공하며, 상기 선박의 보급품 및 생명 유지에 필수적인 물품 제공을 허락하고 명령하고 지시하면 콜럼버스는 그에 합당한 가격으로 지불할 것입니다. 그리고 필요한 경우에는 안전하게 통행할 수 있도록 보호하고 안내하고, 어떤 요금이나 세금을 물지 않고 통행할 수 있도록 허락하십시오.

바라건대, 상기와 같이 조치하여 준다면, 우선 본 국왕들에게는 무한한 기쁨일 것이며, 아울러 후일 귀측에서 찾아온다면 우리의 관습뿐만 아니라 귀측을 고려하여 보호할 것입니다.

그리고 우리 관리와 신하는 본 국왕들에게 최선을 다해 봉사할 것이며, 왕과 지배자의 뜻과 명령을 위반하는 자들에게 마땅한 처벌을 받지 않도록 유념하기 바랍니다.

1492년 4월 17일 그라나다에서 발행

왕. 여왕.

왕과 여왕께서 본인에게 이를 명하였습니다. 후안 데 콜로마(서명)

9. 가톨릭 양왕이 익명의 동양 군주에게 보내는 친서

콜럼버스는 1492년 항해를 떠날 때 가톨릭 양왕이 동양 군주에게 보내는 친서를 소지하고 있었다. 역사가들은 이 친서가 당시 동양을 다스린다고 믿고 있던 칸에게 보낸 것이라고 추정한다. 콜럼버스는 동양에 도착할 경우에 대비하여, 이 라틴어 친서와 함께 히브리어, 모사라베어, 아랍어를 구사할 줄 아는 루이스 데 토레스라는 통역관을 대동하였다.

번역 대본으로는 가르시아 가요의 라틴어 에스파냐어 대역본을 사용하였다.

참고문헌

1. García Gallo, Alfonso. 1958. "Las bulas de Alejandro VI y el ordenamiento jurídico de la expansión portuguesa y castellana en África e Indias", en *Anuario de historia del derecho español*, 27–28(1957–1958), pp.461–829.

지극히 고귀하신 전하이자 친애하는 [공란]에게[1] 올립니다.

카스티야, 아라곤, 레온, 시칠리아, 그라나다 등의 왕과 여왕인 페르난도와 이사벨이 안부를 전하며, 매사가 흥성하기를 기원합니다.

본인들은, 그곳의 여러 왕국과 여러 고장에서 온 사람들과 신하들의 이야기를 듣고, 전하께서 본인들과 본인들의 국가에 얼마나 큰 호의와 선의를 갖고 계시며, 또 본인들의 일이 흥성하기를 기원하신다고 알게 되었습니다.

그리하여 본인들은 크리스토퍼 콜럼버스 대장을 전하에게 파견하여 이 서한을 전달하도록 결정하였습니다. 콜럼버스는 본인들을 대신하여 전하에게 안부 인사를 전하고 귀국의 번영을 기원하며, 우리가 명한 여러 사항을 아뢰올 것입니다.

이에 청하오니, 전하께서는 콜럼버스의 전언을 본인들의 말로 여기시어 전적으로 믿고 경청하여 주시면 더할 나위 없이 감사하겠으며, 본인들은 전하의 의향에 흔쾌히 응답할 만반의 준비가 되었다고 밝히는 바입니다.

주 탄생 1492년 4월 30일 그라나다에서.

왕. 여왕

대서기관 콜로마

3부를 작성함.

---

1 콜럼버스가 만나는 동양의 군주 이름을 적도록 공란을 남겼을 것으로 추정한다.

10. 신대륙 도착을 알리는 콜럼버스의 편지

이 편지는 콜럼버스의 신대륙 항해에 대한 최초의 보고서이다. 콜럼버스는 1492년 8월 3일 에스파냐의 팔로스항을 떠나 다음해인 1493년 3월 15일 팔로스항으로 돌아왔는데, 이 편지는 귀국하던 도중에 배 위에서 작성했다. 편지의 수신자는 루이스 데 산탄헬 대신(大臣)이다. 산탄헬은 에스파냐 왕실의 재정을 지원하는 일종의 재무대신으로, 1492년 콜럼버스 항해를 적극적으로 지원한 인물이었다.

콜럼버스는 이 편지에서 카리브해의 여러 섬과 원주민에 대해서 묘사하고 있는데, 여기에는 정치적 고려도 작용하고 있다는 점에 유의해야 한다. 1492년 콜럼버스는 동양 항로 개척이라는 야심찬 목표를 세우고 막대한 비용을 들여 항해를 떠났다. 그러나 막상 도착한 곳은 동양이 아니라 카리브해였으므로 당초의 항해 목표는 달성하지 못했다.

이런 상황에서 콜럼버스는 항해가 절반의 성공이라고 에스파냐 왕실을 설득할 필요가 있었기에 이 편지에서 다음 세 가지를 강조한다.

첫째, 비록 동양에는 도착하지 못했지만, '발견'한 섬은 동양 근처에 있다고 암시한다. 그래서 자신이 항해한 여러 섬을 인디아스(Indias)라고 부르고, 원주민을 가리켜 인디아스에 사는 사람, 즉 인디오(indio)라고 명명했다.

둘째, 쿠바섬과 에스파뇰라섬의 경제적 가치를 과대평가하고 있다. 당시 동양 항로 개척은 향신료와 금을 들여와 경제적 이득을 얻으려는 것이었다. 이 편지에서 콜럼버스는 카리브해의 섬에도 향신료와 금이 많다고 얘기함으로써 경제적으로는 이미 소기의 성과를 거두었다고 주장한다.

셋째, 원주민을 가톨릭으로 개종시키자고 제안한다. 당시 에스파냐 가톨릭 양왕의 최대 정치적 관심사는 가톨릭 선교였다. 이교도를 가톨릭으로 개종시킬 수 있다면 어떠한 노력과 수고도 마다하지 않았기 때문에 적어도 이 편지에서 콜럼버스는 원주민을 가톨릭 선교에 적합한 대상으로 묘사하고 있다.

이런 측면에서 볼 때 이 편지는 인디아스와 인디오에 대한 소개보다는 콜럼버스가 자신의 업적을 선전하고 에스파냐 왕실의 지속적인 후원을 얻기 위해 쓴 것이라고 볼 수 있다. 아마도 이런 이유 때문에 콜럼버스는 에스파냐에 도착한 직후인 1493년 4월 바르셀로나에서 이 편지를 출판했을 것이다. 그리고 한 달 후에는 로마에서 라틴어 번역본이 출판되었고, 곧이어 수정 라틴어본이 출판되었다. 이 수정 라틴어본은 바젤, 파리, 안트워프 등 유럽 주요 도시에서 잇달아 출판됨으로써 당대 최고의 베스트셀러가 되었고, 이로써 콜럼버스의 인디아 발견에 대한 소식이 전 유럽에 알려지게 되었다.

콜럼버스가 작성한 편지의 원본은 전하지 않는다. 다만 에스파냐어, 이탈리아어, 라틴어로 된 인쇄본이 전하는데, 내용은 판본에 따라서 차이가 있다. 번역 대본은 1956년에 출판된 『콜럼버스의 편지』이며, 영역본도 참고하였다.

참고문헌

1. Colón, Cristóbal. 1956. *Carta de Colón, Anunciado el descubrimiento del Nuevo Mundo, 15 Febrero-14 Marzo* 1493. Madrid: Talleres Hauser y Menet.
2. Colón, Cristóbal. 2006. *Relaciones y Cartas de Cristóbal Colón*. Madrid: Biblioteca Nacional.
3. Olson, Julius E. and Edward G. Bourne (eds). 1906. *The Northern, Columbus and Cabot, 985-1503: The Voyages of the Northern; The Voyages of Columbus and of John Cabot*. New York: Charles Scribner's Sons.

대신 각하, 제가 항해할 때 우리 주님께서 베풀어 주신 위대한 승리를 각하께서 기뻐하실 것으로 알고 있기에, 이 편지를 씁니다. 국왕 전하와 여왕 전하께서 내려주신 선단으로 제가 33일 만에 인디아스로[1] 건너갔음을 각하께서는 이 편지를 보고 아시게 될 것입니다. 그곳에서 저는 수많은 주민이 살고 있는 여러 섬을 발견했습니다. 그리고 가톨릭 양왕 전하를 위해 그 섬 모두를 소유하고, 아무런 반대도 없이 왕기王旗를 내걸어 이를 선포했습니다.

경이롭게도 이 모든 것을 허여하여 주신 주님을 기리기 위해 제가 발견한 첫 번째 섬에 산살바도르라는 이름을 지어주었습니다. 인디오들은 그곳을 과나아니라고[2] 부릅니다. 두 번째 섬에는 산타 마리아 데 콘셉시온이라는[3] 이름을, 세 번째 섬에는 페르난디나,[4] 네 번째에는 이사벨라,[5] 다섯 번째에는 후아나라는[6] 이름을 지어주었습니다. 이런 식으로 각각의 섬에 새 이름을 붙여주었습니다.

제가 후아나 섬에 도착해서 해안을 따라 서쪽으로 가보았는데, 그 섬이

---

1 이 편지가 인디아스(Indias)라는 말이 등장하는 첫 문헌이다. 콜럼버스 시대 인디아스란 아프리카의 북동부에서 아시아의 남동부까지 이르는 방대한 지역을 가리킨다. 다시 말해서, 당시 서구인이 막연하게 생각한 '동양'이다. 콜럼버스는 이곳에 사는 원주민을 인디오(indio)라고 불렀는데, 이 말은 인디아스에 사는 사람이라는 뜻이다.

2 산살바도르(San Salvador)라는 말은 '성스러운 구원자'라는 뜻으로 예수 그리스도를 지칭한다. 원주민은 이 섬을 과나아니(Guanahani)라고 불렀다. 산살바도르가 정확히 어떤 섬인지는 알 수 없는데, 아마도 바하마제도의 여러 섬 가운데 하나일 것이라고 추정한다.

3 산타 마리아 데 콘셉시온(Santa María de Concepción)은 수태를 한 성모 마리아라는 뜻으로 성모 마리아를 지칭하는 표현이다.

4 페르난디나(Fernandina)섬은 가톨릭 양왕 가운데 한 사람인 페르난도 2세를 기리기 위해 붙인 이름이다.

5 이사벨라(Isabela)섬은 가톨릭 양왕 가운데 한 사람인 이사벨 여왕을 기리기 위해 붙인 이름이다.

6 후아나(Juana)섬은 가톨릭 양왕의 유일한 아들이자 왕위계승권자인 후안 왕자를 기리기 위해 붙인 이름으로, 현재의 쿠바 섬을 가리킨다.

어찌나 큰지, 중국의[7] 한 지방이라고 생각했습니다. 그리고 그때까지는 해안에서 사람들이 있는 아주 작은 마을을 제외하고는 어떤 도시나 마을도 발견하지 못했습니다. 이는 사람들이 모두 달아나버렸기 때문입니다. 이런 연유로 그 사람들에 대해서는 어떤 것도 말씀드릴 수가 없습니다. 저는 중요한 도시나 마을을 놓쳐서는 안 된다고 생각하면서 계속 나아갔습니다. 먼 거리를 갔음에도 불구하고 새로운 것은 없었습니다.

해안은 북쪽으로 나 있었는데, 이는 제 바람과는 정반대였습니다. 게다가 겨울이 벌써 닥쳤기 때문에 저는 그곳에서 남쪽으로 목적지를 결정했습니다. 맞바람이 불어왔지만 저는 적당한 때를 기다리지 않고 눈에 띄는 항구로 되돌아갔습니다. 거기에서 저는 내륙으로 두 사람을 보내 왕이 있는지 또는 어떤 큰 도시가 있는지 알아오도록 했습니다. 두 사람은 삼일 동안 돌아다니면서 수많은 작은 마을과 셀 수 없이 많은 주민을 발견했지만 왕이 다스리는

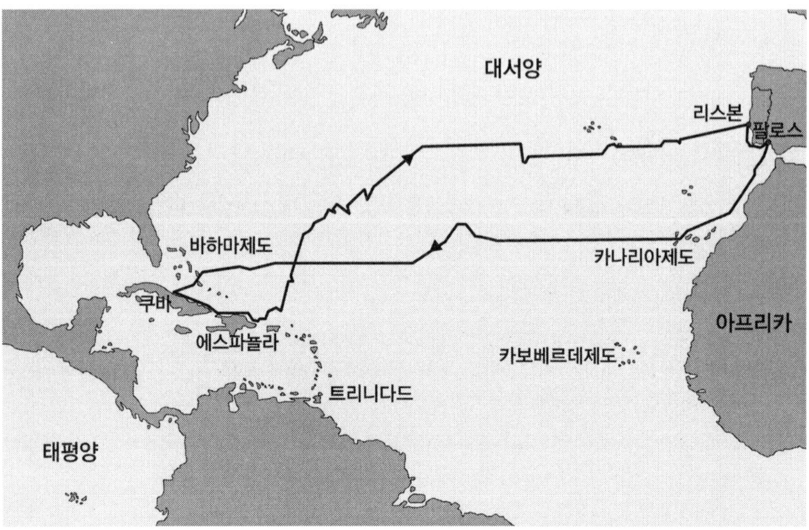

콜럼버스의 1차 항해(1492~1493)

7 콜럼버스는 자신이 도착한 섬에서 머지않은 곳에 중국이 있다고 믿었으며, 이런 생각은 죽을 때까지 변함이 없었다.

나라는 보지 못하고 돌아왔습니다. 저는 제가 데려온 인디오들에게 들은 바가 있어서 그 땅이 섬이라는 사실을 잘 알고 있었습니다. 그래서 그 섬이 끝나는 곳까지 해안을 따라 동쪽으로 107레과를 항해했습니다.[8]

그곳에서 동으로 18레과 떨어진 곳에 또 다른 섬이 있었습니다. 저는 그 섬에 에스파뇰라라는[9] 이름을 붙여주었습니다. 그리고 에스파뇰라섬의 북쪽 해안을 따라 계속 나아갔는데, 후아나섬에서 동쪽 방향이며 직선거리로 178레과나[10] 되었습니다. 다른 섬과 마찬가지로 에스파뇰라 섬 또한 매우 비옥했습니다. 해안에는 많은 항구가 있었는데, 이는 제가 아는 어느 기독교 국가와도 비교할 수 없을 정도였습니다. 수량도 풍부하고 크고 맑은 강도 많아서 경이로웠습니다. 땅은 해수면보다 높았으며, 테네리페섬과는[11] 비교할 수 없을 정도로 높은 산과 봉우리가 많습니다. 수천의 형상을 지닌 이곳은 매우 아름답고 사람이 접근할 수 있습니다.

또한 수천 종류의 나무로 가득 차 있는데, 나무가 아득한 높이로 솟아 있어서 마치 하늘에 닿은 듯했습니다. 이 지역 사람들은 나뭇잎이 절대로 지지 않는다고 말했으며, 제가 이해하기에도 너무나 푸르고 아름다운 것이 마치 5월의 에스파냐와도 같았습니다. 어떤 나무는 꽃이 만발하였고, 어떤 나무는 열매가 맺혀있었고, 또 어떤 나무는 종류에 따라 각기 다른 모습을 하고 있었습니다.

더군다나 제가 있던 곳은 11월인데도 불구하고 나이팅게일과 수천 종류의 새가 노래하고 있었습니다. 여섯 종인가 여덟 종의 야자나무도 있는데, 각양각색의 아름다운 모습을 보는 것은 경이로운 일이었습니다. 그 안에 있는

---

8 레과(legua)는 중세의 거리 단위로, 지방마다 차이가 있었다. 에스파냐에서 바다 거리를 잴 경우 1레과는 약 5,573미터였다.

9 에스파뇰라는 현재 아이티와 도미니카공화국이 위치한 섬이다.

10 여기서 178레과는 인쇄상의 오류이다. 뒤에 나오듯이 188레과가 맞다.

11 테네리페섬은 카나리아제도에서 가장 큰 섬이다.

다른 나무, 열매, 식물도 마찬가지입니다. 멋진 소나무 숲과 초목으로 덮인 평야도 있으며, 꿀과 여러 종류의 새와 다양한 열매도 있습니다. 또 광산도 많고, 사람도 아주 많이 살고 있습니다.

에스파뇰라섬은 경이롭습니다. 산과 언덕, 들과 평야, 넓은 땅은 모두 무척 아름다울 뿐 아니라 비옥하여 곡식을 파종하고 식물을 재배하기에도 적합하며, 온갖 종류의 가축을 기르거나 도시와 마을을 건설하기에도 적합합니다. 이곳의 항구는 보지 않고는 믿을 수 없을 정도로 훌륭하며, 맑은 물이 흐르는 큰 강은 대부분 금이 있습니다. 이 섬의 나무, 열매, 식물은 후아나섬과는 매우 상이합니다. 또 향신료도 많이 나고, 금과 여러 금속이 있는 광산도 많습니다.

이 에스파뇰라섬의 사람들과 그동안 보거나 들은 다른 섬의 사람들은 남녀 가릴 것 없이 어머니가 낳았을 때처럼 벌거벗고 다닙니다. 몇몇 여자는 오직 한 곳만 나뭇잎이나 무명천으로 가리기도 하지만 말입니다.

그 사람들에게는 철이나 강철도 없을 뿐만 아니라 어떤 무기도 없습니다. 그런 것에 걸맞지 않는 사람들입니다. 그 사람들이 못나고 모자라서 그런 것이 아니라 놀라울 정도로 겁이 많아서 그러합니다. 무기라고는 오로지 땅에서 자라는 줄기 끝에 뾰족하게 만든 막대기를 묶어놓은 것뿐입니다. 이것조차도 함부로 사용하지 않습니다.

그 사람들과 대화하려고 두세 사람을 몇몇 마을 해안으로 여러 차례 보냈습니다. 아주 많은 사람들이 밖으로 나왔지만 우리가 접근하는 것을 보자마자 부모조차 자식을 내버리고 달아났습니다. 우리가 그 사람들에게 안 좋은 일을 했기 때문이 아닙니다. 이와는 정반대로, 그 사람들과 이야기를 나눌 수 있었던 모든 곳에서 저는 어떤 대가도 받지 않고 옷감 등, 제가 가진 것을 최대한 많이 주었습니다. 하지만 그 사람들은 정말 어찌할 도리가 없을 정도로 소심합니다. 그래도 그 사람들이 좀 더 확신을 가진 이후부터는 공포심을 조금씩 버리게 된 것이 사실입니다.

그 사람들은 소박하고 가진 것에도 인심이 후한데, 이를 직접 겪은 사람 외에는 아무도 믿지 못할 정도입니다. 그 사람들은 가지고 있는 것을 요청하면 결코 거절을 하지 않으며, 오히려 요청한 것을 주려고 초대할 정도입니다. 게다가 마치 자신의 심장까지 내어줄듯이 많은 사랑을 보여줍니다. 답례로 준 물건은 가치가 있든 가치가 없든, 제아무리 시시한 물건이라도 매우 만족하게 여기는 사람들입니다.

저는 깨진 접시의 파편, 깨진 유리컵 조각, 부러진 바늘의 끝부분처럼 쓸모없는 것을 그 사람들에게 주지 못하도록 금했습니다. 물론 그 사람들은 그런 물건을 받을 때, 세상에서 가장 좋은 보석을 얻은 것처럼 기뻐했습니다. 그 사람들은 바늘 하나에 2.5카스테야노에[12] 해당하는 금을 내주었고, 바늘보다 훨씬 싼 물건에도 더 많은 금을 내줬습니다. 새 블랑카[13] 동전을 주면, 그 가치가 2 내지 3 카스테야노의 금 또는 1 내지 2아로바의[14] 면직물에 해당할지라도 그 사람들은 가진 것을 모두 내주었습니다. 그 사람들은 마치 지각없는 동물처럼 심지어 술통을 두른 테의 깨진 조각도 가져가며 지니고 있던 것을 모두 주었습니다. 그런 일은 제가 보기에 나쁜 짓 같아서 금지시켰습니다. 그리고 제가 가지고 간 많은 유용한 물건을 무료로 내주었습니다. 그것은 그 사람들이 애정을 품을 수 있도록, 더 나아가 기독교인이 될 수 있도록 하기 위함이었습니다.

그 사람들은 가톨릭 양왕 전하와 모든 카스티야 국가에 사랑과 봉사를 다하는 경향이 있습니다. 그리고 자기들에게는 풍족하지만 우리에게는 꼭 필요한 물건을 주면서 우리와 교섭하고자 애를 썼습니다. 또한 그 사람들은 어떤 종파도 알지 못하며 우상 숭배도 하지 않습니다. 힘과 선은 하늘에 있다고 믿는 것을 제외하면 말입니다. 게다가 그 사람들은 제가 배에 선원들을 태우고

---

12 카스테야노(castellano)는 금화의 명칭으로, 무게는 100분의 1파운드이다.

13 블랑카(blanca)는 은과 구리를 섞어 만든 동전이다.

14 1아로바(arroba)는 25파운드이다.

하늘에서 왔다고 아주 확고하게 믿고 있었습니다. 이러한 믿음으로 그 사람들은 제가 상륙하는 곳마다 두려움을 떨쳐버린 후에는 저를 받아들였던 것입니다. 이것은 그 사람들이 무지하기 때문이 아닙니다. 오히려 그 사람들은 모든 바다를 항해하고 모든 것을 놀랍도록 잘 설명하는 묘한 재주를 가진 사람들입니다. 다만 그 사람들은 여태껏 옷을 입은 사람을 본적도 없고 우리의 배 같은 것도 본 적이 없었을 뿐입니다.

그리고 제가 인디아스에 도착하자마자 맨 처음 발견한 섬에서, 강제로 그 사람들 몇 명을 데려왔습니다. 이 사람들에게 우리말을 가르쳐서 그 지역에 무엇이 있는지 정보를 얻으려는 의도였습니다. 이 사람들은 우리의 말이나 몸짓을 빨리 이해했고, 우리도 이 사람들의 말이나 몸짓을 이해했습니다. 이런 점은 많은 도움이 됐습니다.

이 사람들과 나눈 많은 대화를 통해 알 수 있었는데, 여전히 제가 하늘에서 왔다고 믿고 있으며 아직도 저와 함께 다니고 있습니다. 그리고 제가 도착하는 곳마다 이런 믿음을 앞장서서 선포하고 다닙니다. 어떤 사람들은 이 집에서 저 집으로, 또 이웃 마을로 달려가서 큰 소리로 이렇게 외쳤습니다, "이리 오세요! 이리 와서 하늘에서 온 사람들을 보세요!" 그렇게 사람들을 안심시키자 여자들뿐만 아니라 남자들도 모두 나왔습니다. 큰 사람들이건 작은 사람들이건 모두 나왔습니다. 그 사람들은 저마다 먹을 것과 마실 것을 들고 나와서 우리에게 놀라운 사랑을 베풀어주었습니다.

섬에는 사는 그 사람들에게는 카누가 매우 많았습니다. 이 배는 소형 갤리선[15] 같았는데, 어떤 것은 크고 또 어떤 것은 작았습니다. 어떤 카누는 18노 소형 갤리선보다 더 큽니다. 그런 카누는 한 개의 통나무로 만들었기 때문에 그리 넓지는 않지만 소형 갤리선으로는 따라잡을 수 없습니다. 카누의 움직임은 믿을 수 없을 정도입니다. 이런 배로 그 사람들은 수없이 많은 모든 섬

---

15 배의 폭이 좁고 가벼운 갤리선을 일컫는다. 이러한 갤리선은 한쪽의 노가 12개에서 18개까지 있었다.

을 항해하며 사고 팔 물건을 가지고 다닙니다. 한번은 70명과 80명이 타고 있는 카누를 본 적이 있는데, 각기 노를 들고 있었습니다.

그곳의 모든 섬에 사는 사람들의 모습이나 풍습과 언어가 그리 다양해 보이지는 않았습니다. 그 사람들은 모두 서로의 말을 이해하고 있습니다. 저는 가톨릭 양왕 전하께서 결단을 내리시어 그 사람들을 우리의 거룩한 신앙으로 개종시키기를 바라마지 않는데, 그런 면에서 보면 그 사람들이 서로의 말을 이해한다는 것은 하나의 이점이기도 합니다. 그 사람들은 우리의 거룩한 신앙을 받아들일 준비가 되어 있는 듯합니다.

저는 이미 어떻게 제가 107레과를 갔는지 말씀드렸습니다. 후아나섬의 해안을 따라 서쪽에서 동쪽을 향해 일직선으로 갔습니다. 이로써 보건대, 그 섬은 잉글랜드와 스코틀랜드를 합친 것보다 더 크다고 분명히 말할 수 있습니다.[16]

이렇게 107레과를 항해했는데도 아직 가보지 못한 두 지역이 있습니다. 한 곳은 아반이라고 부르는 곳으로, 거기 사람들은 꼬리를 달고 태어난다고 합니다.[17] 저와 함께 있는 인디오들은 모든 섬에 대해 알고 있는데, 그들과의 소통으로 이해한 바에 따르면, 그 두 곳은 최소한 50 내지 60레과정도 떨어져 있습니다.

에스파뇰라섬의 둘레는 콜리브레에서[18] 비스카야 지역의 푸엔테라비아에[19] 이르는 에스파냐 전체의 해안선 둘레보다 더 큽니다. 그래서 저는 서쪽

---

16 콜럼버스는 이러한 과정을 통해 자신의 업적을 부풀리고 있다.

17 물론 콜럼버스는 꼬리가 달린 사람들을 본 적이 없다. 다만 원주민들이 그렇게 말하는 것을 듣고 이렇게 보고하고 있는 것이다. 한편 콜럼버스보다 앞서 동양에 갔다 온 적이 있는 마르코 폴로(Marco Polo)는 자신의 『동방견문록』에서 수마트라에 있는 람브리(Lambri) 왕국에 "개처럼, 손바닥 보다 큰 꼬리를 가지고 있고 털로 덮여 있는 사람들이 있다"고 보고한 적이 있다. 물론 중국을 다녀온 마르코 폴로도 이런 사람을 직접 본 적은 없고, 중국인이 그렇게 말하는 것을 들은 것일 것이다.

18 콜리브레(Colibre)는 에스파냐 카탈루냐 지방의 도시이다.

19 푸엔테라비아(Fuenterrabia)는 에스파냐 바스크 지방에 있는 도시이다.

에서 동쪽을 향해 일직선으로 188레과나 되는 먼 거리를 갔습니다. 이 섬은 소유할 만한 가치가 있으며, 한번 보면 절대 포기할 수 없는 섬입니다. 저는 가톨릭 양왕 전하를 위해 이 모든 섬을 점령했습니다. 이 모든 섬은 제가 아는 것보다 훨씬 넓다고 말할 수 있습니다. 제가 가톨릭 양왕 전하를 위해 이 모든 섬을 소유하였으므로 오로지 양왕 전하께서만 카스티야 왕국을 다스리듯이 이 모든 섬을 다스릴 수 있습니다.

에스파놀라섬은 위치가 좋아서 금광에 접근하기도 용이하고, 이쪽 육지와 저쪽 '위대한 칸'[20] 사이의 교역도 용이하여 거래도 활발하게 이루어지고 이익도 많이 남길 것입니다. 저는 큰 마을을 점령하고 나비다드라는[21] 이름을 붙여주었습니다. 그리고 그곳에 요새를 건설하기 시작했는데, 아마 지금쯤이면 완성되었으리라 생각합니다. 요새에서 사용할 무기, 대포, 병사, 일 년치의 보급품을 남겨놓았고, 소형 갤리선 한 척과 선박 건조기술이 있는 장인을 남겨놓아 다른 배를 만들 수 있도록 조치했습니다. 또 저는 그 땅의 왕과 호형호제할 만큼 두터운 친교를 쌓았습니다. 설령 마음이 바뀌어 제가 남겨놓은 선원들과 싸우고 싶다고 하더라도 그 땅의 왕과 신민은, 전에 이미 말씀드렸듯이, 무기가 무엇인지도 모르는 데다 옷이 무엇인지도 모르고 벌거벗고 지내는 사람들입니다. 그곳 사람들은 세상에서 가장 겁이 많은 사람들이기 때문에 제가 남겨둔 선원들만으로도 그 지역 전체를 초토화시킬 수 있습니다. 그러나 그 사람들도 어떻게 행동해야 하는지 알고 있으므로 어떤 위험에도 내몰리지 않을 것입니다.[22]

이 모든 섬에서 남자는 모두 한 명의 아내로 만족하는 듯 했습니다. 그러나 우두머리, 다시 말해서 왕은 아내를 스무 명까지 거느리고 있습니다. 제가

---

20 '위대한 칸'이란 중국의 왕을 가리킨다.

21 나비다드(Navidad)는 성탄절이라는 뜻이다. 콜럼버스가 타고 있던 산타 마리아 호가 성탄절에 난파했기 때문에 부득불 이곳에 선원 39명을 남겨두고 귀환할 수밖에 없었다.

22 그러나 콜럼버스가 1493년에 다시 이곳을 찾았을 때, 선원들은 모두 몰살당한 뒤였다.

보기에는 여자가 남자보다 일을 더 많이 합니다. 그리고 제가 들은 바로는 그 사람들은 자기 재산이 없습니다. 제 생각이지만, 재산, 특히 식량은 모두가 함께 나누고 공유하고 있는 듯합니다.

몇몇 사람들은 이런 섬에는 괴물 같이 생긴 사람들이 살 것이라고 상상했지만 현재까지 그런 사람을 만난 적도 없을 뿐만 아니라 오히려 모두들 용모가 훌륭합니다. 그렇다고 기니 사람들처럼 까맣지는 않습니다. 머리는 까맣습니다만 햇볕이 지나치게 강렬한 곳에서는 머리도 잘 자라지 않는 듯합니다. 사실 주야평분선에서 26도인 이곳의 태양은 무지막지하게 맹렬합니다.

이곳 섬에는 우뚝 솟은 높은 산이 많이 있으며, 이번 겨울은 추위가 아주 매섭습니다. 그러나 그 사람들은 추위에 익숙하기 때문에 잘 견디기도 하지만, 과도할 정도의 매운 향신료를 가미한 고기를 먹음으로써 추위를 이겨냅니다.

저는 괴물을 만난 적도 없고 괴물에 대한 어떤 이야기도 들은 적이 없습니다. 그렇습니다만 인디아스 입구에 있는 두 번째 섬, 콰리베스섬에는[23] 인육을 먹는 매우 흉포한 사람들이 살고 있다고 합니다.

이 콰리베스 사람들은 카누가 많아서 인디아의 모든 섬을 누비고 다니면서 닥치는 대로 약탈해갑니다. 용모가 다른 사람들보다 추한 것은 아니지만, 여자처럼 머리를 기르는 풍습이 있습니다. 사용하는 활과 화살도 다른 부족과 마찬가지로 갈대로 만들며, 철이 없기 때문에 끝도 뾰쪽한 나무로 되어 있습니다. 극도로 겁이 많은 다른 부족에 비하면 흉포한 사람들입니다. 그러나 저는 이 사람들도 다른 사람들과 크게 다르지 않다고 여기고 있습니다. 이 사람들은 마티니노섬의 여자들과 결혼합니다. 마티니노섬은 에스파냐에서 인디

23 콰리베스(Quarives)라는 이 단어에서 카리브(Caribe)라는 말과 식인종(caníbal)이라는 말이 유래했다.

아스로 가는 길목에서 첫 번째 섬으로, 남자는 찾아볼 수가 없으며 여자들은 여자 일을 하는 대신에 위에서 언급한 갈대 활과 화살을 가지고 다닙니다. 그리고 구리를 많이 가지고 있어서 구리판으로 무장하고 몸을 보호합니다.

그 사람들이 에스파뇰라 섬보다 더 크다고 저에게 장담한 다른 섬에는 머리카락이 없는 사람들이 살고 있습니다. 그 섬에는 막대한 양의 금이 있습니다. 저는 이런 사실을 증언해 줄 그곳의 원주민들을 데려왔습니다.

결론적으로, 서둘러 떠난 이번 항해에서 어떤 성과를 거두었는지 말씀드리겠습니다. 가톨릭 양왕 전하께서 저에게 약간의 도움만 주신다면, 원하시는 만큼 많은 금을 드릴 수 있다는 것을 아시게 될 것입니다. 향신료와 면화도 양왕 전하께서 선적하라고 명하시는 만큼의 많은 양을 당장이라도 가져갈 수 있습니다. 유향乳香 또한 명하시는 만큼 가져갈 수 있습니다. 유향은 지금까지 그리스와 히오스섬[24]을 제외하고는 어디에서도 발견되지 않았으며, 부르는 게 값입니다. 또한 명하시는 만큼의 알로에와 노예도 싣고 오라고 명할 수 있습니다. 노예는 모두 이교도입니다. 그리고 저는 대황大黃과 계피도 있다고 믿습니다. 그리고 저는 그곳에 선원들을 남겨둘 것인데, 값나가는 수천가지 것을 발견할 것입니다.

바람이 불 때는 한 번도 항구에 머물지 않고 항해했습니다. 나비다드에 있을 때를 제외하고 말입니다. 그곳에서 저는 요새를 건설하고 안전을 도모해야 했기 때문입니다. 사실 배만 별 탈이 없었더라면,[25] 이보다 훨씬 많은 것을 성취했을 것입니다.

영원하고 전능하신 우리 주님께서 겉으로는 불가능하게 보이는 일도 승리의 길로 인도해주셨습니다. 그 명확한 예 가운데 하나가 이번 항해입니다.

---

24 히오스(Xios)섬은 에게 해에 있는 그리스의 섬이다.

25 산타 마리아 호의 좌초를 가리킨다.

비록 몇몇 그 사람들이 이 땅에 대해서 얘기했거나 기록했다고 하더라도,[26] 그 모두는 눈으로 확인하지 않은 추측이었습니다. 그리하여 그런 이야기의 듣는 사람 대부분은 한심한 이야기라고 믿지 않았습니다.

그러나 우리 구세주께서는 고귀하신 국왕 전하와 여왕 전하, 그리고 양왕 전하의 왕국에게 승리를 안겨주셨습니다. 모든 기독교인은 이를 기뻐하고, 성대한 축제를 벌여서 성부와 성자와 성령에게 감사를 드려야 합니다. 또한 수많은 사람이 우리의 성스러운 신앙으로 개종하여 더할 나위 없는 기쁨을 누릴 수 있도록 엄숙하고 열렬한 기도를 올려야 합니다. 아울러 여기 에스파냐뿐만 아니라 모든 기독교인이 얻게 될 세속적인 이득에 대해서도 감사를 드려야 합니다.

이 글은 사실에 근거하여 간략하게 적은 것입니다.

1493년 2월 15일 카나리아제도 근해의 카라벨 호에서
삼가 제독 올림

추신

이 편지를 쓴 후, 카스티야의 바다에 있을 때, 강한 남남동풍이 불어서 저는 어쩔 수 없이 선박의 짐을 바다에 버려야만 했지만, 금일 여기 리스본항까지 달려왔습니다. 이것은 세상에서 가장 커다란 놀라움이었습니다. 여기에서 저는 가톨릭 양왕 전하께 편지를 쓰기로 결심했습니다. 인디아스에서는 날씨가 항상

26 피에르 다일리(Pierre d'Ailly), 마르코 폴로(Marco Polo), 존 맨더빌(John Mandeville)의 책을 가리킨다.

5월과 같았습니다. 그곳에서 33일을 보내고, [2월] 28일에 돌아왔습니다. 이 폭풍으로 인해 바다를 떠돌며 13일을 허비했습니다. 바닷사람들은 하나같이 이런 혹독한 겨울도, 이렇게 많은 조난사고도 이제까지 없었다고 얘기합니다.

3월 14일[27]

이 편지는 콜럼버스가 인디아에서 발견한 섬에서 왕실 재무 대신에게 보낸 것이며, 가톨릭 양왕 전하께 올린 또 다른 편지를 동봉하였다.[28]

---

27 콜럼버스는 1493년 3월 4일 리스본에 도착했다. 콜럼버스는 이곳에서 추신을 썼을 것이라고 추정한다. 그러나 3월 15일 팔로스항에 도착한 후에야 편지를 발송하였다. 그때 3월 14일로 날짜를 수정하였다.

28 여기서 말한 또 다른 편지는 현재 전하지 않는다.

11. 콜럼버스가 3차 항해에서 가톨릭 양왕에게 보낸 편지

콜럼버스는 1492년 첫 항해를 떠난 이래 모두 4차례에 걸쳐 신대륙으로 항해했다. 첫 번째 항해는 1492년에서 1493년까지이고, 두 번째 항해는 1493년에서 1496년까지다. 이 두 번째 항해 때 콜럼버스는 에스파뇰라섬에 식민지를 건설했다.

세 번째 항해는 1498년에서 1500년까지인데, 이때 콜럼버스는 에스파뇰라섬으로 가기 전에 트리니다드섬과 베네수엘라의 오리노코강을 둘러보았다. 이 항해로 콜럼버스는 서구인 최초로 남미 대륙에 도착한 사람이 되었지만, 정작 본인은 '동양 항로'라는 관념에 얽매어 목전의 현실을 바로 인지하지 못하고 이상으로 덧칠하기에 이른다. 다시 말해서, 지구는 둥글지 않고 한쪽이 불룩 솟아난 모양이라고 주장하며, 오리노코강이 하늘에 가까운 곳으로 인근에 지상낙원이 있다고 주장한다.

이 편지는 3차 항해록의 서문에 해당하는데, 판본에 따라서 차이가 있다. 번역대본으로는 아래의 인터넷 문헌을 사용했으며, 알리안사 판본을 참고하였다.

참고문헌

1. Colón, Cristóbal. "El tercer viaje a las Indias. Otra carta de Cristóbal Colón a los Reyes Católicos". http://www.biblioteca.tv/artman2/

publish/1498_263/El_tercer_viaje_a_las_Indias_Otra_carta_de_Crist_b_433.shtml

2. Colón, Cristóbal. 2000. *Los cuatro viajes*. Madrid: Alianza.

저는 성삼위일체의 이름으로 1498년 5월 30일 수요일에 산루카르 데 바라메다를 떠나 마데이라스제도로 항해했습니다. 평소에는 이용하지 않는 낯선 항로를 선택했는데, 그 이유는 프랑스 함대가 산비센테 곶 근방에서 우리 선박을 기다리고 있어서 충돌을 피하려는 목적이었습니다. 그곳에서 다시 카나리아제도로 갔습니다. 이곳에서 저는 나오선[1] 한 척과 카라벨라선 두 척을 이끌고 항해했고, 나머지 배는 곧장 에스파뇰라섬으로 보냈습니다. 저는 남쪽으로 주야평분선까지 항해했다가, 북쪽에 있는 에스파뇰라섬을 향해 서쪽으로 항해했습니다.

카보베르데제도(지명과는 달리[2] 너무 건조해서 푸른 것을 구경조차 못했습니다)에 도착했을 때는 모든 선원이 아팠습니다만 저로서는 감히 지체할 수가 없어서 남동쪽으로 480마일을 항해했습니다. 그곳에서 밤에 보니 북극성은 5도에 있었습니다.[3] 그곳에서 바람에 휩쓸려 열대로 들어갔습니다. 이 지역은 얼마나 넓은지 배와 선원이 타버릴 것 같았습니다. 어찌나 더운지 누구도 갑판 아래로 내려가서 식사 준비를 할 엄두를 내지 못했습니다.

이런 더위가 8일이나 지속됐습니다. 이 중 첫날은 해가 내리쪼였습니다.

---

1 나오선은 14세기부터 17세기까지 에스파냐가 사용하던 범선의 명칭이다.

2 카보베르데는 '푸른 곶'이라는 뜻이다.

3 북위 5도를 의미한다.

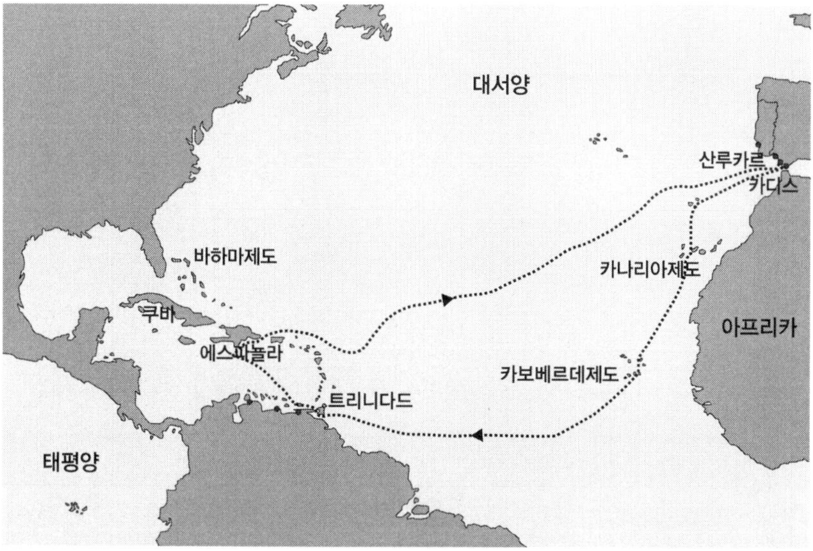

콜럼버스의 3차 항해(1498~1500)

나머지 이레는 구름이 끼어 흐리거나 비가 왔기 망정이지, 그렇지 않았다면 도저히 견딜 수 없었을 것입니다. 우리 주를 찬송하나니, 그렇게 여드레가 지나자 제게 동풍을 주시어 서쪽으로 항해할 수 있었습니다. 그러나 남쪽으로는 내려갈 엄두가 나지 않았습니다. 남쪽의 하늘과 별이 너무나 달랐기 때문입니다. 그래서 서쪽으로 방향을 유지하고 시에라리온 높이에[4] 이르면 육지가 나오고, 그곳에서 부족한 식량과 이미 바닥이 난 물도 구할 수 있을 것으로 생각했습니다.

17일 뒤에 우리 주께서 제게 순풍을 보내주셔서 7월 31일 화요일 정오에 뭍을 볼 수 있었습니다. 그 전주 월요일부터 뭍을 고대하고 그때까지 계속 방향을 변경하지 않고 항해했습니다만 화요일 날이 밝았을 때는 이미 식수가 고갈되어서 카리브해제도로 방향을 바꾸기로 결심한 것입니다. 주님께서 저를

4 아프리카의 시에라리온과 동일한 위도에 이른다는 뜻이다.

항상 긍휼히 여기신 덕택에, 우연히 중간 돛에 올라간 선원이 서쪽에서 연달아 솟아난 세 산봉우리를[5] 본 것입니다.

우리는 성모찬송 등 여러 기도를 드리고, 우리 주께 수없는 감사를 드렸습니다. 저는 북으로 향하던 항로를 포기하고, 그곳으로 향했습니다. 해거름에 어느 곶에 당도했습니다. 저는 이 섬을 트리니다드라고 명명하고, 앞서 말한 곶은 갈레아곶이라 이름 붙였습니다. 좀 더 안으로 들어가면 항구를 찾을 수 있을 것 같았습니다. 가옥과 사람들이 보이고, 땅은 마치 3월의 발렌시아 과수원만큼 푸르고 매우 아름다웠습니다. 불행히도 항구를 찾지 못해서 해안을 따라 서쪽 끝까지 5레과를 더 가서 정박했습니다.

다음날 저는 배를 수리하고, 물과 식품도 구할 겸 돛을 펼치고 항구를 찾아 나섰습니다. 저는 대형 물통을 챙겨 곶이 있는 곳까지 갔습니다. 그곳은 동풍을 막아주고 수심도 깊어서 닻을 내리라고 명령했습니다. 물통을 수리해서 물을 담고, 장작도 실었습니다. 사람들을 뭍으로 올려 보내 장기간의 힘든 항해로 쌓인 여독을 풀도록 했습니다.

이곳을 아레날곶이라고[6] 명명했습니다. 뭍에서 여러 무리의 동물을 봤는데, 발 생김새는 염소 같았습니다. 실제로 목격한 것은 죽은 동물 한 마리뿐이었습니다만, 그런 동물이 많이 서식하고 있는 듯했습니다. 그 다음날 동쪽에서 커다란 카누가 다가왔습니다. 젊은 남자 24명이 타고 있었는데, 요란스럽게 장식하고 화, 화살, 방패로 무장하고 있었습니다. 모두들 잘 생겼습니다. 피부는 검지 않고, 제가 인디아스에서 본 사람들보다 훨씬 희었습니다. 몸짓도 품위가 있고, 신체도 아름다웠으며, 카스티야[7] 사람처럼 짧은 머리를 하고 있었습니다.

---

5 현재의 트리니다드 섬이다.

6 현재의 지명은 트리니다드섬의 이카코스(Icacos)이다.

7 카스티야란 원래 에스파냐의 여러 왕국 가운데 하나였다. 이 왕국이 주변의 여러 왕국을 통합하여 현재의 에스파냐가 형성되었다.

그 사람들은 무명 수건을 머리에 동여매고 있었습니다. 천이 곱고 색깔이 다채로워서 저는 명주실로 만들었다고 생각했습니다. 또 이런 천을 허리에 동여매서 사타구니를 가렸습니다. 카누를 타고 온 사람들은 멀리 떨어진 곳에서 얘기했는데, 저를 포함해서 우리들 누구도 그 말을 알아듣지 못했습니다. 그렇지만 저는 그 사람들에게 가까이 오라는 신호를 보내라고 명했습니다. 그러는 동안에 두 시간이 넘게 흘렀습니다. 그 사람들은 조금 다가오다가 다시 멀어지기를 반복했습니다.

우리는 그 사람들에게 유리질 변기를 비롯해서 반짝거리는 물건을 보여줬습니다. 물건이 욕심나서 가까이 오게 만들려는 것이었습니다. 한참이 지난 후에야 전보다 훨씬 가까이 다가왔습니다. 저는 그 사람들에게 정보를 얻고 싶었지만, 이제는 보여줘도 욕심 낼만한 물건이 없어서 북을 선미루船尾樓에 올려놓으라고 명했습니다. 북을 울리면서 젊은 선원들이 춤을 추면 그 사람들이 구경하려고 다가올 것으로 생각했습니다. 그러나 북이 울리고 춤을 추는 모습을 본 그 사람들은 노를 놓고 활에 시위를 걸었습니다. 그리고 방패에 뒤에 몸을 숨기고 우리를 향해 화살을 쏘았습니다.

저는 북소리와 춤을 멈추고, 석궁을 꺼내라고 명했습니다. 그 사람들은 제가 승선한 배는 놔두고 다른 카라벨 선으로 다가가더니 느닷없이 선미 밑으로 들어갔습니다. 항해사는 그 사람들을 만나 대장 같은 사람에게 겉옷과 모자를 건네주고, 해변으로 가서 이야기를 나누기로 합의했습니다. 그 사람들은 해변으로 가서 항해사를 기다렸습니다. 그러나 항해사는 제 승낙 없이는 해변으로 가고 싶지 않았기 때문에 배를 몰고 내가 타고 있는 배로 다가왔습니다. 이 모습을 본 그 사람들은 다시 카누를 타고 떠났습니다. 그 뒤로 다시는 그 사람들을 보지 못했습니다. 그 사람들뿐만 아니라 이 섬의 다른 사람들도 보지 못했습니다.

저는 아레날곶에 당도했을 때, 커다란 해협을 발견했습니다. 서쪽에서 동쪽까지 넓이가 2레과 정도인데, 트리니다드섬과 티에라 데 그라시아[8] 사이에 위치하고 있습니다. 북쪽으로 가려면, 이곳을 지나야 합니다. 그런데 물살이 얼마나 거세고, 물소리가 얼마나 큰지 저는 물속에 암초 같은 것이 있어서 지나갈 수 없을 것으로 생각했습니다.

물살은 하나가 아니라 여러 개였는데, 하나같이 물소리가 어찌나 큰지, 큰 파도가 바위에 부서지는 듯한 소리를 냈습니다. 저는 앞서 말한 아레날 곶, 즉 해협에서 벗어난 곳에 닻을 내리고 살펴보았습니다. 동쪽에서 서쪽까지 물살이 어찌나 거센지 마치 밀물 때의 과달키비르강과[9] 같았습니다. 이런 물소리가 밤낮없이 계속 들렸습니다. 저는 물살을 거슬러 뒤로 갈 수도 없고, 암초 같은 것 때문에 앞으로 나갈 수도 없다고 생각했습니다. 아주 늦은 밤에 갑판에 서서 무시무시하게 울부짖는 소리를 들었습니다. 남쪽에서 우리쪽으로 올라오는 소리였습니다.

그 자리에 서서 자세히 살펴보니, 서쪽에서 동쪽으로 바닷물이 올라가고 있었습니다. 그 높이가 무려 제가 타고 있는 선박만큼 높았는데, 조금씩 제가 있는 곳으로 밀려오고 있었습니다. 상승한 바닷물 위로 거대한 물결이 요란한 소리를 내고 있었는데, 제가 앞서 말했듯이, 그 소리는 바위를 만난 파도 같았습니다. 그때를 떠올리면 지금도 온몸에 소름이 끼칩니다. 그 바닷물이 배까지 도달했더라면 배가 전복되었을 것이라고 믿기 때문입니다. 그러나 바닷물은 제 배를 지나쳐 해협에 이르자 오랫동안 머물렀습니다.

다음날 저는 보트를 보내 해협의 수심을 측정했습니다. 가장 깊은 곳이 6~7브라사였습니다.[10] 물살은 끊임없이 이쪽저쪽으로 움직였습니다. 어떤 물살은 들어오고, 어떤 물살은 나갔습니다. 우리 주를 찬양하노니, 저에게 순풍을 보내주시어 해협을 지나 안쪽으로 들어갔는데, 그곳의 바닷물은 잔잔했습

---

8 티에라 데 그라시아(Tierra de Gracia)는 베네수엘라의 파리아(Paria)반도를 가리킨다.

9 에스파냐의 세비야를 지나 산루카르 데 바라메다 항으로 흘러나가는 강 이름이다.

10 1브라사(braza)는 약 1.67미터이다.

니다. 다행히 짠물은 없어지고, 민물을 만났습니다.

저는 북쪽으로 항해했습니다. 아레날곶에서 26레과 정도 떨어진 곳에 매우 높은 산맥이 있었습니다. 그곳에는 두 개의 높은 곶이 있었습니다. 동쪽에 있는 곶은 트리니다드 섬이고, 서쪽에 있는 곶은 티에라 데 그라시아였습니다. 아레날곶의 해협보다 좁은 해협도 있었는데, 이곳 또한 물살이 험하고 소리 또한 요란했습니다. 그러나 이곳의 물 또한 민물이었습니다.

그때까지 저는 이 땅의 사람들과 어떤 말도 나누지 못해서 어떻게든 이야기를 해봐야겠다고 마음먹고 있었습니다. 따라서 저는 해안을 따라서 서쪽으로 항해했습니다. 항해하면 할수록 물은 민물이 되어갔습니다. 한동안 항해한 끝에 어느 땅에 이르렀는데, 제가 보기에는 경작을 하고 있는 것 같았습니다. 저는 그곳에 닻을 내리고 보트를 뭍으로 보냈습니다. 주민들이 최근에 그곳을 떠났고, 산에는 원숭이가 득실거린다는 사실을 알았습니다. 대원들은 그 땅이 산악지대라고 생각했습니다만, 제가 보기에는 서쪽으로 가면서 땅이 완만해져서 사람들이 살고 있을 것 같았습니다.

저는 닻을 올리라고 명령하고, 해안을 따라서 산맥 끝까지 갔습니다. 그리고 어느 강 하구에 닻을 내렸습니다. 이윽고 많은 사람이 다가와서 이 땅을 파리아라고 부른다면서 서쪽에는 더 많은 사람이 살고 있다고 일러주었습니다. 그 사람들 가운데 네 명을 배에 싣고 서쪽으로 항해했습니다. 8레과쯤 항해했습니다. 제가 아구하라고 명명한 곳이 나타났는데, 세상에서 가장 아름답고 또 사람들이 많이 살고 있는 땅이었습니다.

그곳에 도착한 때는 아침 9시였습니다. 아름답고 푸르른 그곳을 보았을 때 저는 닻을 내리고, 사람들을 만나보기로 했습니다. 그곳 주민 몇몇이 카누를 타고 제 배로 와서 왕의 전갈이라면서 상륙하기를 청원했습니다. 제가 관심을 보이지 않자 수많은 카누가 다가왔습니다. 대다수는 목에 금붙이를 걸고 있었고, 몇몇은 팔에 진주를 감고 있었습니다. 그 모습을 보고 무척이나 기뻐서, 어디서 났는지 여러 차례 물어봤습니다. 그 사람들은 저기, 다시 말해서 그 땅의 북쪽이라고 대답했습니다.

저는 그곳에 머무르고 싶은 생각이 들었습니다. 그러나 밀, 술, 고기 등 에스파냐에서 힘들게 구입한 식품이 썩어나갈 것 같았습니다. 따라서 식품을 안전한 장소에 옮겨놓는 것이 급선무였으므로, 지체하지 않고 곧장 움직였습니다.

그렇지만 저는 진주를 얻으려고 보트를 뭍으로 보냈습니다. 그 사람들은 수도 많고, 생김새도 비슷했으며, 전에 만난 사람들과 피부색도 같고, 매우 공손했습니다. 뭍에 오른 우리 대원들은 그 사람들이 공손하다는 것을 알았으며, 매우 품위 있는 대접을 받았습니다. 우리 대원들 얘기에 따르면, 보트가 뭍에 이르렀을 때 부자父子처럼 보이는 귀족 두 사람이 사람들을 모두 데리고 나왔다고 합니다. 그 사람들이 우리 대원들을 데려간 곳은 지붕이 있는 큰 집이었습니다. 다른 집은 야영 천막처럼 원형이었다고 합니다.

집 안에는 의자가 많았습니다. 그 사람들은 우리 대원들에게 앉으라고 권한 뒤에 의자에 앉았습니다. 그리고 빵과 갖가지 과일을 가져왔습니다. 술도 여러 가지였답니다. 백포도주와 적포도주 유사한 술도 많이 있었는데, 포도로 담근 술이 아니라 여러 가지 과일이나 옥수수로 담근 것이었답니다. 옥수수는 이삭에 달린 씨앗인데, 제가 이곳에서 가져가서 에스파냐에도 많이 있습니다. 그곳 사람들은 옥수수를 귀하게 여기고, 비싼 값에 파는 것 같았습니다.

남자는 모두 한쪽에 앉았고, 여자는 반대편에 앉았습니다. 양측 모두 서로의 말을 이해할 수가 없어서 힘들었습니다. 그 사람들은 우리나라에 대해서 물었고, 우리는 그 사람들 나라에 대해서 물었습니다. 우리 대원들은 최고 연장자의 집에서 대접을 받았고, 그 후에 젊은이가 자기 집으로 데려가 또 푸짐하게 대접했습니다. 한참 후에 대원들은 보트를 타고 선박으로 돌아왔습니다.

저는 닻을 올리고 서둘러 떠났습니다. 고생해서 얻은 식품이 상해가고 있어서 안전한 장소에 보관해야 했고, 또 수면 부족으로 생긴 제 눈병도 치료해야 했기 때문입니다. 제가 육지를 발견하러 떠난 후 33일 동안 잠을 자지 못해서 가끔 눈이 안보였습니다. 지금껏 이렇게 눈이 아픈 적도 없었고, 핏발이 선 적도 없었으며, 이렇게 눈이 아픈 적도 없었습니다.

앞에서 말씀드렸듯이, 이 사람들은 모두 몸매가 아름답고 키가 크며, 행동이 우아합니다. 머리를 길게 늘어뜨리고, 아름다운 수건으로 머리를 묶었습니다. 이 수건은 이미 말씀드린 바와 같이 멀리서 보면 명주처럼 보입니다. 그리고 남자나 여자나 바지 대신에 긴 천을 묶어 아랫도리를 가렸습니다. 이 사람들의 피부색은 제가 인디아스에 만난 어떤 사람들보다 더 희었습니다. 이 땅의 풍습에 따라서 모두들 목에다 무언가를 걸고 다녔는데, 많은 사람의 가슴팍에는 금붙이가 매달려 있었습니다.

그 사람들의 카누는 매우 크고, 제가 본 어떤 카누보다 잘 만들었고, 또 가벼웠습니다. 카누 중앙에는 칸막이 방 같은 것이 있어서 귀족이 부인과 함께 타고 다니는 것을 보았습니다.

저는 이곳을 '동산'이라고[11] 불렀는데, 이런 이름에 걸맞은 곳이었기 때문입니다. 저는 기회가 있을 때마다 금이 어디서 났는지 물어봤습니다. 모두들 눈앞에 있는 서쪽 산을 가리켰습니다. 매우 높은 산이었지만, 그렇게 멀지 않았습니다. 그런데 모두들 가지 말라고 말렸습니다. 잡아먹힌다는 것이었습니다. 그래서 그곳에 사는 사람들이 식인종이라고 추측했는데, 나중에 생각해보니 맹수가 살고 있어서 그렇게 말한 것이었습니다.

또 저는 진주가 어디서 났는지도 물었습니다. 그 사람들은 서쪽과 북쪽을 가리켰습니다. 우리가 머물던 땅 뒤쪽이었습니다. 저는 그 말을 확인해보지는 않았습니다. 식품도 보관해야 하고, 눈병도 났고, 또 제가 타고 있는 큰 선박은 그런 일에 적합하지도 않았기 때문입니다.

뭍에서 보낸 시간은 짧았고, 그마저도 이런저런 질문을 하면서 다 보냈습니다. 우리 대원들이 선박으로 돌아왔을 때는 늦은 오후였습니다. 저는 닻을

---

11 콜럼버스는 에덴동산을 염두에 두고 있다.

올리고 서쪽으로 항해했습니다. 이렇게 다음날까지 항해하였는데, 수심이 3브라사밖에 되지 않았습니다. 저는 그때까지도 그 땅이 섬이며, 북쪽에는 출구가 없다고 생각하고, 가벼운 카라벨선 한 척을 선발대로 파견하여 출구가 있는지 없는지 알아보았습니다. 이렇게 여러 곳을 돌아다닌 끝에 커다란 만에 이르렀습니다. 이 만에는 중간 크기의 만이 4개 있었고, 그 가운데 한 만으로 거대한 강이 흘러들고 있었습니다. 수심은 어디나 5브라사였고, 물은 민물이었습니다. 그런데 그렇게 어마어마한 수량은 난생 처음 보았습니다.

북쪽이나 남쪽이나 서쪽이나 모두 뭍으로 둘러싸여 출구가 없다는 것을 알았을 때 적잖이 실망했습니다. 따라서 저는 닻을 올리고 돌아가서 이전에 언급한 해협을 통해 북쪽으로 나가려고 했습니다. 그러나 물살에 방향을 잃었기 때문에 사람들을 만난 마을로 돌아갈 수가 없었습니다. 마침내 맑은 민물을 만났습니다. 동쪽으로 힘차게 흐르는 이 물살을 타고 전에 언급한 두 해협까지 갔습니다. 그때서야 저때의 물살과 우렁차게 포효하면서 하구로 들락거리던 물결이 민물과 바닷물(해수)이 싸우는 것이라고 추측했습니다.

민물은 들어오는 바닷물을 밀어내고, 바닷물은 민물이 나오지 못하게 막고 있었습니다. 이 두 해협은 예전에 트리니다드섬과 티에라 데 그라시아를 잇는 땅이었으리라고 추측합니다. 양왕 전하께서는 이 편지에 동봉한 그림을 보시면 제 말을 짐작하실 수 있을 것입니다.

저는 북쪽에 있는 해협을 통해서 나왔는데, 민물이 항상 이기고 있었습니다. 제가 바람의 힘으로 해협을 통과할 때 물살 위에서 보니까 민물이 안에 있었고, 바닷물은 바깥쪽에 있었습니다.

저는 지구는 둥글다고 철석같이 믿었습니다. 권위 있는 프톨레마이오스나 이 문제로 글을 쓴 사람들은 모두 그 증거로 월식이나 동쪽에서 서쪽으로 갈 때 관찰한 사실이나 남쪽에서 본 북극의 고도를 예로 들고 있습니다.

그러나 이상한 점을 많이 알게 된 지금 그 문제를 다시 생각해보니 세계는 옛 사람이 기술한 것처럼 둥글지 않고, 매우 둥근 배梨 모양인데 윗부

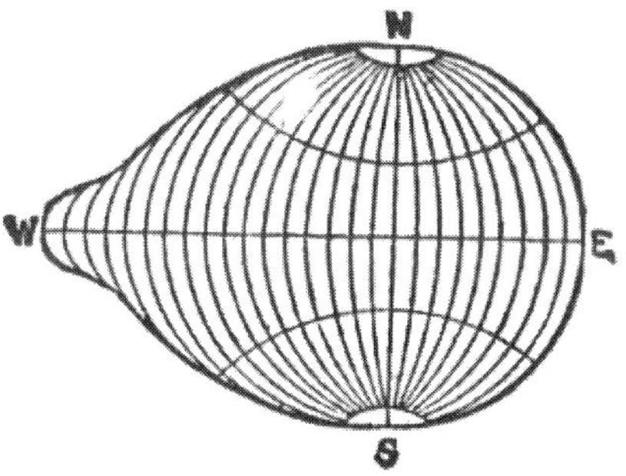

콜럼버스가 생각한 지구 모양

분이 젖꼭지처럼 볼록하다고 여기고 있습니다. 다시 말해서, 둥근 공인데 한 쪽이 여자 젖가슴 같다는 것입니다. 이 부분이 지구에서 가장 높고, 하늘에 가장 가까운 곳입니다. 그리고 그런 곳이 바로 이 지역입니다. 주야평분선 아래에 있고, 대서양 동쪽 끝 모든 땅과 섬이 끝나는 곳입니다.

본론으로 돌아가서 티에라 데 그라시아에 대해서 얘기하면, 그곳에서 강과 호수를 발견했습니다. 호수는 얼마나 큰지 호수보다는 바다라고 불러야 할 것입니다. 호수는 물이 있는 곳입니다만 굉장히 크면 '바다'라고 부르는데, 갈릴리해나[12] 사해가 그 예에 해당합니다.

제 말은, 이 강이 지상낙원에서 발원하지 않는다면, 아직 아무도 알지 못하는 남대륙南大陸이라는[13] 아득한 땅에서 흘러오는 것입니다. 그러나 앞서 말씀드린 티에라 데 그라시아에 지상낙원이 있다고 제 마음속으로는 굳게 확신하고 있습니다.

이제 제가 발견한 새 땅에 대해 제가 아는 한, 이곳에 지상낙원이 있다고

---

12 반적으로는 갈릴리호수라고 부른다.

13 18세기 제임스 쿡은 이 전설의 남대륙을 찾으러 떠나서 1770년 현재의 오스트레일리아에 도착했다. 그러나 쿡이 호주에 맨 처음 도착한 서양인은 아니었다. 네덜란드의 빌렘 얀스존(Willem Janszoon)과 에스파냐의 루이스 바스 데 토레스(Luis Vaz de Torres)가 1606년에 이미 호주에 도착한 적이 있었다.

마음속으로 확신하고 있으며, 선발장군이 잘 준비한 배 3척을 몰고 더 전진한다면 저쪽에 있는 모든 것을 발견할 것입니다.

전하에게 이 편지와 새 땅을 그린 그림을 보내오니, 전하께서는 제가 해야 할 일을 명하여주십시오. 성 삼위일체의 가호로 그 명을 성실하게 완수하겠으며, 그리하여 전하께서 충성하고 기쁨을 드리고자 합니다. 하느님 감사합니다.

제3부 베스푸치와 아메리카

12. 신세계

아메리고 베스푸치(Amerigo Vespucci, 1454~1512)는 이탈리아 피렌체 출신의 항해사이자 지도제작자였다. 일찍부터 메디치 가문의 서기로 일하던 베스푸치는 1491년 말이나 1492년 초에 에스파냐의 세비야에 상주하던 메디치 가문 지사로 파견되었다. 베스푸치가 언제부터 신대륙으로 항해했는지는 명확하지 않다. 확실한 사실은, 1500년부터 1501년까지는 포르투갈 리스본의 이주하여 포르투갈 왕실의 명의로 신대륙으로 항해하고, 1502년에는 다시 세비야로 돌아와 에스파냐 왕실의 이름으로 신대륙으로 항해했다는 것이다.

베스푸치가 남긴 것으로 추정하는 편지는 모두 6통인데, 원본은 전하지 않는다. 이 가운데 베스푸치 생전에 출판된 편지는 2통이었다. 메디치 가문의 로렌초 디 피에르프란체스코(Lorenzo di Pierfrancesco)에게 보낸 편지가 1503년 『신세계』(Mundus Novus)라는 제목으로 파리에서 라틴어로 출판되었고, 피에르 소데리니에게 보낸 편지도 『네 차례 항해에서 발견한 여러 섬에 대한 아메리고 베스푸치의 편지』라는 제목으로 1504년 또는 1505년에 피렌체에서 출판되었다.

베스푸치가 몇 차례 신대륙으로 항해했는지는 논란의 대상이다. 그러나 역사적으로 보면, 항해의 진위 여부보다는 베스푸치의 편지가 당대에 널리 유포되어 서구인의 신대륙관을 형성하였다는 데 의의가 있다. 특히 『신세계』가 그러한데, 이 편지는 라틴어로 번역되어 1503년부터 1506년까지 유럽 각국에서 출판되어 아메리카가 동양이 아니라 신세계라는 인식을 확고하게 심어주는 데 기여했다. 게다가 1507년 "프톨레마이오스는 몰랐으나 최근 발견된 땅을 포함하는"

세계지도를 제작하던 독일의 마르틴 발트제뮐러는 베스푸치의 두 편지에 근거하여 신대륙을 아메리카라고 세계지도에 명기하고, 지도와 함께 출판한 『우주지 서설』의 7장과 9장에서 각각 다음과 같이 그 이유를 설명했다.

> 네 번째 대륙은 아메리고(Americus)가 발견했기 때문에 아메리게(Amerige), 즉 아메리고의 땅, 아메리카라고 부를 수 있다.

> 이제 지구의 이 부분은 광범위한 탐험이 이루어졌으며, 네 번째 부분은 아메리고 베스푸치가 발견했다. 유럽(Europa)과 아시아(Asia)도 여자 이름이기 때문에, 내가 보기에 이 부분을 아메리게(Amerige), 즉 총명한 사람 아메리고가 발견한 아메리고의 땅, 아메리카라고 부른다고 해서 반대할 이유는 없다.

이리하여 신대륙은 콜롬비아가 아니라 아메리카로 부르게 되었지만 일부 사람들은 베스푸치가 콜럼버스의 업적을 본의 아니게 빼앗았다고 여기고 있다.

그러나 이 두 사람의 생각에는 분명한 차이가 있었다. 멕시코 학자 에드문도 오고르만이 명쾌하게 짚어내고 있듯이, "콜럼버스 항해의 목적은 두 세계가 있다는 가설을 증명하는 것이었으나 동일한 세계라는 생각으로 돌아왔고, 베스푸치 항해의 목적은 동일한 세계라는 가설을 증명하려는 것이었으나 두 세계가 있다는 생각으로 돌아왔다."

번역 대본은 로베르토 레비이에르가 1951년 부에노스아이레스에서 출판한 에스파냐어본이다.

참고문헌

1. Vespucio, Américo. 1951. *El Nuevo Mundo. Cartas relativas a sus viajes y descubrimientos*, Estudio preliminar de Roberto Levillier,

Buenos Aires: Editorial Nova.

2. Charles G. Herbermann (ed.). 1907. *The Cosmographiæ introductio of Martin Waldseemüller in facsimile, followed by the Four voyages of Amerigo Vespucci, with their translation into English*, New York: The U.S. Catholic Historical Society.
3. O' Gorman, Edmundo. 1995. *La invención de América*, México: Fondo de Cultura Económica.

아메리고 베스푸치가 로렌초 피에르프란체스코 디 메디치 각하에게 인사드립니다.

예전에 저는 포르투갈 왕 전하의 비용으로, 또 그 명을 받들어 배로 해안을 탐험하여 발견한 여러 나라에서 귀환하여 각하에게 장문의 편지를 드렸습니다. 이들 새 나라는 신세계라고 불러야 합당합니다. 우리 선조들은 전혀 모르던 나라이고, 또 선조들의 이야기를 들은 사람에게도 완전히 새로운 것이기 때문입니다. 고대인의 견해로는, 세계의 큰 부분인, 주야평분선[1] 넘어 남쪽은 육지가 없고 바다뿐이라고 생각하여, 이를 대양이라고 불렀으며, 만약 누군가 거기에 대륙이 있다고 주장하면 갖가지 이유를 들어 사람이 거주한다는 사실을 부정했습니다. 그러나 이와 같은 고대인의 견해는 거짓이며, 진실에 완전히 반합니다. 저는 최근 여행에서 이를 확인했습니다. 이 남쪽 부분에서 저는 대륙을 발견했으며, 앞으로 말씀드리겠지만, 그곳에는 우리 유럽이나 아시

1 주야평분선이란 천구 적도를 의미한다. 이 천구 적도는 지구상의 적도를 연장한 것이므로, 지구 적도와 동일한 의미이다.

아나 아프리카보다 훨씬 더 많은 사람과 동물이 살고 있고, 기후도 우리가 아는 그 어떤 지역보다 훨씬 온화하고 쾌적합니다. 이 편지에서는 제가 이 신세계에서 보거나 들은 것 가운데 주목할 만하고 또 기억할 만한 가치가 있는 주요 사항만 간략하게 적으려고 합니다.

1501년 5월 14일, 우리는 리스본에서 항해를 시작하였습니다. 상기 포르투갈 왕의 명을 받아 배 3척으로 새로운 나라를 찾아 남쪽으로 떠난 것입니다. 20개월 동안 계속 남쪽으로 항해했습니다. 항해 순서는 다음과 같습니다. 먼저 우리는 아포르투나다스 제도에 들렀습니다. 예전에는 이렇게 불렀지만 지금은 그란 카나리아 제도라고 합니다. 이 제도는 제3기후에 속하며, 사람이 거주하는 최서단 섬입니다. 그곳부터는 아프리카 연안을 따라 대양을 달려서 에티오피아의[2] 일부를 지나 프로몬토리 에티오피아까지 갔습니다. 프톨레마이오스가 이런 이름을 붙였는데, 오늘날에는 카보 베르데라고 부릅니다. 에피오피아의 비세기에르를 거쳐, 주야평분선에서 북쪽으로 14도에 위치하며, 열대 안에 있는 나라 만드라가에 이르렀습니다. 이 나라에는 흑인이 살고 있습니다. 그곳에서 우리는 기력을 보충하고 항해 필수품도 선적한 다음에 닻을 올리고 돛을 펼쳤습니다. 우리는 남극을 향해, 볼투르노라고 부르는 바람을 타고 약간 서쪽으로 방향을 잡고 광막한 대양을 항해했습니다. 상기의 프로몬토리를 출발한 이래 2달 3일간 항해하였는데도 우리 앞에는 어떤 땅도 나타나지 않았습니다.

이 광막한 바다에서 우리는 정말 고생이 많았습니다. 수많은 난파 위험과 육체적 불편과 고뇌를 겪었습니다만, 그런 일을 경험으로 잘 아는 사람들의 상상에 맡겨두렵니다. 불확실할 뿐만 아니라 알지도 못하는 땅을 찾는다는 게 어떤 의미인지도 여기서 굳이 설명하지는 않겠습니다. 한마디로 말해서, 여

2 당시에는 사하라 이남의 아프리카를 총칭하여 에티오피아라고 불렀다.

러 가지 일을 간략하게 얘기하면, 우리가 쉼 없이 항해한 67일 가운데 44일은 비와 천둥과 번개에 시달렸다는 것입니다. 날씨가 어두워서 낮에는 태양을 보지 못했으며, 밤은 고요하지가 않았습니다. 이 때문에 커다란 공포가 엄습하여 우리는 살 수 있다는 희망마저 잃어버렸습니다. 이처럼 하늘과 바다가 야기한 극도의 위험 속에서 주님의 은총으로 우리 앞에 대륙과 새로운 나라와 미지의 세계가 나타났습니다. 이런 것들이 시야에 들어오자 우리는, 갖가지 재앙과 역경을 무사히 헤치고 나온 사람들이 흔히 그러하듯이, 무척이나 기뻤습니다.

정확히 말해서, 1501년 8월 7일, 우리는 새로운 나라의 해안에 도착했습니다. 엄숙한 기도와 찬송으로 미사를 올림으로써 우리 주 하느님께 감사를 드렸습니다. 그곳에서 우리는 그 땅이 섬이 아니라 대륙임을 알았습니다. 긴 해변은 구부러짐 없이 죽 펼쳐져 있었으며, 수많은 주민이 그 땅을 가득 채우고 있었습니다. 우리는 수많은 종족과 사람들, 우리 국가에서는[3] 볼 수 없는 온갖 종류의 야생 동물, 한 번도 본 적이 없는 수많은 것을 발견했는데, 일일이 언급하려면 시간이 많이 걸릴 것입니다. 우리가 그 지역에 접근했을 때, 관대하신 하느님께서는 우리에게 많은 것을 주셨습니다. 우리는 땔감과 식수가 부족하여 바다에서 며칠밖에 연명할 수가 없었기 때문입니다. 이 명예와 영광을 하느님께 돌리고, 은혜로운 역사에 감사드립니다.

우리는 이 대륙을 시야에서 놓치는 일이 없도록 연안을 따라서 동쪽으로 항해하기로 합의했습니다. 장시간 항해한 끝에 어느 만灣에 도착하였는데, 이곳부터 해안은 남쪽으로 구부러졌습니다. 우리가 처음으로 뭍을 밟은 곳에서 이 만까지의 거리는 약 300레과입니다. 이곳부터는 항해 도중에 종종 뭍에 올랐으며, 곧 말씀드리겠지만, 그곳 사람들과 우호적인 관계를 맺었습니다.

망각하고 말씀 드리지 못한 사항이 있는데, 카보 베르데에서 이 대륙의 첫

3 우리 국가란 유럽의 여러 나라를 가리킨다.

땅까지 거리는 약 700레과입니다. 제 계산으로는 1,800레과 이상을 항해했습니다만, 장소도 모르고 항해사도 무지하고 또 폭풍우와 바람 때문에 직진하지 못하고 이리저리 휩쓸린 탓입니다. 만약 제 동료들이 저를 믿지 않았더라면, 우주지宇宙誌에 박식하다는 사실을 몰랐더라면, 항해의 진정한 안내자인 항해사도 500레과를 항해한 후에 우리가 어느 곳에 있는지 몰랐을 것입니다.

이렇게 우리는 방향을 잃고 떠돌았으며, 천체의 고도를 재는 항해 도구만이 유일하게 우리의 현재 위치를 정확하게 알려주었습니다. 이 항해 도구는 모두가 알고 있듯이 4분의와 아스트롤라베입니다. 그 후로 4분의와 아스트롤라베는 저에게 큰 광영을 안겨주었습니다. 해도에 대한 지식이 없더라고 항해술은 세상의 그 어떤 항해사보다 더 많이 안다는 것을 증명했습니다. 항해사는 자주 항해한 곳밖에 모르기 때문입니다. 위에서 언급한 땅은 해안이 남쪽으로 구부러졌다는 것을 보여주었습니다. 우리는 항해를 계속하여 그 지역에 무엇이 있는지 확인해보기로 하였습니다.

연안을 따라서 약 600레과를 항해했습니다. 누차에 걸쳐 뭍에 하선하였고, 그곳 사람들과 대화하고 교류하였습니다. 그 사람들은 우리를 친근하게 맞아주었습니다. 곧 말씀 드리겠지만, 때로는 15일이나 20일 정도 그 사람들과 함께 지내기도 하였는데, 우리를 친구나 손님처럼 환대했습니다.

이 대륙의 일부는 주야평분선에서 남극 쪽으로 내려간 열대에 있습니다. 그 대륙은 주야평분선 넘어 8도에서 시작되기 때문입니다. 이 연안을 따라서 오랫동안 항해하여 남회귀선을 지났으며, 우리가 있던 곳은 지평선에서 50도 위에 남극이 있었습니다.[4] 우리는 남극권 근처에 있었습니다. 17도 30분 모자랐던 것입니다.[5] 그곳에서 제가 보고 알게 된 그 지역 사람들의 천성, 관습, 물산, 비옥한 땅, 상쾌한 공기, 천체의 배열, 특히 우리 대다수는 결코 본

4 남위 50도라는 뜻이다.

5 현재 기준으로 남극권은 남위 66도 33분이다.

적도 없고 언급한 적도 없는 제8천의[6] 붙박이별은 아래에 기술하겠습니다.

먼저 그곳 사람들에 관해서 말씀드리겠습니다. 우리는, 묵시록에 나오듯이, 헤아릴 수 없을 만큼 수많은 사람을 발견했습니다. 그 사람들은 온순하고 사교성이 좋습니다. 너나 할 것 없이 모두 성기를 내놓고 다닙니다. 신체의 어떤 부분도 가리지 않습니다. 어머니의 뱃속에서 나온 그대로 죽을 때까지 지냅니다. 키도 크고 체격도 좋으며, 전체적으로 균형이 잡혀 있습니다. 피부는 붉은색에 가까운데, 제 생각으로는 발가벗고 다니기 때문에 햇볕에 물들어 그렇게 된 것 같습니다. 머리칼은 풍성하고 검습니다.

걸을 때나 놀이를 할 때는 민첩합니다. 용모도 훤칠하고 잘 생겼는데, 스스로 망쳐놓았습니다. 볼과 입술과 코와 귀에 구멍을 뚫기 때문입니다. 구멍이 작다거나 하나뿐이라고 생각하시면 안 됩니다. 제가 누차 목도했습니다만, 어떤 사람은 얼굴에 구멍을 7군데나 뚫었습니다. 그런데 구멍 하나 크기가 자두만합니다. 이 구멍을 아름다운 청색 돌이나 대리석이나 수정이나 설화석고나 새하얀 뼈나 관습에 따라 인위적으로 만든 여러 가지 장식물로 메웁니다. 상상만 하여도 이상하고 괴물처럼 생각될 것입니다. 뺨과 입술에만 돌을 7개 박았는데, 그 크기가 손바닥 반 정도이니 어찌 놀라지 않을 수가 있겠습니까.

그래서 누차 생각해보았는데, 그 돌 7개의 무게가 16온스 정도 될 것입니다. 게다가 귀마다 구멍 3개를 뚫고 반지 모양의 돌 귀걸이를 달고 다닙니다. 이런 관습은 남자에게만 해당됩니다. 여자는 얼굴에 구멍을 뚫지 않습니다. 귀에만 뚫습니다. 또 다른 관습은 매우 잔인하고 인간의 도리를 한참 벗어난 것입니다. 왜냐하면 그곳 여자는 색정적이라서 남편의 성기를 괴상망측하게 보일 정도로 크게 팽창시켜놓습니다. 여기에는 나름의 방법이 있는데, 독이 있는 동물에 물리는 것입니다. 이 때문에 상당수 남자가 성기를 잃고 고자가 됩니다.

---

6 중세의 우주지에 따르면, 하늘은 10개의 층으로 이루어져 있으며, 그 가운데 여덟 번째 하늘, 즉 제8천을 항성천이라고 불렀다.

천은 없습니다. 양모와 아마는 물론이고 면직물조차 없습니다. 누구에게도 필요하지 않기 때문입니다. 자기만의 재산도 없습니다. 무엇이나 공동소유입니다. 모여서 살지만 왕이나 관리는 없습니다. 각자가 자기 주인입니다. 여자는 원하는 만큼 취할 수 있습니다. 자식과 어머니가 살을 섞고, 오누이는 물론이고 사촌 사이라도 살을 섞습니다. 길을 가던 남자는 눈에 띄는 여자와 살을 섞습니다. 원하면 아무 때나 결혼을 파기하므로, 이 점에서는 그 어떤 질서도 찾아볼 수 없습니다. 또 교회도 없고, 법도 없고, 우상조차 없습니다. 그러니 더 이상 말해 무엇 하겠습니까? 그 사람들은 본능대로 삽니다. 비유하자면, 스토아학파보다는 에피쿠로스학파에 더 가깝습니다. 상인도 없고, 값어치 있는 물건도 없습니다. 그 사람들끼리 싸우기도 하는데, 마구잡이로 싸웁니다.

노인들은 하고 싶은 말이 있으면 젊은이에게 열변을 토해서 싸움을 부추깁니다. 그런 싸움에서는 무자비하게 서로를 죽입니다. 싸움에서 포로가 된 사람은 살려두지 않고 잡아먹습니다. 승자가 패자를 잡아먹는 것입니다. 인육은 그들에게 일상적인 식품입니다. 이런 일은 정말로 사실입니다. 저는 아버지가 자식과 부인을 잡아먹는 광경을 목격하였습니다. 제가 아는 사람이어서 얘기를 나눠봤는데, 300명도 넘는 사람을 잡아먹었다고 합니다.

한번은 어떤 도시에서 27일간 지낸 적이 있습니다. 그곳 사람들의 집에서 들보에 걸어놓은 염장 인육을 보았습니다. 마치 우리가 돈육을 걸어놓고 먹듯이 말입니다. 이밖에도 얘깃거리가 많습니다. 그 사람들은 우리가 적을 죽여서 인육을 식품으로 사용하지 않는다고 놀랐습니다. 인육이 맛있다고 얘기했습니다. 그 사람들의 무기는 활과 화살입니다. 전투에서 서로 마주치면, 몸을 보호할 어떤 것도 없이 짐승처럼 싸웁니다. 우리는 기회가 있을 때마다 그 사람들을 설득하여 사악한 관습을 바꾸려고 노력하였고, 그 사람들은 그런 관습을 버리겠다고 약속했습니다. 앞에서 말씀 드렸듯이, 여자들은 비록 발가벗고 다니고 색정적이기는 하지만 몸에서는 어떤 결점도 찾을 수 없습니다. 아름답고 깨끗하며, 혹자의 상상처럼 그렇게 무례하지도 않습니다. 비록 육욕이 넘쳐서 정숙하지 않으나 이런 결점도 늘씬한 체격으로 상쇄되고도 남습니다.

우리에게 기적처럼 보인 것은, 어떤 여자도 젖가슴이 처지지 않았다는 것입니다. 출산한 여자도 복부나 허리는 처녀와 하등 다를 바가 없습니다. 신체의 다른 부분도 마찬가지인데, 품위를 지켜야하므로 언급하지는 않겠습니다. 색욕을 주체하지 못하여 기독교인과 합방할 때는 수치심도 없었습니다.

그 사람들은 150년을 삽니다. 아픈 경우도 드뭅니다. 질병에 걸리면 초목의 뿌리나 잎으로 치료합니다. 이것이 그들에 대해서 제가 아는 것 중에서 가장 주목할 만한 것입니다.

그곳의 공기는 매우 온화하고 깨끗합니다. 그 사람들과 관계를 맺으면서 알게 되었는데, 그곳에는 나쁜 공기 때문에 발생하는 그 어떤 전염병이나 유행병도 없습니다. 횡사하지 않는 경우라면 장수합니다. 제 생각으로, 그곳에서는 항상 남쪽에서 바람이 불기 때문에 장수한 것 같습니다. 그 사람들에게 남풍은 우리로 보자면 북풍이나 마찬가지입니다. 그곳 사람들은 낚시를 좋아합니다. 바다는 낚시하기에 적합합니다. 온갖 종류의 물고기가 풍부하기 때문입니다. 사냥은 하지 않는데, 제 생각으로는 그곳에 수많은 종류의 야생동물이 살고 있기 때문입니다. 사자, 곰, 수많은 뱀, 무섭고 괴상망측하게 생긴 여러 짐승이 있고, 게다가 방대한 밀림과 거대한 나무까지 있으므로 그 사람들은 방어할 무기도 없이 알몸으로 위험에 맞설 용기가 없습니다.

그곳의 땅은 매우 비옥하고 쾌적합니다. 언덕, 산, 계곡도 많으며, 거대한 강과 건강에 좋은 물이 풍부하게 솟아나는 샘도 많습니다. 빽빽하게 우거진 밀림은 광대하고 또 들어가기도 어려울 뿐만 아니라 각종 맹수가 다량으로 서식하고 있습니다. 재배하지도 않았는데 거대한 나무가 뿌리를 내리고 있고, 여러 과일은 맛도 좋고, 몸에도 이롭습니다. 물론 이와 정반대의 과일도 있습니다. 그곳의 과일은 우리 과일과 전혀 다릅니다. 풀과 뿌리도 종류가 무수한데, 이런 식물로 빵과 훌륭한 음식을 만듭니다. 그리고 우리 씨앗과 완전히 상이한 씨앗도 많습니다. 금을 제외하고는 어떤 종류의 금속도 보지 못했습니다.

금은 그곳에 풍부합니다. 비록 우리는 이번 첫 여행에서 아무런 금도 가져오지 못했지만 말입니다. 그곳 주민들로부터 금 소식을 들었습니다. 내륙으로 들어가면 금이 엄청나게 많다고 우리에게 확언했습니다. 그 사람들에게 금은 무가치하고, 또 귀하게 생각하지도 않습니다. 예전에 각하에게 보낸 편지에도 적었듯이, 진주도 풍부합니다.

그곳의 인상적인 풍물을 모두 기술하고, 갖은 종류의 동물과 사람에 대해서 얘기한다면 무척이나 장황하고 지루할 것입니다. 아무튼 플리니우스라고 할지라도 그곳에 서식하는 수많은 종류의 파파가요 앵무새나 그밖의 조류와 동물에 대해서는 천분의 일도 다루지 못했을 것이라고 확신합니다. 이처럼 그곳 동물은 생김새나 색깔이 다양하므로, 완전한 미술의 표상인 폴리클레이토스라고[7] 할지라도 다 그려내지 못했을 것입니다. 그곳의 나무는 모두 향기로우며, 나무마다 고무가 나오거나 기름이 나오거나 그 밖의 진액이 나옵니다. 이런 나무를 우리가 알고 있다면 지금보다 우리는 훨씬 건강하게 살 것이라고 의심하지 않습니다. 지상 어느 곳엔가 낙원이 있다면 그곳에서 멀지 않은 곳에 있으리라고 생각합니다. 각하에게 말씀드렸듯이, 그곳은 남쪽에 있으며, 기후는 온화하므로 얼음이 어는 겨울도 없고 무더운 여름도 없습니다.

하늘과 대기는 일 년 중 대부분 고요합니다. 두터운 수증기도 없습니다. 그곳은 비가 자주 내립니다. 한번 내리면 서너 시간 지속되다가 안개가 사라지듯이 그칩니다. 하늘은 무척이나 아름다운 별자리로 수놓아집니다. 그 가운데 저는 매우 밝은 별 20여개를 기록해두었습니다. 가끔은 금성과 목성도 보았습니다. 저는 이 별들의 운행과 궤도를 관찰하고, 기하학 방법으로 원주와 반경을 측정하여 최대치를 알게 되었습니다. 하늘에서 카노푸스 별 3개를 보았습니다. 두 별은 매우 밝고, 하나는 어두웠습니다.

남극은 큰곰자리와 작은곰자리로 표시되지 않습니다. 우리 북극을 표시할

---

7 폴리클레이토스는 기원전 5세기경에 활동한 그리스의 조각가이다.

뿐입니다. 남극 근처에서는 밝은 별을 보지 못했습니다. 남극 주위를 짧은 궤도로 돌고 있는 별들 가운데, 세 별이 직각삼각형을 이루고 있습니다. 그 가운데 중앙에 있는 별은 원주가 9도 30분이며, 이 별들이 왼쪽에서 떠오를 때, 유난히 크고 밝은 카누푸스 별 하나가 보입니다. 하늘 중앙에 있을 때 세 별의 모습은 아래와 같습니다.

이 별들 다음에 두 별이 옵니다. 그 중에 중앙에 있는 별은 원주의 직경이 12도 30분입니다. 이 별들과 함께 하얀 카누푸스 별이 보입니다. 제8천에 있는 별들 가운데 가장 아름답고 밝은 6개의 별이 이 하얀 별을 따르고 있습니다. 천구에서 가운데 별은 원주의 직경이 32도입니다. 이 별들과 더불어 거대한 크기의 검은 카누푸스 별이 옵니다. 은하수에서도 보입니다. 이 별들이 최고점에 있을 때는 아래와 같은 형태입니다.

저는 이밖에도 아름다운 여러 별을 알게 되었으며, 꼼꼼하게 적어두었습니다. 별의 움직임을 작은 공책에 상세하게 기술했으며, 특히 이번 항해에서 그랬습니다. 현재 이 공책은 에스파냐 왕 전하의 수중에 있는데, 언젠가는 제게 돌려주기를 고대하고 있습니다. 그 반구에서 저는 철학자들의 이론에 부합하지 않는 여러 사실을 목격했습니다. 자정 경, 저는 하얀 무지개를 두 번이나 보았습니다. 저만 본 것이 아니라 선원 모두가 보았습니다. 이와 마찬가지로 우리는 대낮에 신월이 태양과 합쳐지는 모습을 여러 차례 보았습니다. 그쪽의 하늘에서는 밤마다 사방으로 교차하는 수많은 유성과 불빛을 보았습니다. 조금 전에 반구라고 말씀드렸지만, 정확하게 말해서 그 반구는 우리 반구와 비교하면 완전한 반구는 아닙니다. 그럼에도 불구하고 유사하기에 반구라고 부르는 게 적합합니다.

아무튼, 각하께 이미 말씀드렸듯이, 우리는 리스본에서 출발했습니다. 주야평분선에서 39도 30분 떨어진 곳입니다. 우리는 주야평분선을 넘어 50도를 더 항해하였으므로, 둘을 더하면 약 90도가 됩니다. 우리 선조들이 가르쳐준 정확한 측정 방법에 따르면, 지구 대권大圈의 4분의 1에 해당합니다. 따라서 이 사실이 의미하는 바는, 우리들이 세계의 4분의 1에 항해하였다는 것입니다. 따라서 주야평분선에서 북위 39도 30분 부근의 리스본에 거주하는 우리는 주야평분선에서 남위 50도에 거주하는 저들보다 위쪽에 있습니다. 각도로는 사선으로 5도입니다.

좀 더 명확하게 말씀드리면, 우리가 똑바로 서 있을 때, 저 높은 하늘의 천정에서 우리 머리 위로 수직선이 떨어집니다. 그 사람들에게는 옆으로 경사지게 떨어집니다. 결국 우리는 직선에 있고 그 사람들은 사선에 있으므로 직각

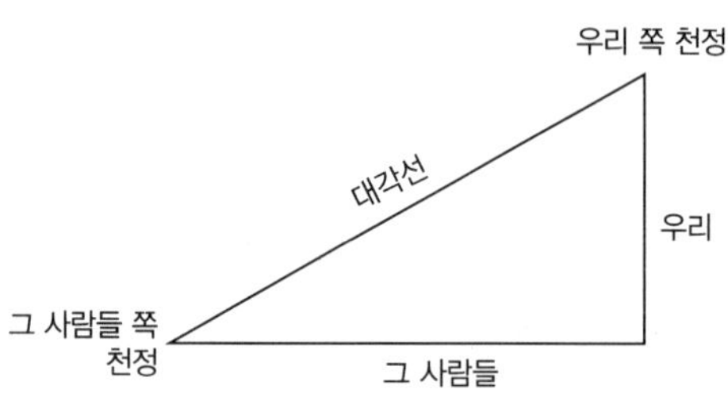

삼각형이 만들어집니다. 이 직각삼각형에서 우리는 수직선에 있으며, 직각을 이룹니다. 그 사람들은 또 다른 수직선에 있는데, 직각의 밑변입니다. 사선은 우리 쪽 천정과 그 사람들 쪽 천정을 이어줍니다. 그림으로 보면 분명해질 것입니다. 우주지에 관해서는 이것으로 충분하고도 남습니다.

이상이 최근 항해에서 가장 주목할 만한 사항입니다. 이 항해를 '세 번째 탐험'이라고도 부르는데, 그 이유는 이전에 에스파냐 왕 전하의 명을 받들어 서쪽으로 두 번 항해한 적이 있기 때문입니다. 그 두 번의 항해에서 저는 만물의 창조주이신 우리 하느님의 기적 같은 역사를 보았습니다. 저는 이런 주목할 만한 사항을 일기로 만들었는데, 언젠가 시간이 허락하면 이 모든 것을 하나씩 모아서 지리지나 우주지를 만들려고 합니다. 그리하여 후세대도 저를 기억하고 전지전능하신 하느님의 광대한 업적이 우리 선조가 알지 못하였으나 우리는 알고 있는 세계의 부분에 알려지도록 만들겠습니다.

자비로운 하느님께 기도하노니, 저의 생명을 연장해주시어 주님의 은총과 내 영혼의 건강함으로 이러한 제 뜻이 최선의 결과를 낳도록 이끌어주십시오. 이전의 두 차례 탐험은 내 심중에 깊이 간직하고 있으므로 포르투갈 왕 전하께서 세 번째 항해일지를 제게 돌려주신다면 저는 조국으로 돌아가 조용한 곳에 머물면서, 숙련된 솜씨와 친구들의 편의와 도움을 받아 제 일을 마무리 지을 수 있을 것입니다.

제가 이전 편지에서 약조했음에도 불구하고 최근 항해, 좀 더 정확하게는 최근 탐험을 각하께 일찍 알려드리지 못한 점 양해하여 주시기 바랍니다. 각하께서도 짐작하시리라 믿습니다만, 그 이유는 여기 포르투갈 왕 전하에게서 아직도 제 공책을 돌려받지 못하였기 때문입니다. 저는 지금 네 번째 탐험을 하기로 결심하였습니다. 우리에게 장비를 갖춘 배 두 척을 주기로 약속하였으며, 저는 아프리카 해안의 동쪽에 있는 새로운 지역을 찾으러 떠나야만 합니다. 이 항해에서 저는 하느님을 찬양하고, 이 왕국에 유용하고, 제 나이에 영예가 되는 많은 일을 행하려고 생각하고 있습니다. 이제 저는 포르투갈 왕 전하의 윤허만을 기다리고 있습니다. 하느님께서 만사가 형통하게 허락하여 주시옵소서. 각하께도 무슨 일이 있었는지 소식을 전하겠습니다.

이 서한은 통역사 요쿤두스가[8] 이탈리아어에서 라틴어로 번역하였다. 그 목적은, 라틴어를 이해하는 사람들이 베스푸치의 항해에 대해서 알게 하려는 것이며, 겁도 없이 하늘과 왕의 일에 대하여 합법적인 것 이상의 것을 알려고 하거나 탐구하려는 사람들을 주눅 들게 만들려는 데 있다. 세상이 시작된 이래 아직까지도 지구가 얼마나 거대한지, 또 그 안에 무엇이 포함되었는지는 미발견 상태로 남아있는 것이다.

---

8 이탈리아 인문학자이자 프란체스코회 수사인 조반니 조콘도(Giovanni Giocondo, 1433~1515)이다.

13. 네 차례 항해에서 발견한 여러 섬에 대한 아메리고 베스푸치의 편지

이 편지는 1504년 9월 4일 아메리고 베스푸치가 어릴 적 친구이자 피렌체의 행정수장인 피에로 소데르니(Pier Soderini)에게 보낸 것이다. 제목이 가리키듯이, 베스푸치는 1497년부터 1504년까지 모두 네 차례에 걸쳐 신대륙으로 항해했다고 한다.

그러나 편지 원본이 전하지 않기 때문에 19세기부터 진실성이 문제가 제기되었다. 현재 대다수의 학자는 이 편지가 진본에 기초하여 다른 사람들이 작성한 일종의 편집본이며, 사실의 오류나 누락은 있을지언정 위작은 아니라고 믿고 있다.

편지에 따르면, 1차 항해에서 베스푸치는 1497년 5월 10일에 에스파냐 카디스를 떠나 현재의 중미지역을 둘러보고 1498년 10월 15일에 카디스로 귀환했다. 이 편지의 내용이 사실이라면, 베스푸치는 후안 카보토보다 몇 달 앞서 아메리카 대륙에 발을 디딘 것이 되며, 콜럼버스보다는 1년 먼저 아메리카 대륙에 간 것이 된다. 따라서 학자들은 이 항해의 진위를 의심하기 시작했는데, 당시의 다른 문헌에는 베스푸치가 1497년에 항해했다는 기록이 보이지 않는다. 따라서 베스푸치의 1차 항해가 실제로 있었는지 여부는 아직까지도 논란의 대상이다.

2차 항해는 1499년 5월 16일 카디스를 출항하여 남미 북부와 아마존 강을 둘러보고 9월 18일에 카디스에 도착했다. 이 항해는 에스파냐 탐험가 알론소 데 오헤다가 함대 사령관이었다. 기록에 의하면, 베스푸치는 항해사로 참여했다.

3차 항해부터 베스푸치는 포르투갈 왕실의 명의로 신대륙으로 여행했다. 3차 항해에서 베스푸치는 누노 마누엘(Nuno Manuel)이 이끄는 탐험대에 선장으로 참여했으며, 1501년 5월 10일에 포르투갈의 리스본을 떠나 브라질의 리우지자이네루만까지 여행하고 1502년 9월 7일 리스본으로 귀환했다. 이 항해에 대한 또 다른 편지가 앞서 소개한 『신세계』이다.

4차 항해는 곤잘로 코엘류(Gonoçalo Coelho)가 함대 사령관이었으며, 베스푸치는 선장으로 참여하여 1503년 5월 10일 리스본을 출항해서 만 1년 넘게 남미 대륙을 둘러보고 1504년 6월 18일에 리스본으로 귀환했다.

번역 대본은 레비이에르가 1951년에 출판한 에스파냐어본을 사용했으며, 영역본도 참고하였다.

참고문헌

1. Vespucio, Américo. 1951. *El Nuevo Mundo. Cartas relativas a sus viajes y descubrimientos*. Estudio preliminar de Roberto Levillier. Buenos Aires: Editorial Nova.
2. Vespucio, Américo. 1885. *The first four voyages of Amerigo Vespucci*. Translated by Michael Kearney. London: B. Quaritch.
3. Rocamora y Torrano, Ginés. 1959. *Sphera del Universo*, Madrid: Juan de Herrera.

훌륭하신 각하.[1]

먼저 각하에게 존경과 경의를 표합니다.

매사에 신중하신 각하께서는 어찌하여 제가 이런 장문의 편지를 쓰게 되

---

1 1502년 피렌체의 행정수장이 된 피에로 소데르니를 가리킨다.

었는지 의아하게 생각하고, 어쩌면 저의 무례함에 놀랄지도 모르겠습니다. 각하께서 숭고한 공화국을[2] 잘 다스리기 위해 연일 고관 회의와 정무 수행으로 다망하신 줄 알기에, 각하와 무관하고 또 유쾌하지도 않은 내용을 인문주의 규범에도 벗어나는 천박한 필치로 작성한 이런 편지나 드리는 저를 주제도 모르는 한심한 사람으로 여기시리라고 생각합니다. 하오나 저는 후덕하신 각하를 신뢰하며, 이 편지 또한 진실하다고 확신합니다. 각하께서도 곧 아시겠지만, 이 편지는 고대의 저술가도 근대의 저술가도 언급한 적이 없는 사항을 다루고 있다고 감히 말씀드리고 싶습니다.

제가 이 편지를 쓰게 된 가장 큰 동기는, 제 고향 피렌체 출신으로 이미 검증된 각하의 충복이자 저의 절친한 친구이며, 또 이 편지를 각하에게 전해줄 벤베누토 벤베누티의 소청 때문입니다.

여기 리스본에서 벤베누티를 만났더니 제게 청하기를, 세계 여러 지역에서 본 바를 각하에게 전하라고 하였습니다. 저는 새로운 땅을 발견하기 위해 네 번 항해하였는데, 그 중 두 번은 카스티야의 국왕 페르난도 6세의[3] 명을 받아 대양의 서쪽으로 항해하였고, 나머지 두 번은 포르투갈 국왕 마누엘의 명을 받아 남쪽으로 항해했습니다. 아무튼 벤베누티가 말하기를, 각하께서 그런 얘기를 기뻐할 것이라면서 편지 보내기를 희망하였습니다.

이런 연유로 편지를 쓰기로 한 바, 누가 뭐라고 해도 저는 각하의 충복이기 때문입니다. 기억하건대, 젊었을 때 저는 각하의 친구였으며(이제는 충복입니다만), 우리 함께 존경스러운 수도사이신, 산 마르코 수도원의 조르지오 안토니오 베스푸치 수사에게[4] 문법 기초 강의를 수강하러 다니며 수사의 훌륭한

---

2 피렌체를 가리킨다.

3 원문의 오류이다. 가톨릭 양왕 가운데 한 명인 아라곤 왕국의 페르난도 2세를 지칭한다. 카스티야 왕국의 이사벨 여왕과 공동 통치한 기간(1474~1504년)에는 '카스티야 왕국의 페르난도 5세'라고 불렀다.

4 아메리고 베스푸치의 숙부이다.

인품과 학문을 본받고자 노력하였습니다. 하느님께서 이 수사의 조언과 가르침을 받도록 저를 인도하였기 망정이지, 그렇지 않았더라면 페트라르카의 말처럼 저는 지금과는 다른 사람이 되었을 것입니다.

그렇다고 하여 지금 제가 불만이라는 뜻은 아닙니다. 저는 항상 가치 있는 일에서 기쁨을 느끼기 때문입니다. 비록 저의 사소한 일들이 각하의 덕성에 맞지 않는다고 할지라도, 플리니우스가 마이케나스에게 말했듯이, "예전에 종종 저의 얘기를 즐겁게 들으셨으므로" 각하에게 말씀드리려고 합니다.

지금도 각하께서는 연일 공무로 분주할지라도 휴식을 취할 때는 신기한 일이나 재미있는 일에도 잠시시간을 내리라고 생각합니다. 맛있는 음식을 먹은 다음에는 습관적으로 회향차를 마셔 소화를 돕듯이, 망중한에 측근에게 이 편지를 읽으라 하여, 공무에 노심초사하는 마음을 잠시 달래기 바랍니다. 제 말이 장황하였더라도 너그러이 용서하여주십시오.

§첫 번째 항해

각하께서는 제가 이 에스파냐 왕국에 오게 된 동기를 아실 것입니다. 물품을 거래하기 위함이었습니다. 근 4년에 걸쳐 이 일에 종사하는 동안 운이라는 것도 부침이 심하다는 것을 깨닫게 되었습니다. 부도 덧없고 허망하며, 운명의 수레바퀴 꼭대기에 있던 사람도 때가 되면 아래로 굴러 떨어져서 가진 바를 모두 잃게 되는 법이니, 그래서 부를 남에게 빌려온 것이라 부르는 가봅니다. 재산을 모으려면 수없는 위험과 걱정거리를 안고 부단히 고생해야 함을 잘 알기에 저는 상업을 그만두고, 그보다 안정적이고 또 상찬 받을 일에 매진하기로 결심하였습니다. 세계의 여러 부분과 경이로운 일을 찾아나서기로 작정하였습니다. 시간과 장소도 더없이 잘 맞았습니다. 때마침 카스티야 왕국의[5] 페르난도 국왕께서[6] 선박 4척을 내주고 서쪽으로 가서 새 땅을 발견하라 명한 것입니다. 저는 그 배를 타고 새 땅을 발견할 조력자로 페르난도 국왕에게 선택받은 것입니다.

우리 일행은 1497년 5월 10일[7] 에스파냐의 카디스 항구를 떠났습니다. 대양을 통과하는 항로였습니다. 18개월의 항해에서 수많은 뭍과 섬, 또 그곳에 거주하는 사람들을 발견했는데, 이에 대해서 고대 저술가들은 언급하지 않았습니다. 그 이유는, 전혀 알지 못했기 때문이라고 생각합니다. 또 제 기억이 옳은지 모르겠지만, 어디에선가 읽은 적이 있는데, 고대인은 이 대양을 사람이 살지 않는 바다로 간주했습니다. 우리 시인 단테도 『신곡』의 지옥편 24곡 오디세우스의 사후 얘기를 들려주던 대목에서 그런 견해를 밝혔습니다. 이 여행에서 저는 무척이나 경이로운 사물을 보았는데, 그에 대해서는 각하께서도 곧 아시게 될 것입니다.

위에서 언급하였듯이, 우리는 선박 4척으로 함대를 꾸려서 카디스 항구를 떠나 아포르투나다스 제도를 향해 직진했습니다. 지금은 카나리아 제도라고 부르는데, 대양에서 사람이 사는 최서단에 위치하고 있으며, 제3기후에[8] 속합니다. 그 섬에서 북극은 수평선 위 27.5도의 높이에 있으며,[9] 리스본에서 남남서 방향으로 280레과[10] 떨어져 있습니다. 이 섬에서 우리는 8일을 머물면서

---

5 중세 에스파냐에는 여러 왕국이 있었는데 카스티야 왕국을 중심으로 통합되었다. 첫 머리에서 언급한 에스파냐 왕국과 동일한 의미이다.

6 에스파냐의 가톨릭 양왕 가운데 한 사람인 페르난도 2세(1452–1516)를 가리킨다.

7 발트제뮐러의 『우주지 서설』에 수록된 라틴어본은 출발일이 20일로 되어있다.

8 16세기의 책에 따르면, 제3기후는 "1년 중 해가 가장 길 때 14시간이며, 북위 30도 45분부터 시작된다. 이 고도에 있는 유명한 도시는 이집트의 알렉산드리아이다. [...] 이 기후가 끝은 북위 33도 40분이다."(Rocamora y Torrano, 1599: 110 참고로, 그란 카나리아는 북위 28도에 위치하고 있다.

9 북위 27.5라는 뜻이다. 이후에도 위도 가리킬 때는 항상 이런 형태로 표현하고 있다.

10 1레과는 약 4.19킬로미터이다. 그러나 이 길이의 단위는 지역, 용도, 시대에 따라서 4킬로미터에서 7킬로미터까지 차이를 보인다.

식수와 땔감과 그 밖의 필수품을 배에 실었습니다. 여기서 우리는 기도를 드리고 닻을 올리고 돛을 펼쳐서 서쪽에서 남서쪽으로 4분 1 방향으로 항해하기 시작했습니다.

그렇게 37일간 항해한 끝에 어느 땅에 도착했습니다. 우리가 대륙이라고 여기고 있는 이 땅은 카나리아 제도, 그러니까 사람이 거주하는 최서단에서 서쪽으로 약 1,000 레과 떨어진 열대 지역인데, 북극은 수평선 위 16도 높이에 있으며, 항해 도구가 가리킨 바에 따르면, 카나리아 제도에서 서쪽으로 75도 지점입니다.[11]

그곳에서 우리는 뭍에서 1.5레과 떨어진 곳에 정박하고, 보트를 내려 사람과 무기를 가득 싣고 뭍으로 향했습니다. 상륙하기 전에 해변을 따라서 걷고 있는 사람들이 많이 보여서 무척이나 반가웠습니다. 그런데 그 사람들은 벌거벗고 있었으며, 우리를 두려워했습니다. 제 생각이지만, 우리가 옷을 입고 있었고, 외모가 달랐기 때문인 것 같습니다. 그 사람들은 모두 산 속으로 피했습니다. 우리가 대화를 하자고 평화와 친선의 신호를 보냈는데도 산 속에서 나오지 않았습니다. 이윽고 어둠이 내리기 시작했고, 선박도 거친 파도에 그대로 노출되는 위험한 곳에 닻을 내리고 있었기 때문에 다음날 그곳을 떠나서 선박을 안전하게 정박시킬 수 있는 작은 만이나 항구를 찾아보기로 결정했습니다.

우리는 북서쪽으로 항해하면서 항상 해안을 끼고 이동했고, 해변 곳곳에서 사람들을 보았습니다. 이틀간 항해한 끝에 선박이 안전하게 정박할 수 있는 곳을 찾아내서 사람들이 많이 보이는 땅으로부터 반 레과 떨어진 곳에 닻을 내렸습니다.

그날 우리 일행 40명은 보트를 타고 땅으로 가서 일제히 땅으로 뛰어내렸습니다. 땅이 있던 사람들은 여전히 우리와 얘기하지 않으려고 몸을 피했습니니

11 당시에는 정확한 경도를 측정할 수 없었으므로 베스푸치는 동서간의 직선거리를 어림잡아 "카나리아 제도에서 서쪽으로 75도 지점"이라고 표현하고 있다.

다. 그러나 그날 우리는 준비해간 방울, 거울, 장신구,[12] 유리구슬, 그 밖의 소소한 물건을 어렵사리 나누어주었고, 그 사람들 가운데 몇 사람이 안심했는지 우리와 얘기를 나누려고 다가와서 우호적인 관계를 맺었습니다. 밤이 되자 우리는 작별을 하고 배로 돌아갔습니다. 그리고 다음날 새벽 해변에 나온 수많은 사람을 보았습니다. 부인과 자녀를 데리고 나온 것입니다. 우리가 뭍에 올라 살펴보니, 그 사람들은 온갖 물건을 짊어지고 나와 있었습니다. 어떤 물건인지는 적당한 곳에서 말씀드리겠습니다.

우리가 뭍에 내리기도 전에 많은 사람이 바다로 뛰어들어 해변으로부터 석궁이 닿을만한 거리까지 우리를 마중 나왔습니다. 수영에 능숙한 사람들이었고, 또 우리를 오랫동안 알고 지낸 사람처럼 믿었기 때문인데, 이런 신뢰가 우리는 반가웠습니다. 우리가 알게 된 그 사람들의 삶과 관습은, 남자든 여자든 모두 발가벗고 사는 데도 전혀 부끄럼이 없다는 것입니다. 그래서 마치 어머니의 뱃속에서 방금 나온 듯했습니다.

키는 중키이며, 몸매는 균형이 잡혀 있었습니다. 피부색은 사자의 갈기처럼 붉은색을 띠고 있었습니다.[13] 만약 옷을 입고 다닌다면 우리처럼 백인으로 보일 것이라고 생각합니다. 몸에 난 털이라고는 전혀 없었습니다. 오직 머리칼만 길고 검었는데, 특히 여자들이 그러해서 아름다웠습니다. 얼굴은 그렇게 잘 생긴 편은 아닙니다. 안면이 넓어서 타타르인[14] 닮은 듯했습니다. 머리를 제외하고는 눈썹에도, 눈꺼풀에도, 어느 곳에도 털이 없습니다. 그 사람들은 털을 지저분하다고 여기기 때문입니다.

그 사람들은 걷거나 달릴 때 발걸음이 매우 가볍습니다. 남자와 마찬가지로 여자도 그러하여 1~2레과 정도는 쉬지 않고 달리는 것을 여러 번 목격했습니다. 이런 점에서 그 사람들은 우리 기독교인보다 월등합니다. 수영도 믿기

---

12 작은 구슬을 꿰어 만든 팔찌, 목걸이 등의 장신구를 말한다.

13 이런 기술 때문인지 한동안은 신대륙의 원주민을 가리켜 홍인종이라고 불렀다.

14 이 당시 서구에서 타타르인이란 몽골인, 더 넓게는 동양인이라는 의미로 사용했다.

어려울 정도로 잘합니다. 남자보다 여자가 더 잘하는데, 우리가 수차례 보았듯이, 바다에서 아무 것에도 의지하지 않고 2레과를 헤엄칩니다.

그 사람들의 무기는 활과 화살입니다. 정말 잘 만들었는데, 쇠나 그 밖의 단단한 금속이 없으므로 쇠 대신에 동물이나 물고기 이빨을 이용하거나 단단한 나무 조각으로 끝을 뾰족하게 다듬어 사용합니다. 그 사람들은 명사수라서 겨냥하면 무엇이나 다 맞춥니다. 어떤 곳에서는 여자도 활을 사용합니다. 다른 무기도 있습니다. 나무를 불에 그슬려서 단단하게 만든, 창 같은 무기도 있고, 머리 부분을 잘 다듬어 만든 곤봉 같은 것도 있습니다. 그 사람들은 같은 말을 사용하지 않는 사람들과 전쟁을 하는데, 얼마나 잔혹한지 극심한 고통을 안겨줄 사람을 제외하고는 한 사람도 살려두지 않습니다.

그 사람들은 전쟁을 하러 갈 때 부인도 데려갑니다. 함께 전쟁을 하려는 것이 아니라 뒤에서 물건을 날라주는 역할을 하는 것입니다. 남자가 가져가지 않는 짐을 짊어지고 30~40레과를 가는 여자를 수도 없이 많이 보았습니다. 그 사람들은 대장도 없고, 줄지어 걸어가지도 않습니다. 각자가 자기 주인이기 때문입니다. 전쟁의 원인은 지배하려는 야심도 아니고, 영토를 확장하려는 것도 아니며, 앞뒤를 가리지 않는 탐욕 때문도 아닙니다. 오래전부터 서로 쌓아온 해묵은 적개심 때문입니다. 그 사람들에게 왜 전쟁을 하느냐고 물어보았더니, 조상의 죽음에 복수하려는 이유 외에 다른 이유를 대지 못하였습니다.

또 왕도 없고, 귀족도 없으며, 누구에게도 복종하지 않고 완전한 자유를 누리며 삽니다. 전쟁을 결정하는 방식은, 적이 자기 친척을 죽였거나 사로잡았을 때 가장 나이가 많은 친척이 나서서 거리를 돌아다니며 아무개 친척의 죽음에 복수하기 위해 자기와 함께 가지 않겠느냐고 일장연설을 하면 이 말에 공감한 사람들이 움직이는 것입니다.

또 재판도 없고, 행실이 나쁘다고 벌하지도 않습니다. 아버지나 어머니가 자식을 때리지도 않습니다. 각하께서 놀라실지 모르겠으나, 그 사람들이 다투는 모습을 본 적이 없습니다. 말하는 모습으로 보면 단순한 사람들입니다.

그런데 실제로는 매우 교활하고 영리한 사람들이라서 관심사에 대해서는 말을 거의 하지 않거나 낮은 소리로 속삭입니다. 억양은 우리와 동일한데, 치아나 입술을 이용하여 발음하기 때문입니다.[15] 그러나 사물에 붙인 명칭은 다릅니다. 사용하는 언어는 매우 다양합니다. 그래서 100레과만 가도 언어가 달라서 서로의 말을 알아듣지 못합니다.

생활방식은 매우 야만적입니다. 정해진 시간에 먹지를 않습니다. 아무 때나 먹고 싶을 때 먹습니다. 한밤중이라도 배가 고프면 신경 쓰지 않고 먹습니다. 아무 때나 먹고, 식탁보나 다른 천도 깔지 않고 땅바닥에 놓고 먹습니다. 음식을 질그릇이나 바가지에 담기 때문입니다. 잠은 커다란 그물 같은 곳에서 잡니다.[16] 면사綿絲로 만들어 공중에 매달아놓았습니다. 이런 잠자리가 불편하게 보일지도 모르겠습니다만, 단언하건대 그곳에서 잠을 자면 편안하며, 우리 침대보다 더 훌륭한 잠자리입니다.

그 사람들의 피부는 깨끗하고 매끄럽습니다. 자주 몸을 씻기 때문입니다. 이런 말까지 드려 죄송합니다만, 뱃속을 비울 때는 온갖 수단을 동원하여 눈에 띄지 않도록 합니다. 이런 면에서는 깨끗하고 정갈하나 소변을 볼 때는 더럽고, 또 부끄러운 줄을 모릅니다. 우리와 얘기를 나누는 중에도 몸을 돌리거나 부끄러워하는 기색도 없이 오물을 쏟아냈습니다. 그 사람들은 이런 일을 부끄럽게 여기지 않습니다.

그 사람들은 결혼하지 않습니다. 남자는 마음에 드는 여자를 취합니다. 여자와 헤어지고 싶으면 그냥 헤어지면 됩니다. 그런다고 남자를 행실이 나쁜 사람이라고 비난하지 않습니다. 여자에게도 수치가 아닙니다. 여자도 남자만큼 자유가 있기 때문입니다. 질투가 많은 사람들은 아니지만 과도하게 색정적이며, 여자가 남자보다 훨씬 더합니다. 체면이 있으니, 그 사람들이 난잡한 색욕을 만족시키려고 사용하는 갖은 기교는 얘기하지 않으렵니다.

---

15 구개음, 치음, 양순음을 사용하므로 유럽인의 말과 음성적으로 다르지 않다는 뜻이다.

16 해먹을 가리킨다.

여자는 아이를 많이 낳으며, 임신 중에도 일을 합니다. 아이도 쉽게 낳고, 출산하고 하루만 지나면 사방을 돌아다닙니다. 특히나 강물에서 몸을 씻는데, 물고기처럼 건강합니다. 여자는 얼마나 매정하고 잔인한지, 남편에게 화가 나면 곧바로 무슨 수를 써서라도 뱃속의 태아를 죽여서 사산합니다. 이렇게 무수한 아이를 죽입니다.

그곳 여자의 몸매는 아름답고 균형이 잡혀 있습니다. 그래서 보기 흉한 부분이 없습니다. 비록 완전히 발가벗고 다니지만 살집이 좋으며, 짐작하듯이 치부는 허벅지에 가려서 보이지 않습니다. 물론 자연이 가리지 못한 부분, 점잖게 표현해서, 비너스의 언덕은 예외입니다. 아무튼 그곳 여자는 부끄러운 부분을 부끄러워하지 않습니다. 우리가 코나 입을 보여줘도 부끄러워하지 않듯이 말입니다. 젖가슴이 쳐진 경우는 드물며, 아랫배가 쳐지거나 주름이 잡힌 경우도 거의 없어서 마치 애를 낳지 않은 사람처럼 보입니다. 그리고 우리 기독교인과 관계를 맺고자 무척이나 열망합니다.

그 사람들에게 법이 있는지 없는지는 모르겠습니다. 무어인이라고 부를 수도 없고, 유대인이라고 부를 수도 없습니다. 이교도보다 훨씬 나쁜 사람들입니다. 왜냐하면 그 사람들이 인신공희를 치르는 광경을 보지 못했고, 기도를 드리는 집도 보지 못했기 때문입니다. 제 생각에 그 사람들은 쾌락주의자처럼 삽니다.

그 사람들은 주택을 공동으로 사용합니다. 집은 오두막과 흡사합니다. 커다란 나무둥치로 매우 튼튼하게 짓고, 야자수 잎으로 지붕을 이었습니다만, 폭풍우와 바람에도 끄떡없습니다. 어떤 곳에 있는 집은 아주 넓고 길어서 한 집에 6백 명이 거주하는 경우도 있었습니다. 어느 마을에는 집이 13채뿐인데, 4천명이 살고 있었습니다.

집은 8년이나 10년마다 바꿉니다. 그 이유를 물어봤더니 땅 때문이라고 대답했습니다. 오물 때문에 땅이 오염되고 썩어서 몸에 병이 생긴다는 것인데, 우리가 보기에도 타당한 이유 같았습니다. 그 사람들의 재산은 다양한 색깔의 새 깃털, 생선뼈로 만든 묵주, 뺨과 입술과 귀에 박은 흰 돌이나 초록색 돌 등인데, 우리에게는 아무런 가치도 없는 잡동사니입니다.

상업은 없습니다. 물건을 사지도 팔지도 않습니다. 결국 자연이 주는 것에 만족하며 삽니다. 우리 유럽이나 다른 곳에서는 금, 보석, 진주 같은 것을 재산으로 여기지만 그 사람들은 무가치하게 여깁니다. 이런 보물이 땅에 묻혀있어도 힘들게 캐내려고 하지 않으며, 귀하게 여기지도 않습니다. 무언가를 주는 데도 너그러운 사람들이라서 거절하는 경우가 극히 드물고, 반대로 친구가 되었다고 여기면 거리낌 없이 무언가를 달라고 요구합니다.

가장 큰 우정의 표시는 부인과 딸을 내주는 것입니다. 부모는 이런 일을 매우 영예롭게 여기므로, 딸을 데려오면 비록 처녀일지라도 동침해야 합니다. 이로써 가장 큰 우정을 보여주는 것입니다.

사람이 죽었을 때, 장례를 치르는 방법은 다양합니다. 어떤 곳에서는 매장할 때, 망자가 먹을 것이라고 생각해서 머리맡에 물과 음식을 놓아두기도 합니다. 불을 밝히거나 곡을 하지는 않습니다. 다른 곳에서는 야만적이고 비인간적인 장례식을 치릅니다. 아픈 사람, 즉 환자가 죽음이 가까워지면 친척들이 큰 숲으로 데려가 두 나무 사이에 그물을 치고 그 위에 환자를 놓아둡니다. 그리고 주변에서 하루 종일 춤을 춥니다. 밤이 되면 머리맡에다 물과 음식을 둡니다. 4일 내지 6일 동안 먹을 수 있는 양입니다. 그렇게 홀로 두고 마을로 돌아옵니다. 만약 환자 혼자 먹고 마시고 해서 마을로 살아 돌아오면 성대한 의식을 치러 맞이합니다. 그러나 살아서 돌아오는 사람은 극히 드물고, 대부분은 찾아오는 사람도 없이 죽음을 맞이합니다. 그리고 그곳이 무덤이 됩니다. 그밖에도 여러 관습이 있는데, 장황해지므로 이야기하지 않겠습니다.

아플 때는 여러 종류의 약을 사용합니다. 우리가 사용하는 약하고 무척이나 다른 데도 환자가 낫는 것을 보고 놀랐습니다. 여러 번 목격했는데, 열병 환자의 열이 치솟으면 아주 차가운 물로 머리부터 발끝까지 목욕을 시키고, 주위에 큰 불을 피워 두 시간 동안 뒹굴게 합니다. 환자가 피곤해지면 자게 내

버려둡니다. 그러면 대부분 나았습니다.

식이요법도 많이 사용합니다. 3일 동안 아무것도 먹지 않습니다. 사혈瀉血도 합니다만 팔이 아니라 허벅지나 엉덩이나 종아리에서 피를 빼냅니다. 또 입에다 풀을 집어넣어 구토를 하게 만드는 등 여러 가지 방법을 사용합니다. 그런 방법을 일일이 얘기하자면 무척이나 길어질 것입니다.

그 사람들은 음식물 탓에 피나 가래가 나오는 병에 많이 시달립니다. 주요한 먹거리는 풀뿌리, 과일, 생선입니다. 밀이라든가 다른 곡물은 없습니다. 가장 많이 먹는 음식은 나무에 달린 뿌리인데, 아주 고운 밀가루처럼 만듭니다. 어떤 사람들은 유카라고 부르고, 어떤 사람들은 카사베라고 부르고, 또 어떤 사람들은 냐메라고 부릅니다.

인육을 제외하고 육류는 거의 먹지 않습니다. 따라서 각하께서는 이 사람들이 얼마나 비인간적인지 짐작하실 것입니다. 짐승의 습관을 능가합니다. 왜냐하면 적이면 다 먹어치우기 때문입니다. 죽은 사람이나 포로가 된 사람이나, 여자나 남자나 가리지 않고 다 먹습니다. 그렇게 잔인합니다. 이런 광경을 여러 곳에서 수없이 봤는데, 보면 볼수록 짐승 같았습니다. 우리는 적을 먹지 않는다고 얘기하자 그 사람들은 이상하게 여겼습니다.

각하께 맹세하지만 제 얘기는 모두 사실입니다. 그 사람들의 여타 관습도 야만적입니다. 이런 표현으로는 부족합니다. 네 차례 항해에서 우리 관습과 상이한 일을 많이 보았기 때문입니다.

저는 일종의 문집을 집필했습니다. 제목은 '네 차례 탐험'인데,[17] 재능은 별로 없지만 성심껏 제가 본 것을 상세하게 기술했습니다. 주변에서 출판하라고 권합니다만, 저는 재주가 없어서 그런지 글이 마음에 들지 않아서 아직 출판하지는 않았습니다. 아무튼 상세한 얘기는 그 책에 있으므로, 이 자리에서는 더 이상 길게 얘기하지 않으려고 합니다. 각하께서는 이 편지에서 아주 특

17 일지와 비망록으로 구성되었는데, 현재는 실전되었다.

별한 것을 많이 접하게 될 것이므로 지금은 일반적인 얘기로 충분하다고 생각합니다.

처음에 우리는 그 땅에서 금붙이 몇 개를 제외하고는 값어치 있는 물건을 보지 못했습니다. 우리가 그 사람들의 말을 모르기 때문이라고 생각합니다. 그래서 그 땅의 사정이 어떠한지도 잘 모릅니다.

우리는 그 땅의 해안을 따라서 계속 앞으로 나아가기로 작정했습니다. 우리가 여러 차례 기항하고 많은 사람과 관계를 맺은 땅에서 말입니다. 며칠 후에 어떤 항구에 당도했습니다. 엄청난 위험에 직면했지만 성령의 도움으로 무사했습니다.

우리가 내린 항구에는, 베네치아처럼 수상 가옥 마을이 있었습니다. 오두막집 형태의 커다란 집 44채가 있었습니다. 매우 굵은 지주가 집을 떠받치고 있었고, 출입구는 도개교 같습니다. 집집마다 도개교로 연결되어 있어서 한 집에서 모든 집으로 갈 수가 있습니다. 그 마을 사람들은 우리를 보자 두려운 기색을 보이며 갑자기 다리를 모두 들어 올렸습니다. 이 장관을 보고 있는 동안 카누 22척이 다가왔습니다. 통나무로 만든 일종의 배인데, 우리 보트 근처로 다가왔다가 우리 생김새와 옷을 보고 놀라서 놀라서 멀찌감치 물러났습니다. 그래서 우리는 가까이 오라고 신호를 보냈습니다. 우정의 신호를 보내서 그 사람들을 믿게 하려고 했습니다. 신호를 보지 못한 것 같아서 그 사람들 쪽으로 다가갔습니다. 그러나 우리를 기다리지 않았습니다. 우리에게 기다리면 곧 돌아오겠다는 신호를 보내고 뭍으로 가버렸습니다.

그 사람들은 산 뒤로 가더니 얼마 지나지 않아 처녀 16명을 데리고 왔습니다. 그리고 카누를 타고 우리 보트로 다가왔습니다. 카누마다 여자 4명이 타고 있었습니다. 이 광경을 보고 우리가 얼마나 의아하게 여겼는지는 각하께서도 능히 짐작하실 것입니다. 그 사람들은 우리 보트 사이에 카누를 집어넣고 말을 걸었습니다. 우정의 표시라고 판단했습니다. 이러는 사이에 수많은 사람이 집에서 나와 바다로 헤엄쳐오는 모습을 보았습니다. 아무런 악의도 없이 우리에게 다가오는 것 같았습니다. 집 대문에 모습을 나타낸 늙은 여자들은 슬픔의 표시로 목청껏 고함을 지르고 머리칼을 쥐어뜯었습니다.

이를 본 우리는 의심이 들어서 각자 무기를 집어 들었습니다. 갑자기 우리 보트에 타고 있던 처녀들이 바다로 뛰어들었습니다. 보트에서 멀어져가던 카누에서 남자들이 활을 들고 우리를 향해 화살을 쏘았습니다. 헤엄쳐 다가오던 사람들은 창을 가지고 있었는데, 물속에 감추고 있었습니다. 그보다 더 잘 숨기는 방법은 없을 것입니다.

기만행위를 알게 된 우리는 방어만 하지 않고 전력을 다해 공격했습니다. 우리 보트로, 그 사람들이 알마디아라고 부르는 카누를 닥치는 대로 전복시켜 타고 있던 사람들을 물에 빠뜨렸습니다. 모두들 카누를 버리고 헤엄쳐 도망갔습니다. 부상을 입고 뭍을 향해 헤엄치던 그 사람들 가운데 15명에서 20명 정도가 죽었고, 많은 사람이 부상을 입었습니다. 우리 쪽은 5명이 부상당했는데, 하느님의 은총으로 모두 무사했습니다. 여자 2명과 남자 2명을 사로잡은 우리는 그 사람들 집으로 들어갔습니다. 모든 집에 다 들어가 봤지만 늙은 여자 2명과 남자 환자 1명밖에 없었습니다.

우리는 그 사람들에게서 많은 물건을 가져왔습니다만 값어치 있는 물건은 별로 없었습니다. 양심에 걸릴 것 같아서 집에 불을 지르지는 않았습니다. 포로 5명과 함께 보트를 타고 배로 돌아왔습니다. 처녀를 제외하고는 포로마다 발에 족쇄를 채웠습니다. 밤이 되자 처녀 2명과 남자 1명이 도망갔습니다. 세상에서 가장 교묘한 방법이었습니다.

다음날 우리는 이 항구를 떠나기로 결정했습니다. 해안을 따라서 계속 가다가 약 80레과 떨어진 곳에서 이전 사람들과는 다른 사람들을 보았습니다. 언어도 관습도 무척이나 달랐습니다.

우리는 닻을 내리고, 보트를 타고 뭍으로 갔습니다. 해변에는 사람들이 무척이나 많았습니다. 약 4천 명 정도 돼보였습니다. 우리가 뭍으로 다가가자 그 사람들은 집을 버리고 지체 없이 숲으로 도망가기 시작했습니다. 우리는 상륙하여 숲으로 향하는 길을 따라갔습니다. 화살이 닿을 거리에 오두막이 여러 채 보였습니다. 군데군데 커다란 모닥불도 피워놓았습니다. 그 모닥불 가운데 두 곳에서 음식을 조리하고, 갖가지 물고기와 동물을 굽고 있었습니다. 그 사람들이 굽는 동물 가운데는 날개만 없다뿐이지 뱀과 흡사한 동물이[18] 있었습니다. 그 광경이 어찌나 역겹던지, 그 사람들의 야만성에 새삼 놀랐습니다.

우리는 그 사람들의 집, 정확하게 말하면 오두막으로 걸어갔습니다. 집에는 이런 종류의 살아 있는 뱀이 무척이나 많았습니다. 그 사람들은 뱀과 흡사한 이 동물의 발을 묶어놓고, 입을 벌리지 못하게 주둥이를 실로 묶어놓았습니다. 불도그를 물지 못하게 묶어놓듯이 말입니다. 생김새가 사나워서 우리 가운데 누구도 만져보려고 하지 않았습니다. 독이 있다고 생각한 것입니다. 크기는 새끼 염소만하고, 길이는 1브라사 반이었습니다.[19] 발은 길고 굵으며, 억센 발톱이 달려 있습니다. 가죽은 단단하고 색깔이 다채롭습니다. 주둥이와 면상은 뱀처럼 생겼고, 톱날처럼 생긴 벼슬이 콧등에서부터 등줄기를 지나 꼬리 끝까지 나 있습니다. 우리는 독이 있는 뱀이라고 생각했는데, 그 사람들은 그걸 잡아먹었습니다.

그 사람들이 바다에서 잡은 작은 생선으로 빵을 만드는 것도 보았습니다. 먼저 생선을 삶아서 반죽한 다음에 빵처럼 만들어서 숯불에 구워 먹었습니다. 우리도 먹어봤는데, 맛있었습니다. 갖가지 종류의 식량이 있었습니다만, 주로 과일이나 뿌리였습니다. 세세하게 얘기하려면 한도 끝도 없을 것입니다.

그 사람들이 돌아오지 않자 우리는 어떤 물건도 손대거나 가져가지 않기로 했습니다. 그 사람들에게 믿음을 주려는 것이었습니다. 오두막 마을에 우리 물건을 많이 놔두었습니다. 이왕이면 눈에 잘 띄는 곳에 두고, 밤이 되자 배로 돌아왔습니다. 다음날 동이 텄을 때, 해변에서 수많은 사람을 보았습니다.

---

18 여기서 언급하는 동물은 이구아나이다.

19 대강의 길이를 어림할 수 있도록 미터로 환산하면, 1브라사는 약 1.67미터이므로 이구아나의 길이는 약 2.5미터이다.

우리는 뭍으로 갔습니다. 아직도 우리를 두려워하는 기색이 역력했지만 그래도 가까이 다가와서 말을 붙였습니다. 그리고 우리가 요청한 것을 내주고, 호감을 표시했습니다.

우리에게 말하기를, 그 사람들은 그곳에서 살지 않는다고 했습니다. 물고기를 잡으려고 왔다는 것입니다. 그리고 자기네 마을로 가자고 청했습니다. 그 사람들이 우리를 친구로 여긴 까닭은 포로로 잡은 2명의 남자 때문이었습니다. 포로들이 그 사람들의 적이었습니다. 아무튼 무척이나 간곡하게 요청하기에 우리는 의논을 해서 우리 가운데 조심성이 많은 28명의 기독교인이 여차하면 죽을 각오를 하고 그 사람들을 따라가기로 결정했습니다.

그곳에서 3일정도 머문 후에, 그 사람들을 따라서 내륙으로 들어갔습니다. 해변에서 3레과쯤 떨어진 곳에서 우리는 사람들이 많이 거주하는 마을을 보았습니다. 집은 몇 채 없었습니다. 9채가 넘지 않았습니다. 그곳에서 우리를 반기는 갖가지 야만적인 의식을 벌였는데, 필설로 형용할 수가 없을 정도입니다. 춤을 추고, 노래하고, 울다가 환호성을 지르기도 하고, 음식도 굉장히 많았습니다.

그곳에서 밤을 보냈습니다. 부인들을 들여보냈는데, 우리로서는 도저히 막을 방도가 없었습니다. 그곳에서 하룻밤과 반나절을 보내고 나자 수많은 사람이 호기심에서 우리를 구경하려고 왔습니다. 얼마나 많은지 셀 수가 없었습니다. 나이가 많은 남자들이 자기들과 함께 다른 마을로 가자고 청했습니다. 더 안쪽에 있는 마을인데, 우리에게 대단한 경의를 표해서 함께 가기로 동의했습니다. 우리에게 얼마만한 경의를 표했는지 이루 말할 수가 없습니다.

우리는 여러 마을에 들렀습니다. 그래서 9일이나 걸렸습니다. 배에 남아 있던 기독교인들은 우리를 걱정하고 있었습니다. 우리는 내륙으로 18레과나 들어갔기 때문에 배로 돌아가기로 결정했습니다. 돌아오는 길에는 남녀를 가리지 않고 수많은 사람이 해변까지 따라와서 장관이었습니다. 우리 가운데 누군가 길에서 쉬고 있으면, 아주 편안한 그물로 데려갔습니다. 수많은 큰 강을 건널 때는 아주 안전한 도구를 건네줘서 전혀 위험하지 않았습니다.

우리는 그 사람들에게 풍성한 깃털, 활과 화살, 다양한 색깔의 수많은 파파가요[20] 앵무새를 받았습니다. 이런 물건은 그 사람들이 잠을 자는 그물에 넣어 짊어지고 왔습니다. 다른 사람들은 자기들이 먹을 식량과 동물을 짊어지고 왔습니다. 그렇지만 가장 놀라운 일은, 강을 건널 때 일어났습니다. 우리가 복자福者라도 되는 양 그 사람들은 우리를 등에 업고 강을 건넜습니다.

우리가 바다에 당도해서 보트에 올랐을 때, 그 사람들이 우리 배를 보러 가겠다고 서로 보트에 타려고 아우성이어서 깜짝 놀랐습니다. 우리는 그 사람들을 보트에 태울 수 있는 데까지 태우고 배로 갔습니다. 그런데 많은 사람이 헤엄쳐왔습니다. 배에서 그토록 많은 사람을 보고 미쳤다고 생각했습니다. 1천명도 넘었습니다. 모두들 벌거벗고 무기도 없었습니다. 그 사람들은 삭구장치와 항해도구를 보고 경탄했습니다. 배의 크기에도 놀랐습니다.

이와 더불어 우리를 웃게 만든 일도 있었습니다. 우리는 대포 몇 문을 발사하기로 결정했습니다. 쾅하는 폭발음이 들리자 그 사람들 가운데 대부분은 무서워서 바다로 뛰어들었습니다. 마치 연못 가장자리에 있다가 무서운 것을 보자 물속으로 뛰어드는 개구리와 다를 바가 없이 행동했습니다. 배에 남은 사람들도 어찌나 놀란 표정이었는지, 우리는 괜히 대포를 발사했다고 후회했습니다. 우리는 이런 무기로 적을 죽인다고 말해서 그 사람들은 안심시켰습니다.

하루 종일 배에서 즐겁게 보낸 후에 그 사람들에게 이제는 돌아가라고 일렀습니다. 그날 밤에 출범하고 싶었기 때문입니다. 이렇게 해서 그 사람들은 우정과 애정을 나누고 우리와 헤어져 뭍으로 갔습니다. 이 땅과 그 사람들에게서 저는 고유한 습관과 삶의 방식을 보고 알게 되었으므로, 이런 얘기가 장황하다고 해도 저는 상관하지 않습니다. 각하께서도 아시겠지만, 저는 여행을

20 파파가요는 앵무새의 일종으로 깃털이 아름다워 원주민은 장식용으로 많이 사용했다.

할 때마다 괄목할 만한 일을 적어놓았으며, 이것을 모아서 지리지 형식으로 책 한 권을 썼는데, 이름하여 '네 차례 탐험'이라고 부릅니다. 이 책에 자세하게 기술했는데, 퇴고할 필요가 있어서 아직 출판하지는 않았습니다.

그 땅에는 인구가 무척이나 많습니다. 사람들로 가득합니다. 강도 수없이 많습니다. 몇몇 동물은 우리 동물과 흡사합니다. 예외는 사자, 흑표범, 사슴, 돼지, 염소, 다마 사슴으로 이런 동물은 다르게 생겼습니다. 말도 없고, 노새도 없습니다. 말하기 죄송합니다만,[21] 나귀도 없으며, 개도 없습니다. 어떤 종류의 양이나 소도 없습니다. 그러나 다른 동물은 많습니다. 비록 야생이고, 적절하게 이용하지도 않습니다만, 셀 수 없이 많습니다. 하물며 새는 말할 것도 없습니다. 수효도 많고 종류도 많고 깃털 색깔도 다양해서 바라보고 있으면 경이롭습니다.

그곳의 땅은 쾌적하고 비옥합니다. 광대한 밀림과 숲이 많습니다. 나무는 항상 푸르러 잎이 지지 않습니다. 과일도 많아서 셀 수가 없으며, 우리 과일과 완전히 상이합니다. 그 땅은 열대 안에 있습니다. 북회귀선 근처나 바로 밑인데, 북극은 수평선에서 23도 높이이며,[22] 제2기후의 끝입니다. 많은 사람이 우리를 구경하러 왔는데, 생김새와 하얀 피부를 보고 놀라면서 어디서 왔느냐고 물었습니다. 하늘에서 와서 세상 구경을 하고 다닌다고 했더니, 그 말을 곧이곧대로 믿었습니다.

우리는 그 땅에 세례반을 설치하고 수많은 사람에게 세례를 주었습니다. 그 사람들은 자기들 언어로 우리를 카라비라고 불렀습니다. 그 말은 '위대한 지혜가 있는 남자'라는 뜻입니다. 우리는 라이아브라고 부르는 이 항구를 떠났습니다. 그리고 항상 뭍이 보이는 해안을 따라서 항해했습니다. 870레과를 항해했는데, 항상 북서쪽으로 방향을 잡고 여러 곳에 기항했으며, 수많은 사람과 우호 관계를 맺었습니다. 여러 곳에서 금을 얻었습니다만 양은 많지 않았

---

21 '나귀'라는 단어는 '바보'라는 뜻도 되기 때문이다.

22 북위 23도라는 뜻이다.

습니다. 그래서 금이 있는 곳을 알아내려고 무척이나 노력했습니다.

이미 13개월이나 항해를 해서 배도, 삭구도 온전하지 못했습니다. 선원들도 이미 지쳤습니다. 배에 물이 많이 들어왔기 때문에 해변으로 끌어와 검사하고 수리하기로 했습니다. 선박에 생긴 구멍을 메우고, 타르를 다시 바른 뒤에 에스파냐로 귀환하기로 합의했습니다. 우리가 이런 결정을 했을 때는 세상에서 가장 좋은 항구에 머물고 있었습니다. 우리 배가 입항했을 때 많은 사람이 커다란 호의를 보이며 우리를 맞이했습니다. 우리는 뭍에다 보트와 각종 통과 특히 무게가 많이 나가는 대포를 쌓아놓았습니다. 이렇게 짐을 내려 가벼워진 배를 뭍으로 끌어와서 수리할 곳은 모두 수리했습니다.

수리하는 동안 그곳 사람들이 많이 도와주었습니다. 계속 음식을 가져오는 바람에 이 항구에서는 우리 음식을 먹을 틈이 없었는데, 이것이 큰 도움이 되었습니다. 귀환용 식량이 부족하고 또 빈약했기 때문입니다. 그곳에는 37일 동안 머물렀습니다. 마을에도 여러 차례 가봤는데, 우리에 큰 경의를 표했습니다.

우리가 항해를 떠나려고 할 때, 그 사람들이 고충을 털어놓았습니다. 일년 중 어느 때가 되면 매우 잔인한 사람들이, 바로 그 사람들의 적입니다. 바다를 건너와서 사람들을 죽이고, 잡아먹고, 몇몇은 사로잡아서 자기들 집, 즉 자기들 땅으로 데려가는데, 이런 짓을 못하게 막을 방도가 없다는 것입니다. 우리에게 몸짓으로 설명하기를, 적은 섬사람이며, 100레과 정도 떨어진 바다에 있다고 했습니다. 어찌나 통사정을 하는지 우리는 그 말을 믿고, 그 사람들이 당한 모욕을 복수해주겠다고 약속했습니다. 이 말을 듣고 그 사람들은 매우 기뻐하며 많은 사람이 우리와 함께 가겠다고 자청했습니다. 그러나 우리는 여러 가지 이유로 그 중에서 7명만 데려가기로 하고, 카누를 타고 우리 뒤를 따르라고 했습니다. 그래야 우리가 그 사람들을 다시 뭍으로 데려다주지 않아도 되기 때문입니다. 그 사람들은 만족했습니다. 그렇게 우리는 그 사람들과 헤어졌습니다. 우리와 매우 친한 사람들을 뒤에 남겨둔 것입니다.

배 수리를 마치고 7일 동안 북동쪽과 동쪽 사이의 방향으로 항해했습니다. 7일이 다 지나서야 우리 눈에 섬이 들어왔습니다. 섬은 많았습니다. 사람이 사는 섬도 있었고, 사람이 살지 않는 섬도 있었습니다. 그 가운데 사람들이 많이 보이는 섬에 정박했습니다. 이티라고 부르는 섬입니다. 우리는 보트에 씩씩한 선원들을 태웠습니다. 그리고 보트마다 포탄 세 발을 싣고 뭍으로 향했습니다. 약 400명의 남자와 수많은 여자가 보였습니다. 전에 본 사람들과 마찬가지로 모두 벌거벗은 상태였습니다.

그 섬에 사는 사람들은 몸집이 좋고, 호전적으로 보였습니다. 활, 화살, 창과 같은 무기로 무장하고 있었기 때문입니다. 섬사람들 대다수는 네모난 판자를 가지고 있었는데, 화살을 쏘는 데 방해가 되지 않도록 지니고 다녔습니다. 우리 보트가 화살이 닿을 만큼 뭍에 가까워졌을 때 섬사람들은 모두 물로 뛰어들어 화실을 쏘면서 우리가 상륙하지 못하게 막았습니다. 모두들 몸에 다양한 색깔로 그림을 그리고, 새털로 장식하고 있었습니다. 우리와 함께 간 통역은 저렇게 그림과 깃털장식을 내보이는 것은 싸우고 싶다는 표시라고 일러주었습니다.

섬사람들은 완강하게 저항하면서 우리의 상륙을 막았습니다. 우리는 부득불 대포를 발사했습니다. 대포소리가 들리고 몇 사람이 죽어 넘어지는 것을 보자 섬사람들은 모두 섬으로 되돌아갔습니다. 그래서 우리는 회의를 열고, 42명을 섬으로 보내되 섬사람들이 우리를 기다리고 있다면 싸우기로 결정했습니다.

이렇게 무기를 들고 섬에 도착하자 섬사람들이 우리를 향해 달려들었습니다. 약 한 시간동안 싸웠는데, 우리에게 그다지 유리하지 않았습니다. 다만 우리 포병과 소총수가 몇 사람을 죽였을 뿐입니다. 섬사람들도 우리 편 몇 사람에게 부상을 입혔습니다. 이렇게 된 이유는 섬사람들이 창이나 칼이 닿을만한 거리에서 우리를 기다리지 않았기 때문입니다. 우리가 격렬하게 몰아붙인 끝에 칼이 닿을만한 거리까지 전진할 수 있었습니다. 우리 무기의 맛을 본 섬

사람들은 산으로 숲으로 도망치기 시작했고, 우리는 승자가 되었습니다. 들판에는 죽은 사람도 많았고, 부상당한 사람도 많았습니다. 그날은 더 이상 쫓아가지 않기로 했습니다. 왜냐하면 무척 지쳤기 때문입니다. 우리는 배로 돌아가자 함께 온 7명의 남자는 기쁨을 감추지 못하고 들떠있었습니다.

다음날 그 섬에서 엄청난 사람을 보았습니다. 여전히 싸울 태세로 뿔나팔을 불고, 싸울 때 사용하는 여러 가지 도구를 두들겼습니다. 모두 몸에 그림을 그리고 깃털로 장식해서 무척이나 이상하게 보였습니다. 그래서 모든 배가 모여서 회의를 했습니다. 저들이 우리에게 적의를 드러내고 있으므로, 우리가 만나서 갖은 방법으로 친선을 도모해보고, 그래도 적의를 보이면 적으로 취급해서 사로잡을 수 있는 데까지 사로잡아 노예로 만들자는 것이었습니다. 우리는 최대한 무장을 하고 섬으로 향했습니다. 그러나 섬사람들은 상륙하지 못하게 막지는 않았습니다. 대포가 두려웠다고 생각합니다.

4개조로 나뉘어 57명이 섬에 올랐습니다. 조마다 조장이 있었습니다. 우리는 팔이 닿을만한 거리까지 다가갔습니다. 오랜 전투 끝에, 섬사람을 많이 죽었습니다. 그리고 도망치게 놔두었다가 마을까지 뒤쫓아 갔습니다. 약 250명을 생포하고, 마을을 불태웠습니다. 승리한 우리는 포로 250명을 데리고 배로 돌아왔습니다. 섬사람들은 수많은 사상사를 냈습니다. 우리 쪽 사망자는 1명뿐이고, 부상자는 22명인데, 하느님 덕분에 모두 회복했습니다.

우리는 출항했습니다. 우리를 따라온 7명 가운데 5명이 부상을 당했습니다. 그러나 우리 힘에 경탄하면서 카누에다 포로로 잡은 여자 4명, 남자 3명을 싣고 무척이나 기뻐하며 자기 땅으로 돌아갔습니다. 우리도 포로로 잡은 222명의 노예를 싣고 에스파냐를 향해 닻을 올렸습니다. 1498년 10월 15일 카디스 항에 도착해서, 성대한 환영을 받았습니다. 노예는 팔았습니다. 이상이 첫 번째 항해에서 가장 주목할 만한 일이었습니다.

§두 번째 항해[23]

두 번째 항해에 관해서는, 제가 본 것 중에서 기억에 남는 일만 여기에서 말씀드리겠습니다. 우리는 배 세 척으로 함대를 구성하여 1499년 5월 16일 카디스 항구를 떠났습니다. 처음에는 그란 카나리아 섬이 보이는 곳을 지나 카보 베르데 섬을 향해 나아갔습니다. 이렇게 오래 항해해서 이슬라 델 푸에고라는 섬에 닻을 내렸습니다. 이 섬에서 식수와 땔감을 보급 받고, 남서쪽으로 방향을 잡았습니다.

44일만에 우리는 새로운 땅에 도착했습니다. 우리 생각으로, 그 땅은 대륙이며, 앞서 언급한[24] 땅과 연결되어 있었습니다. 그곳은 열대에 위치하고 있으며, 주야평분선 남쪽입니다. 그 위에서 남극은 모든 기후 지대 바깥으로 5도 높이에 있었고,[25] 앞서 언급한 카나리아 제도로부터 남서쪽으로 500레과 떨어진 곳이었습니다. 낮의 길이와 밤의 길이가 같았는데, 우리가 도착한 때가 6월 27일이어서 태양이 북회귀선 근처에 있었기 때문입니다. 그리고 이 땅은 거대한 강이 흐르고, 강물이 넘쳐흘렀습니다.

처음에 우리는 어떤 사람도 보지 못했습니다. 배를 정박시키고 보트를 내렸습니다. 보트를 타고 뭍으로 갔습니다. 앞서 말씀드렸듯이, 거대한 강이 흐르고 강물이 넘쳐흐르는 곳이었습니다. 그 땅으로 들어갈 수 있는지 알아보려고 여러 곳을 살펴보았으나 홍수로 불어난 강물 때문에 갖은 노력에도 불구하고 물이 차오르지 않은 곳을 찾을 수 없었습니다. 강물 위에서 그 땅에 사람이 살고 있다는 많은 징표를 보았습니다만, 도저히 접근할 없다는 사실을 깨닫고, 배로 돌아가서 다른 곳으로 출항하기로 결정했습니다.

---

23 두 번째 항해는 에스파냐의 알론소 데 오헤다가 탐험대를 이끌었으며, 베스푸치는 항해사로 참여했다.

24 첫 번째 항해를 가리킨다.

25 남위 5도라는 뜻이다.

우리는 닻을 올리고 항상 뭍이 보이는 해안선을 따라 동쪽과 남동쪽 중간으로[26] 항해했습니다. 뭍이 그 방향으로 향하고 있었습니다. 40레과에 걸쳐 여러 군데 장박하려고 시도했으나 번번이 시간만 낭비하고 말았습니다. 이 해안에서는 해류의 흐름이 강해서 항해할 수가 없었습니다. 해류는 모두 남동쪽에서 북서쪽으로 흐르고 있었습니다. 이렇게 항해에 장애요소가 많았기 때문에 우리는 회의를 해서 북서쪽으로 선회하기로 결정했습니다. 뭍을 따라서 한참 항해한 끝에 아름다운 항구에 다다랐습니다. 항구 입구에는 커다란 섬이 있고, 안쪽은 깊숙한 만을 이루고 있었습니다.

항구에 들어가려고 섬 옆을 지날 때 많은 사람을 보았습니다. 우리는 반가운 나머지, 사람들이 보이는 곳에 정박하려고 직진하였습니다. 4레과쯤 떨어진 바다까지 접근할 수 있었습니다. 이렇게 항해하고 있을 때, 먼 바다에서 카누 한 척이 다가오고 있었습니다. 카누에는 사람들이 많이 타고 있었습니다. 우리는 카누를 잡기로 결정하고, 배를 그쪽으로 돌려 놓치지 않으려고 했습니다. 상쾌한 바람과 함께 항해하면서 그 사람들이 노를 쳐들고 가만히 멈춰 있는 것을 보았습니다. 우리 배를 보고 놀랐다고 생각합니다.

우리가 다가가는 것을 깨달았을 때에야 그 사람들은 노를 물에 담그고 뭍을 향해서 저어가기 시작했습니다. 우리 함대에는 45톤짜리 카라벨 선이 있었는데, 무척이나 빠른 배입니다. 이 카라벨 선은 카누에서 보면 바람이 불어오는 쪽에 있었습니다. 카라벨 선은 카누를 따라잡을 절호의 기회가 되자 삭구를 풀고 카누를 향해 나아갔습니다. 우리도 카누 쪽으로 향했습니다. 카라벨 선은 카누와 나란히 달릴 뿐 공격하지 않았습니다. 그러다가 카누를 추월해서 바람이 불어가는 쪽에 위치하게 되었습니다. 이제 유리한 위치에 있다는 것을 알게 된 카누는 힘껏 노를 저어 도망가기 시작했습니다. 선미에서 훌륭한 선원을 태운 보트를 준비하고 있던 우리는 카누를 잡겠거니 생각했습니다.

---

26 동남동 방향을 가리킨다.

그런데 두 시간도 넘게 고생했습니다. 카라벨 선이 침로를 변경하지 않았더라면 카누를 놓쳤을 것입니다.

카라벨 선과 보트로 에워싸자 카누에 탄 사람들은 모두 바다로 뛰어들었습니다. 70명쯤 되었습니다. 뭍에서 2레과쯤 떨어진 곳이었습니다. 보트로 따라갔습니다만 하루 종일 겨우 두 사람밖에 못 잡았습니다. 그것도 요행이었습니다. 나머지 사람들은 모두 무사히 뭍에 올랐습니다.

카누에는 소년 4명이 남아있었습니다. 자기 부족은 아니었습니다. 다른 곳에서 포로로 잡아온 것입니다. 거세를 해서 남근이 없었으며, 아직 거세한 상처도 아물지 않았습니다. 그 모습을 보고 우리는 무척이나 놀랐습니다. 소녀들은 우리 배에 오른 다음에 몸짓으로 말했습니다. 잡아먹으려고 거세를 했다는 것입니다. 그래서 우리는 도망친 사람들이 바로 카니발이라고 부르는 종족이라는 사실을 알게 되었습니다. 카니발 족은 매우 잔인하며, 인육을 먹습니다.

우리는 배에 올라 카누의 선미를 끌고 뭍으로 향했습니다. 뭍에서 반 레과 떨어진 곳에 정박했습니다. 해변에는 사람들이 많았습니다. 우리는 보트를 타고 뭍으로 향했습니다. 사로잡은 두 남자도 함께 데려갔습니다. 뭍에 당도했을 때는 모두 숲속으로 도망쳤습니다. 데려간 남자 가운데 한 명에게 방울을 많이 줘서 풀어주었습니다. 그리고 우리는 친구가 되고 싶다고 일러주었습니다. 그 남자는 우리가 시킨 일을 잘 해냈습니다. 사람들을 전부 데려온 것입니다. 남자가 400명, 여자도 많았습니다. 아무런 무기도 없이 보트가 있는 곳까지 왔습니다. 우리는 그 사람들과 친교를 맺고, 나머지 포로도 풀어주었습니다. 그리고 카누를 돌려주려고 배로 돌아왔습니다.

이 카누는 길이가 26파소이고 너비가 2브라사였습니다.[27] 통나무 속을 파내서 무척이나 잘 만든 것입니다. 카누를 강에 정박시키려고 했을 때, 안전한 곳인데도 모두들 도망가고 우리와 얘기조차 하지 않으려고 하였습니다. 우리

27 1파소는 약 0.71미터이고 1브라사는 약 1.67미터이므로, 카누의 길이는 18.46미터이고 너비는 3.34미터이다.

가 보기에는 정말 야만적인 행동이었습니다. 그 사람들은 신뢰할 수 없고 천성이 나쁘다고 생각했습니다. 그 사람들을 만났을 때 몇 사람은 귀에 금붙이를 하고 있었습니다.

우리는 그곳을 떠나 만 안쪽으로 들어갔습니다. 그곳에서 수많은 사람을 만났습니다. 놀라운 일이었습니다. 우리는 그 사람들과 친교를 맺고, 함께 마을로 갔습니다. 매우 안전했고, 대접도 잘 받았습니다. 그곳에서 진주 150개를 얻었습니다. 방울 하나를 주고 바꾼 것인데, 덤으로 소량의 금도 받았습니다. 그 땅에서는 맥주를 만드는 식으로 열매와 곡물로 술을 빚어 먹었습니다. 하얀색과 붉은 색 술이었습니다. 최상은 미로발란 자두로 빚은 술인데 매우 훌륭했습니다. 우리는 이 술을 한없이 마셨습니다. 때마침 술이 잘 익었던 것입니다. 로발란 자두는 매우 훌륭한 과일이라서 풍미도 좋고 건강에도 좋았습니다. 식량은 풍부했고, 사람들도 공손하게 행동했습니다. 우리가 지금까지 만난 사람들 가운데 가장 평화로운 사람들이었습니다.

그 항구에서 17일을 편안하게 지냈습니다. 매일 내륙에 사는 새로운 종족이 우리를 구경하려고 왔습니다. 그 사람들은 우리 생김새와 하얀 피부, 의복과 무기, 배의 모양과 크기를 보고 놀랐습니다. 그 사람들을 통해서 서쪽에 사는 종족에 대한 정보를 얻었습니다. 그 종족은 그 사람들의 적이며, 엄청난 양의 진주를 소유하고 있다고 합니다. 그 사람들이 지니고 있는 진주도 전쟁에서 적에게 빼앗은 것이라고 합니다. 그리고 우리에게 진주조개 잡는 방법과 진주를 채취하는 방법을 일러주었습니다. 우리는 그 사람들이 말이 사실이라고 여겼습니다. 각하께서도 그렇게 여기실 것입니다.

우리는 그 항구를 떠나 해안을 따라서 항해했습니다. 해변에서는 사람들과 모닥불이 계속 눈에 띄었습니다. 며칠 뒤, 우리는 어느 항구에 정박했습니다. 우리 배 한 척에 물이 많이 들어와서 수리하려는 것이었습니다. 그곳에도 사람들이 많이 있었는데, 우리는 강제적인 대화든 자발적인 대화든 그 사람들과 아무런 대화도 못 나누었습니다. 우리가 뭍에 올랐을 때, 그 사람들은 격렬하게 저항했습니다. 더 이상 방어하는 것이 불가능하자 숲속으로 도망쳤습니다. 우리를 기다리지 않았습니다. 그 사람들이 무척이나 야만적이라는 것을 알았기 때문에 우리는 그곳을 떠났습니다.

항해 도중에 바다 한가운데서 섬이 보였습니다. 거리는 15레과였습니다. 우리는 그곳에 사람이 살고 있는지 알아보기로 했습니다. 그런데 그 섬의 사람들만큼 혐오스럽고 야수 같은 사람들은 본 적이 없습니다. 그런 사람들이었습니다. 외모도 행동도 역겨웠습니다. 모두들 볼이 불룩하도록 푸른 풀을 가득 넣고 짐승처럼 계속 씹었습니다. 말도 겨우 할 수 있을 정도였습니다. 각기 목에다 마른 박 두 개를 걸고 다녔습니다. 하나는 입에 넣은 풀이 가득했고, 다른 하나는 하얀 가루를 채웠는데, 석회가루처럼 보였습니다. 그들은 시시때때로 작은 막대기를 입에 넣어 침을 바른 다음에 하얀 가루를 묻혀서 다시 입에 넣었습니다. 양쪽 볼 깊숙이 넣어 입안에 있는 풀에 가루를 묻혔습니다. 이런 행동을 자주했습니다. 우리는 이런 괴이한 행동을 보고 놀랐는데, 그때는 그 까닭을 이해할 수가 없었습니다. 어떤 목적으로 그런 행동을 하는지도 도무지 알 수가 없었습니다.

그 사람들은 우리를 보자 마치 친교를 맺은 적이 있었다는 듯이 친근하게 다가왔습니다. 그 사람들과 함께 해변을 걸으면서 얘기를 나눴습니다. 우리가 신선한 물을 찾는다고 하자 그런 물은 없다는 몸짓을 하고, 풀과 가루를 내밀었습니다. 그래서 그 섬에는 물이 귀하며, 갈증을 해소하려고 입에 풀을 넣고 가루도 넣는다고 결론지었습니다. 하루하고 반나절 동안 그 섬을 돌아다녔지만 물을 찾지 못했습니다. 그 사람들이 마시는 물은, 밤에 나귀 귀처럼 생긴 잎에 떨어지는 이슬이었습니다. 이 잎에 물이 가득차면 그 사람들은 그 물을 마셨습니다. 최상의 물이었습니다. 그러나 그런 잎이 있는 곳은 많지 않았습니다.

그 섬에서는 육지에서 나는 식량이나 뿌리는 찾아볼 수가 없었습니다.

식량은 바다에서 건져올린 생선이었습니다. 생선은 정말로 풍부했고, 그 사람들은 정말로 뛰어난 낚시꾼이었습니다. 그 사람들은 우리에게 선물로 거북과 크고 맛있는 생선을 많이 주었습니다. 여자들은 남자들처럼 풀을 씹지 않았습니다. 그러나 여자들도 모두 물을 담은 박을 갖고 다니며 마셨습니다. 집으로 이루어졌건 오두막으로 이루어졌건 마을은 없었습니다. 사는 곳은 잡목 밑이었습니다. 햇볕도 막아주고 비도 막아줍니다. 그렇지만 그 섬에 비가 내리는 경우는 희박할 것 같았습니다.

바다에서 낚시를 할 때는 모두들 커다란 나뭇잎을 들고 갑니다. 얼마나 넓은지 그 밑에 그늘이 생기는데, 이 나뭇잎을 땅에 고정시켜놓습니다. 태양이 돌면 나뭇잎도 돌립니다. 이런 식으로 햇볕을 막습니다. 그 섬에는 다양한 종류의 동물이 많이 있습니다. 동물은 습지에서 물을 마십니다.

그 섬에는 우리에게 이득이 될 만한 것이 없어서 출항했습니다. 다른 섬으로 갔습니다. 이 섬에는 매우 키가 큰 사람들이 거주하고 있었습니다. 우리는 신선한 물이 있는지 알아보려고 곧장 뭍으로 갔습니다. 사람이 보이지 않아서 무인도 같았습니다. 그런데 해변을 따라 걷다보니 백사장에 커다란 사람 발자국이 보였습니다. 발자국 크기로 미루어보건대 매우 큰 사람들 같았습니다. 발자국을 따라가다 보니 섬 안쪽으로 들어가는 길이 있었습니다. 우리 중 아홉 명은 의견이 같았습니다. 작은 섬이므로 사람이 많지 않을 것이라 생각한 것입니다. 그러나 어떤 사람들이 살고 있는지 보려고 섬을 돌아다녔습니다. 1레과쯤 갔을 때, 어느 계곡에서 오두막 5채가 보였습니다. 사람이 살지 않는 것처럼 보였습니다. 우리는 그곳으로 갔습니다. 여자 5명뿐이었습니다. 두 명은 늙은 여자이고, 3명은 처녀였습니다. 키가 얼마나 큰지 우리는 쳐다보고 깜짝 놀랐습니다.

우리를 본 여자들은 집으로 들어갔습니다. 얼마나 무서워하는지 도망칠 엄두도 내지 못했습니다. 늙은 여자 2명이 우리를 초대하더니 먹을 것을 많이 가져다주었습니다. 그리고 어느 오두막으로 우리를 데려갔습니다. 신장은 키가 큰 남자보다 훨씬 더 컸습니다. 몸집은 프란체스코 델리 알비치만[28] 했지만 훨씬 균형이 잡혀있었습니다. 우리는 젊은 처자 3명을 강제로 잡아갈 생각이었습니다. 경이로운 물건으로 카스티야에[29] 데려가자는 것이었습니다. 이런 궁리를 하고 있을 때 오두막집 문으로 여자들보다 키가 더 큰 남자 36명이 들어왔습니다. 남자들 또한 건장해서 보기만 해도 감탄스러웠습니다. 우리는 얼마나 혼비백산했는지, 배에 그냥 머물러 있을 것인데 괜히 왔다고 후회했습니다.

남자들은 커다란 활과 화살, 곤봉을 들고 있었습니다. 자기들끼리 얘기하는데, 그 어조가 마치 우리를 공격하려는 것 같았습니다. 위험을 인지한 우리는 여러 가지 방법을 상의했습니다. 어떤 사람은 집안에서 덮치자고 했고, 어떤 사람은 집 바깥이 더 낫다고 했고, 어떤 사람은 싸움부터 걸지 말고 그 사람들이 하는 짓을 살펴보자고 했습니다. 우리는 오두막을 나가서, 왔던 길로 슬그머니 빠져나가기로 계획을 세웠습니다.

우리는 계획대로 움직였습니다. 배로 돌아가는 길로 들어섰습니다. 그 사람들도 돌멩이가 닿을 정도의 거리를 유지하면서 우리를 따라왔습니다. 자기들끼리 얘기도 나눴습니다. 우리가 그 사람들을 두려워하는 만큼 그 사람들도 우리를 두려워했다고 생각합니다. 우리가 쉴 때 그 사람들도 더 이상 가까이오지 않고 쉬었기 때문입니다. 이렇게 해서 우리는 보트가 기다리고 있는 해변에 도착했습니다.

우리가 보트에 올라 출발했을 때, 그 사람들은 춤을 추듯이 껑충껑충 뛰면서 화살을 퍼부었습니다. 그러나 이제는 그 사람들이 무섭지 않았습니다.

---

28 당시 이탈리아의 정치가 안톤 프란체스코 델리 알비치(Anton Francesco degli Albizzi, 1486~1537)를 가리키는 듯하다.

29 원래는 마드리드 주위의 지방을 이르는 명칭인데, 넓은 의미로는 에스파냐를 뜻한다.

그 사람들을 향해 대포 두 발을 쏘았습니다. 해치기보다는 겁을 주려는 의도였습니다. 대포소리에 모두들 산으로 줄행랑을 놓았습니다. 이렇게 해서 그 사람들을 떼어놓았습니다. 위험천만한 일정에서 목숨을 구한 것처럼 보였습니다. 그 사람들은 다른 사람들과 마찬가지로 완전히 발가벗고 다녔습니다. 저는 이 섬을 거인 섬이라고 부릅니다. 키가 큰 사람들이 살고 있었기 때문입니다. 그 후로도 우리는 항해하면서 뭍에 들렀습니다. 싸움도 많이 했습니다. 뭍에서 아무것도 못 가져가게 막았기 때문입니다.

이제 우리는 카스티야로 돌아가고 싶었습니다. 근 1년을 바다에서 지냈고, 식량도 얼마 남지 않았으며, 그마저도 극심한 더위로 상했기 때문입니다. 또 카보 베르데 섬을 출항한 이래 열대를 쉼 없이 항해했기 때문입니다. 주야평분선도 두 번이나 넘나들었습니다. 제가 앞에서 언급했듯이, 우리는 주야평분선에서 남쪽으로 5도까지 내려갔는데, 이제는 주야평분선에서 북쪽으로 15도에 있었습니다.

수많은 고난을 겪은 다음에는 약간의 휴식을 취하는 것이 성령을 기쁘게 한다는 조언을 마음에 새기면서 배를 수리할 항구를 찾아 나섰습니다. 그리고 우리를 크나큰 호의로 맞아준 종족을 만났습니다. 양질의 동양 진주를[30] 엄청나게 많이 갖고 있었습니다. 그 사람들과 같이 47일을 머물렀습니다. 우리는 진주 119마르코를[31] 구입했습니다. 그 대가로 소량의 물품을 주었는데, 가격으로 치면 40두카도[32] 남짓했습니다. 우리가 그 사람들에게 준 것은 기껏해야 방울, 거울, 작은 구슬, 큰 구슬, 황동박판이었기 때문입니다. 방울 하나 당 진주를 몇 개씩 받았습니다. 그 사람들을 통해서 진주조개를 어디서 어떻게 잡는지 알았습니다. 우리에게 진주가 자라고 있는

---

30 옛날부터 페르시아 만에서 채취한 진주는 최상의 품질로 인정받았다. 이런 맥락에서 보면, '동양 진주'란 최상급 진주라는 뜻이다.

31 1마르코는 230그램이다.

32 16~17세기에 에스파냐에서 사용하던 금화. 무게는 3.6그램이었다.

조개를 많이 보여주었습니다. 진주조개를 하나 구입했는데, 그 속에 진주가 130개나 들어있었습니다. 그보다 적게 들어있는 진주조개도 구입했습니다. 진주 130개가 들어있는 진주조개는 여왕이[33] 가져갔습니다. 나머지는 여왕의 눈에 띄지 않게 제가 잘 간수하고 있습니다.

각하, 진주는 다 자라지 않으면, 저절로 떨어져 나오지 않으면, 단단하지 못해 금방 손상된다고 합니다. 이런 사실을 제가 경험했습니다. 진주는 다 자라면 조갯살에서 떨어져 나와 조개껍질 안에 그대로 있습니다. 이런 진주가 좋은 진주입니다. 나쁜 진주로 말씀드릴 것 같으면, 표면이 거칠고, 구멍이 깨끗하게 뚫리지 않습니다. 그래도 상당한 값어치가 있습니다. 왜냐하면 매매하면 마르크당….[34]

47일 후에 우리는 친하게 지내던 그 사람들을 남겨두고 떠났습니다. 출항한 후, 식량이 필요했기 때문에 안티야 섬에35 기항했습니다. 이 섬은 수년 전에 크리스토퍼 콜럼버스가 발견한 땅입니다. 그곳에서 우리는 많은 식량을 구했습니다. 두 달하고 17일 동안 머물렀습니다. 콜럼버스와 함께 그 섬에 살고 있는 기독교인들하고 여러 가지 우여곡절이 많았습니다. 시기심 때문이라고 생각하고 있는데, 그런 일을 얘기하면 장황해지므로 입을 다물겠습니다. 6월 2일에 앞서 말한 안티야 섬에서 출항하여 한 달 반 동안 항해했습니다. 그리고 9월 18일 낮에 카디스 항에 입항했습니다. 하나님을 찬양합니다. 이상이 제 두 번째 항해였습니다.

---

33 에스파냐의 가톨릭 양왕 가운데 한 사람인 이사벨 여왕을 가리킨다.

34 인쇄본에서 원문이 누락된 부분이다.

35 현재 아이티와 도미니카공화국이 위치한 이스파놀라 섬을 가리킨다.

§세 번째 항해[36]

그 후 저는 세비야에 머물고 있었습니다. 두 차례 항해에서 겪은 여러 가지 힘든 일을 멀리하고 휴식을 취하고 있었지만, 한편으로는 진주의 고장에 다시 가고 싶은 열망도 있었습니다. 운명은 아직도 제 고생이 부족하다고 여겼는지 고귀하신 포르투갈의 왕 마누엘 전하에게 영감을 주어 저를 고용하게 만들었나봅니다. 세비야에 머물면서도 포르투갈에 갈 생각을 전혀 하지 않았는데, 사신이 포르투갈 왕의 서찰을 들고 저를 찾아왔습니다. 서찰에서는 왕은 저에게 리스본으로 와서 대화를 나누자고 간곡하게 부탁하였고, 은사恩賜도 내리겠다고 약조하였습니다.

주위사람들은 저에게 가지 말라고 충고하였습니다. 저는 지금 와병중이니 나중에 건강을 회복했을 때도 전하께서 저를 고용하고자 한다면 명하는 일은 뭐든지 하겠노라고 사신에게 일러 보냈습니다. 사신이 저를 데려오지 못한 것을 보시고 포르투갈 왕께서는 리스본에 살고 있던 지울리아노 데 바르톨로메오 델 지오콘도를 저에게 보내셨습니다. 무슨 수를 써서라도 저를 데려오라는 명을 받았다고 합니다.

이 지울리아노라는 사람이 세비야로 저를 찾아왔습니다. 이렇게까지 찾아와서 간청하므로 저는 가지 않을 수가 없었습니다. 제가 포르투갈로 간다고 하니까 이곳의 지인들은 하나같이 언짢게 여겼습니다. 왜냐하면 이곳에서 저는 영예를 얻었고, 카스티야 왕께서도 저를 환대했는데도 불구하고 카스티야를 떠나기 때문입니다. 더구나 떠날 때 누구에게도 작별인사를 하지 않았으니 더더욱 기분이 나빴을 것입니다. 포르투갈 왕을 알현했을 때, 왕은 제가 찾아온 것을 기뻐했으며, 새로운 땅을 발견하러 떠날 준비를 마친 함대에 제가 합류하기를 청하였습니다. 왕의 청은 곧 명령이기에 제게 바라는 바는 무엇이든

---

36 세 번째 항해는 포르투갈의 누노 마누엘(Nuno Manuel)이 함대 사령관이었으며, 베스푸치는 선장으로 참여했다.

응낙하지 않을 수 없었습니다.

1501년 5월 10일에 배 3척으로 함대를 꾸려 이 리스본 항구를 떠났습니다. 우리는 그란 카나리아 섬으로 직진하는 항로를 택했습니다. 그러나 그 섬에는 기항하지 않고 눈으로만 보고 지나쳤습니다. 여기서부터는 아프리카 서쪽 해안을 따라서 항해했습니다. 이 해안에서 우리는 파르치라고 부르는 일종의 물고기를 낚았습니다. 3일 동안 정박하다가 에티오피아 해안으로 향했습니다. 베세기체라고[37] 부르는 항구인데, 열대에 속합니다. 그곳에서 북극은 14.5도 높이에 있습니다. 제1기후에 위치한 항구입니다. 그곳에서 우리는 11일간 정박하면서 식수와 땔감을 보급받았습니다. 제 의도는 대양을 통해서 남쪽으로 항해하는 것이었기 때문입니다.

이 에티오피아 항구를 떠나서 우리는 남서쪽에서 4분의 1 남쪽 방향으로 항해했습니다. 이리하여 67일 후에 어느 땅에 도착했습니다. 에티오피아 항구에서 남서쪽으로 700레과 떨어진 곳입니다. 67일간 항해하면서 그 어떤 항해자도 경험하지 못한 악천후를 만났습니다. 폭우와 회오리바람과 폭풍우가 수없이 몰아쳤습니다. 그렇게 거친 날씨를 경험한 이유는 우리가 주야평분선 부근에서 항해를 계속했기 때문입니다. 이곳에서는 6월이 겨울입니다. 낮과 밤도 동일합니다. 그림자도 계속 남쪽을 향하고 있었습니다.

하느님께서 은총을 내리시어 우리에게 새로운 땅을 보여주셨습니다. 그날이 8월 17일이었습니다. 우리는 육지에서 반 레과 떨어진 곳에 닻을 내리고 보트에 올라서 그곳에 사람들이 사는지, 살고 있다면 어떤 사람들인지 조사해보려고 갔습니다. 사람들이 살고 있었습니다만 짐승만도 못했습니다. 그러나 처음에 우리는 사람들을 보지 못했습니다. 다만, 사람들이 살고 있다고는 확신했습니다. 그 땅에서 본 수많은 흔적 때문이었습니다. 우리는 포르투갈 왕의 이름으로 그 땅을 점유했습니다. 알고 보니, 그곳은 매우 상쾌하고 푸르며, 풍

37 베세기체는 세네갈의 다카르 해안에 있는 작은 섬으로, 현재의 지명은 고레이다.

광이 아름다웠습니다. 주야평분선에서 남쪽으로 5도에 위치한 곳입니다.

그날 우리는 배로 돌아갔습니다. 식수와 땔감이 절실했기 때문입니다. 필수품을 챙겨서 다음날 뭍으로 다시 가기로 결정했습니다. 뭍에서 산꼭대기에 있는 사람들을 보았습니다. 우리를 쳐다보고 있었는데, 내려올 엄두를 못 냈습니다. 모두 벌거벗은 상태였고, 피부색도 외모도 이전 항해에서 본 사람들과 동일했습니다. 우리는 그 사람들을 내려오게 하여 이야기하려고 노력했습니다만, 그 사람들을 내려오게 할 수는 없었습니다. 우리를 믿지 않은 것입니다. 그 사람들이 완강하게 버티고 있고 또 해가 저물어서 우리는 그 사람들 손닿는 곳에다 방울, 거울 등 여러 가지 물건을 놓아두고 배로 돌아갔습니다. 우리가 뭍에서 멀어지자 그 사람들이 산에서 내려왔습니다. 우리가 남겨놓은 물건 때문에 내려온 것인데, 물건을 보고 무척이나 경탄했습니다. 그날 우리는 식수밖에 구하지 못했습니다.

그 다음날 배에서 보니 뭍에서 사람들이 커다란 연기를 피우고 있었습니다. 우리를 부르는 것이라고 생각하고 뭍으로 갔습니다. 가서 보니 사람들이 많이 모여 있었습니다. 여전히 우리와 거리를 두기는 했지만 내륙으로 들어가자는 신호를 보냈습니다.

우리 기독교인 가운데 두 사람이 함대 사령관에게 허락을 구했습니다. 두 사람은 위험을 무릅쓰고 그 사람들과 함께 내륙으로 들어가서, 그 사람들이 어떻게 살며, 어떤 재물이나 향신료나 약품을 갖고 있는지 알아보고자 했습니다.

집요한 간청에 함대 사령관은 마지못해 허락했습니다. 두 사람은 교환할 여러 가지 물건을 챙겼습니다. 떠날 때는 만 5일 안에 돌아오라는 명령을 받았습니다. 그 기간만큼만 우리는 두 사람을 기다릴 것입니다. 두 사람은 뭍으로 향하고, 우리는 배로 돌아가 기다리기로 했습니다. 그 사람들은 매일 해변으로 왔습니다. 그러나 우리와 대화하려고 하지 않았습니다.

칠 일째 되는 날 우리는 뭍으로 갔습니다. 그 사람들은 여자들을 데려왔습니다. 우리가 뭍에 오르자, 남자들은 여자들에게 우리와 얘기하라고 시켰습니다. 우리를 믿지 못하는 것을 보고, 우리 중에서 건장한 청년을 뭍으로 보내고 나머지는 보트에 남아서 청년을 엄호하기로 의견을 모았습니다. 청년은 여자들에게 다가갔습니다.

청년이 다가가자 여자들은 청년을 빙 둘러 에워쌌습니다. 신기한지 청년의 몸을 만져보고, 유심히 쳐다보았습니다. 이런 와중에 어떤 여자가 한 손에 커다란 몽둥이를 들고 산에서 내려왔습니다. 청년이 있는 곳에 다다르자 뒤로 다가가서 몽둥이로 힘껏 내리쳤습니다. 즉사한 청년은 땅바닥에 뻗어버렸습니다.

그 순간 다른 여자들은 청년의 발을 붙잡고 산으로 끌고 갔습니다. 남자들은 활을 들고 해변 쪽으로 달려와 우리에게 화살을 날렸습니다. 뭍에 있던 우리 쪽 사람들은 겁에 질렸습니다. 보트는 땅에 박혀 움직이지 않았습니다. 화살이 보트 안에 떨어졌기 때문에 그 누구도 무기를 집어들 생각을 못했습니다.

우리는 대포 4발을 발사했습니다. 그러나 맞추지는 못했습니다. 그래도 대포알 터지는 소리에 그 사람들은 모두 산으로 도망쳤습니다. 산에서는 이미 여자들이 청년을 해체하고 있었습니다. 커다란 불을 피워놓고 우리 눈앞에서 굽는 것이었습니다. 토막 낸 인육을 우리에게 보여주고, 뜯어먹었습니다.

남자들은 전에 들어간 두 명의 기독교인도 죽여서 먹었다고 우리에게 몸짓으로 알려주었습니다. 우리는 가슴이 미어졌습니다. 죽은 사람에게 잔인한 짓을 행하는 것을 두 눈으로 보자 화가 나서 견딜 수가 없었습니다. 40명도 넘는 우리는 뭍에 올라가서 그렇게 잔인한 죽임과 비인간적이고 야수 같은 행위에 복수하고 싶었는데도 함대 사령관은 허락하지 않았습니다. 그래서 그 사람들은 그렇게 못된 짓을 하고도 히죽거렸습니다. 우리는 어쩔 수 없이 그곳을 떠났습니다만, 함대 사령관 때문에 무척이나 부끄러웠습니다.

이곳을 떠난 우리는 동남동쪽으로 항해했습니다. 땅이 그 방향으로 뻗어 있었습니다. 여러 곳에 기항했습니다만 우리와 교섭하려는 사람들을 만나지는 못했습니다. 이렇게 계속 항해하다가 해안이 남서쪽으로 굽어진 곳을 발견했습니다. 우리는 이곳을 상투 아고스팅호 갑岬이라고[38] 명명하고, 갑을 돌아서 남서쪽으로 항해했습니다.

전술한 땅, 그러니까 우리 기독교인들이 살해당하는 광경을 목격한 땅에서 이 갑까지는 동쪽으로 150레과 떨어져있습니다. 이 갑은 주야평분선에서 남쪽으로 8도에 있습니다. 항해를 하던 우리는 어느 날 해변에서 많은 사람을 보았습니다. 그 사람들 눈에 우리 배가 경이롭게 보였고, 또 어떻게 항해하는지 구경하려고 나온 것입니다. 우리는 그 사람들 쪽으로 다가가서 적당한 곳에 닻을 내리고, 보트에 올라 뭍으로 갔습니다. 그 사람들은 앞에서 얘기한 사람들보다 상태가 좋았습니다. 비록 그 사람들을 설득하느라 고생했지만, 친교를 맺고 교류하게 되었습니다.

우리는 그곳에서 5일 머물렀습니다. 그곳에서 매우 크고 푸르른 육계나무를[39] 보았습니다. 나무 끝부분의 잎은 말라있었습니다. 우리는 이곳에서 두 사람을 데려와서 그 사람들 말을 배우기로 작정했습니다. 세 사람이 자청하여 포르투갈로 가겠다고 했습니다. 각하께서도 짐작하시겠지만, 지금 저는 글을 많이 써서 피곤합니다. 아무튼 우리는 이곳을 떠나서 항상 뭍이 보이는 남서쪽으로 항해하면서 수없이 정박을 하고 수많은 사람과 얘기를 나누었습니다.

그렇게 남쪽으로 항해하다보니 어느덧 남회귀선을 벗어났습니다. 그곳에서 남극은 수평선 위로 32도 높이였으며, 작은곰자리는 시야에서 완전히 사라졌고, 큰곰자리는 아주 낮게 떠있어서 수평선 위로 간신히 보였습니다.

우리를 인도한 것은 남극의 별이었습니다. 이 별은 우리 북극의 별보다 훨씬 크고 밝았습니다. 저는 대부분의 남극 별을 그렸습니다. 특히 밝게 빛나는 일등성을 그렸으며, 남극 주변을 도는 별의 궤도를 묘사하고 궤도의 직경과 유사직경을 밝혀놓았는데, 졸저 '네 차례 항해'에서 볼 수 있을 것입니다.

---

38 브라질 페르낭부쿠주의 주도 헤시페 부근을 가리킨다.

39 베스푸치가 계피가 나오는 육계나무를 언급한 까닭은 당시 서구인의 관심사가 동양의 향신료였기 때문이다.

우리는 이 해안을 따라서 750레과를 항해했습니다. 앞서 언급한 상투 아고스팅호갑岬에서 서쪽으로 150레과를 가고, 다시 남서쪽으로 600레과를 갔습니다. 이 해안에서 우리가 본 풍물과 겪은 일을 이야기하려면 종이가 부족할 것입니다. 이 해안에서는 가치 있는 물건을 보지 못했습니다. 그러나 셀 수 없이 많은 브라질나무,[40] 육계나무, 몰약이 나오는 나무, 그밖에도 필설로 형용하기 어려운 자연의 경이를 보았습니다.

벌써 항해를 시작한 지 10달이 지났습니다. 그곳에서는 아무런 광물도[41] 찾지 못하였기에 다른 쪽 바다를 탐험하기로 결정했습니다. 우리는 회의를 열어 제가 적합하다고 생각한 항로로 항해하기로 합의하고, 선단의 지휘권을 저에게 일임하였습니다. 따라서 저는 모든 사람과 선단에게 명하여 6개월분 식수와 땔감을 실었습니다. 선장들의 판단으로는 그만큼 시간이 걸리는 항해였기 때문입니다.

보급을 마친 우리는 남동쪽으로 항해하기 시작했습니다. 때는 2월 15일이었습니다. 태양은 이미 춘분점 부근에 있었고, 우리 북반구를 향해 뱃머리를 돌렸습니다. 이 방향으로 한참 항해를 했는데도, 남극이 수평선 위 52도에 있을 정도로 우리는 아주 남쪽에 있었습니다. 작은곰자리도 큰곰자리도 보이지 않았습니다. 우리가 정박한 항구에서 남동쪽으로 약 500레과 떨어진 곳이었습니다. 그때가 4월 3일이었습니다.

그날 바다에서 거친 폭풍우가 일어 모든 돛을 내려야 했습니다. 우리는 거센 남서풍과 함께 빈 돛대로 질주했습니다. 어마어마한 파도와 폭풍우에 시달렸습니다. 이러한 폭풍우 앞에서 우리 선단은 공포에 떨고 있었습니다. 밤은 무척이나 길었습니다. 그 중에서 4월 7일 밤은 15시간이나 되었습니다. 태양이 춘분점에 있었기 때문입니다. 각하께서 잘 아시고 계시듯이, 그 지역에서 춘

40 열매를 염료로 사용하는 브라질나무가 자생한다고 하여 포르투갈 사람들은 이곳을 '브라질'이라고 불렀다.

41 광물이란 금, 은, 진주 같은 보석을 말한다.

분은 겨울입니다.

4월 7일, 우리는 폭풍우 속에서 새로운 땅을 보았습니다. 약 20레과를 달려보았는데, 해안이 거칠었습니다. 어떤 항구도, 사람도 보지 못했습니다. 제 생각으로는, 우리 선단의 그 누구도 참을 수 없을 만큼 추위가 극심하기 때문에 아무도 살지 않은 것 같았습니다.

우리는 큰 위험에 처했습니다. 폭풍우 때문에 격랑이 일고 시야가 흐린 탓에 다른 배가 잘 보이지 않았던 것입니다. 어쩔 수 없이 함대 사령관과 의논하여 선단의 모든 배에게 한 곳에 모이라고 신호를 보냈습니다. 그리고 그곳을 떠나 포르투갈로 귀환하기로 결정하였습니다.

참으로 훌륭한 결정이었습니다. 우리가 그날 밤 어물거렸으면 모두 목숨을 잃었을 것입니다. 우리가 뱃머리를 돌린 그날 밤과 그 다음날 거센 폭풍우가 몰아쳐 죽지나 않을까 두려웠습니다. 이럴 때 선원들이 행하는 관습에 따라서 우리는 순례자의 선서를 비롯하여 여러 의식을 행했습니다.

5일을 줄곧 달렸는데도 아직 주야평분선에 이르지 못했습니다. 그러나 바람이나 바다는 한결 잔잔해졌습니다. 하느님의 도움으로 큰 위험에서 벗어난 것입니다. 우리는 북북동 방향으로 항로를 잡았습니다. 에티오피아 해안을 탐사하려는 의도였습니다. 그러나 아직도 우리는 대양에서 300레과나 떨어진 곳에 있었습니다.

5월 10일 우리는 하느님의 은총으로 시에라리온이라고 부르는, 남쪽에 있는 땅에 도착했습니다. 그곳에서 15일 동안 머물면서 원기를 회복하였습니다. 그곳을 출발하여 아조레스 제도로 향했습니다. 위에서 말한 시에라리온에서 약 750레과 떨어진 곳입니다.

7월 말 아조레스 제도에 입항했습니다. 리스본에서 서쪽으로 300레과 떨어진 곳입니다. 그곳에서 다시 15일 동안 머물면서 휴식을 취하고, 리스본으로 향했습니다. 마침내 1502년 9월 7일 하느님이 도우셔서 리스본 항에 무사히 도착했습니다. 세 척 가운데 두 척만 들어왔습니다. 한 척은 더 이상 항해가 불가능하여 시에라리온에서 소각하였습니다.

이번 항해는 약 15개월이 소요되었습니다. 11일 동안은 북극성, 즉 북두칠성이라고 부르는 큰곰자리와 작은곰자리도 보지 못하고 항해했습니다. 우리를 안내한 별은 다른 극의 별들이었습니다. 이상이 이번 항해, 즉 여정에서 제가 본 것입니다.

§네 번째 항해[42]

제가 네 번째 항해 또는 탐험에서 본 것을 말씀드리겠습니다. 그러나 지금은 제가 지쳤고, 또 이 네 번째 항해에서는 대양에서 닥친 불행한 일로 인하여 소기의 목표를 달성하지 못했기 때문에, 각하께서도 곧 아시겠지만, 간략하게 적으려고 합니다.

우리는 선박 6척으로 선단을 꾸려 이곳 리스본 항에서 출발했습니다. 동양에 있는 멜라카라는[43] 이름의 섬을 발견하려는 목적이었습니다. 들리는 소식에 의하면, 이 섬은 매우 풍요롭고, 인도양과 갠지스 바다에서[44] 오는 모든 선박의 기항지입니다. 마치 유럽의 동쪽에서 서쪽으로 가는 모든 배가 드나드는 카디스 항 같습니다. 그리고 캘리컷을 통해 서쪽에서 동쪽으로 가는 것과도 같습니다.[45] 멜라카는 캘리컷보다 더 서쪽에 위치하고 있으며, 훨씬 남쪽

---

42 이 항해에서는 곤잘로 코엘류(Gonçalo Coelho)가 사령관이었고, 베스푸치는 선장으로 참여했다.

43 말라카는 서구인에게 향신료의 고장으로 알려진 곳으로, 말레이반도와 인도네시아 어름을 가리킨다.

44 베스푸치는 전해오는 정보에 의거하여 기술하고 있으므로, 지명이라든가 위치 설명은 정확하지 않다.

45 이 문장과 뒤이어지는 "멜라카는 캘리컷보다 더 서쪽에 위치하고 있으며"는 영문을 모를 문장이다. 라틴어 번역본의 오류로 추정한다.

에 있습니다. 왜냐하면 우리가 알기로, 이 섬은 북반구 33도[46] 지점에 있기 때문입니다.

우리는 1503년 5월 10일 출항해서 카보 베르데 섬으로 직진했습니다. 이 섬에서 배를 수리하고, 보급품을 다시 싣느라고 13일을 머물렀습니다. 다시 출발한 우리는 남동쪽으로 항해했습니다. 함대 사령관이 교만하고 고집불통이어서, 에티오피아 남쪽의 땅 시에라리온에 들른 것입니다. 전혀 불필요한 일인데도 자기가 함대의 사령관이라고 과시하고 싶어서 나머지 선장의 뜻에 반하는 결정을 내렸습니다.

이렇게 항해하여 시에라리온에 도착했는데, 거센 회오리바람이 우리를 덮치고 악천후가 겹쳐 해안이 보이는 곳에서 4일을 머물렀는데도 상륙하지 못했습니다. 부득불 우리는 시에라리온을 떠나 원래 항로로 되돌아가려고 남남서쪽으로 항해했습니다.

이후로 우리는 아무런 어려움 없이 광대한 바다를 약 300레과 항해하여, 주야평분선에서 3도 정도 남쪽에 당도했을 때, 22레과쯤 떨어진 곳에서 땅이 나타났습니다. 그 모습에 우리는 경탄했습니다. 바다 한가운데 있는 섬이었습니다. 정말로 진정한 자연의 경이였습니다. 그 섬은 길이가 2레과, 너비가 1레과에 지나지 않았기 때문입니다. 어떤 사람도 거주한 적이 없는 섬이었습니다. 우리 선단에게는 불행의 섬이었습니다. 각하께서도 곧 아시게 되겠지만, 우리 함대 사령관의 잘못된 지시와 조타로 인하여 이곳에서 자기 배를 잃어버렸기 때문입니다. 암초에 부딪혀 난파한 것입니다. 그때가 성 로렌스 축일 밤이었으니, 8월 10일입니다. 배는 바다에 가라앉아버렸습니다. 아무것도 꺼내지 못했습니다. 겨우 인명만 구했습니다.

3백톤짜리 배였는데, 함대의 중요한 물건은 거기에 다 있었습니다. 함대가 총동원되어 배를 구하려고 노력하였으나 함대 사령관은 저에게 명하기를

46 실제 위치는 북위 3도 부근이므로, 라틴어 번역본의 오류로 추정한다.

제 배를 타고 앞서 언급한 섬으로 가서 함대의 모든 배가 닻을 내릴 수 있는 적당한 정박지를 찾아보라고 하였습니다. 그때 제 보트에는 선원 9명이 타고 작업하고 있었습니다. 배를 묶는 일을 도와주고 있었습니다. 그런데 함대 사령관은 그 일을 그만두고, 제 혼자 배를 이끌고 섬으로 가라고 명령하였습니다.

저는 명령받은 대로, 보트도 없이 함대를 떠나 그 섬으로 향했습니다. 절반도 안 되는 선원과 함께 약 4레과 거리에 있는 그 섬으로 갔습니다. 그곳에서 아주 훌륭한 항구를 찾았습니다. 함대의 모든 배가 안전하게 닻을 내릴 수 있는 곳이었습니다. 그런데 그곳에서 함대 사령관과 함대를 8일이나 기다렸는데도 오지 않았습니다. 그래서 우리 배 분위기가 뒤숭숭했습니다. 우리 배 선원들이 어찌나 두려워하는지 도무지 위로할 방법이 떠오르지 않았습니다.

이러고 있을 때, 8일째 되는 날 바다에서 배 한 척을 보았습니다. 혹시 우리를 보지 못할까 두려워 배를 몰고 나갔습니다. 그 배를 향해 가면서 우리 배 보트를 찾고, 선원을 복귀시키려고 생각했습니다. 그 배와 만났습니다. 우리에게 인사를 한 후에 사람들이 말하기를 함대 사령관이 타고 있던 기함은 바다 속으로 가라앉았으며, 선원은 다 구조했다고 말했습니다. 그리고 우리 배 보트와 선원은 함대와 함께 먼저 출발했다고 전해주었습니다. 이 말을 듣고 제가 얼마나 황당했는지는 각하께서도 짐작하실 것입니다. 우리는 리스본에서 1,000레과나 떨어진 바다에 있었습니다. 선원도 몇 사람 되지 않았습니다.

아무튼 우리는 뱃머리를 섬으로 돌렸습니다. 섬으로 돌아온 후에는 함대의 보트를 이용해 식수와 땔감을 배에 실었습니다. 그 섬에는 사람이 살지 않았습니다. 샘과 개천이 많았고, 나무도 한정 없이 많았습니다. 바다새와 뭍새가 득실거렸는데, 그 숫자는 헤아릴 수 없었으며, 온순해서 맨손으로도 잡을 수 있었습니다. 우리는 새를 많이 잡아서 보트에 실었습니다. 다른 동물은 보지 못했습니다. 커다란 두꺼비와 꼬리가 두 개 달린 도마뱀과 뱀 몇 마리를 보았을 뿐입니다.

식수와 땔감을 싣고 나서 남남서 방향으로 출발했습니다. 출발할 때 포르투갈 왕으로부터 함대의 배를 잃더라도, 함대 사령관을 잃더라도 지난 항해에서 우리가 발견한 땅, 즉 항구로 가라는 명을 받았기 때문입니다. 지난 항해 당시 우리는 그 항구를 토두스 우스 상투스 만이라고[47] 명명했습니다. 하느님이 도우사 날씨가 좋았습니다. 17일만에 우리는 그곳에 도착했습니다. 그 섬에서 약 300레과 거리였습니다. 그런데 함대 사령관도 만나지 못했고, 함대의 다른 배도 눈에 띄지 않았습니다.

그 항구에서 2달 4일을 기다렸습니다. 함대 사령관이 승선한 배가 도착할 기미가 보이지 않아 우리는 해안을 돌아보기로 했습니다. 260레과를 더 항해하여 어느 항구에 도착했습니다. 우리는 그곳에 요새를 구축하기로 합의하고, 요새를 건설했습니다. 이 요새에 기독교인 24명을 남겨놓았습니다. 난파된 함대 사령관의 배에서 구출한 사람들이었습니다.

그곳에서 우리는 5달 머물면서 요새를 구축하고, 브라질나무를 선적했습니다. 우리는 더 이상 전진할 수가 없었기 때문입니다. 선원도 충분하지 않았고, 삭구도 많이 부족했습니다. 모든 일을 마쳤을 때, 그곳에서 북북동 방향에 있는 포르투갈로 돌아가기로 결정했습니다.

우리는 6개월 동안 구축한 요새에 선원 24명, 대포 12문, 그밖의 무기를 남겨두고 떠났습니다. 그 땅의 모든 사람들을 평정했는데, 그런 얘기는 여기서 언급하지 않으려고 합니다. 수많은 사람을 못 봐서도 아니고 대화를 하지 않아서도 아닙니다. 사실은 우리 가운데 약 30명이 내륙으로 40레과를 들어갔습니다. 그곳에서 제가 언급하지 아니한 여러 가지를 보았는데, '네 차례 탐험'을 위해 아껴두렵니다. 그 땅은 주야평분선에서 남쪽으로 18도에 있었습니다. 리스본의 위치는, 우리 관측도구에 따르면, 서쪽으로 37도였습니다.

이 모든 일을 마치고 우리는 남은 기독교인들과 그 땅에 작별을 고하고, 북북동으로 항해하기 시작했습니다. 이 도시 리스본으로 직행하는 항로를

47 현재 브라질의 사우바도르 근처를 가리킨다.

택한 것입니다. 여러 어려움과 위험을 겪고 77일 만인 1504년 6월 18일에 이 항구에 들어왔습니다.

하느님을 찬양합니다. 우리는 이곳에서 성대한 환영을 받았습니다. 도무지 믿지 못할 일이라는 것이었습니다. 이 도시 사람들은 우리가 실종되었다고 생각하고 있었기 때문입니다. 함대의 다른 배는 함대 사령관의 오만과 어리석음으로 인하여 난파되었습니다. 이렇게 하느님은 오만을 벌하셨습니다.

현재 저는 이곳 리스본에 머물고 있습니다. 포르투갈 왕께서 제게 또 무슨 일을 명할지 모르겠으나 지금 저는 휴식이 간절합니다. 이 편지를 휴대한 벤베누도 데 도메니코 벤베누티가 각하께 제 근황을 전하여 줄 것입니다. 또 편지가 장황해질까봐 언급하지 않은 여러 가지 일도 말씀드릴 것입니다. 벤베누티도 보고[48] 들었기 때문입니다. 하느님….[49]

저는 가급적 요약하여 이 편지를 작성했습니다. 장황하지 않도록 수많은 풍물은 얘기하지 않았습니다. 송구하오나 각하의 충복으로 저를 받아주시기를 간청합니다. 그리고 각하께 가형家兄 안토니오 베스푸치와 제 일가를 추천합니다. 각하께서 만수무강하시고, 숭고한 공화국의 위상과 각하의 명예가 드높아지기를 하느님께 기도합니다.

1504년 9월 4일 리스본에서
각하의 충복, 아메리고 베스푸치

48 벤베누티는 네 번째 항해에 참여하지 않았으므로 '보았다'는 표현은 잘못된 것이다.

49 원본에 공백이 있다.

제4부 필리핀과 중국 관련 문헌

14. 펠리페 2세가 1580년 중국 황제에게 보낸 서한

에스파냐 역사에서 카를로스 1세(1516년~1556년 재위)와 펠리페 2세(1556년~1598년 재위) 시기는 제국의 영토가 지속적으로 확장되던 때인데, 특히 미겔 로페스 데 레가스피(Miguel López de Legazpi)의 필리핀 정복(1565년~1569년)이 두드러진다. 이후 에스파냐는 필리핀을 거점으로 삼아 중국을 점령하려는 꿈을 가졌다.

에스파냐와 포르투갈은 1493년 토르데시야스 조약을 맺고, 대서양과 브라질 지역을 분할하였다. 그러나 태평양 지역에서 양국의 경계는 불확실했다. 1529년 사라고사 조약으로 동양에 대한 영토 경계가 정리되었다. 이 조약으로 에스파냐는 몰루카제도에 대한 모든 이해관계를 포기하였고, 필리핀 서쪽 지역은 마카오를 점령한 포르투갈로 넘어갔다. 그 대가로 항상 에스파냐 국왕은 35만 두카도를[1] 받았다. 이처럼 동인도를 포기한 에스파냐는 동양에서 새로운 이익을 창출할 수 있는 지역이 필요했는데, 그 대상이 바로 중국이었다.

로페스 데 레가스피는 비교적 수월하게 필리핀를 점령했다. 당시 그곳에서는 단일한 국가가 존재하지 않았고, 넓은 지역을 지배하는 군주나 귀족도 없었다. 이슬람교도가 지배하는 지역을 제외하고는 부락 단위의 소규모 마을만 있었을 뿐이다. 필리핀 점령 이후 에스파냐인은, 이곳 거류지의 중국인과 접촉하여

---

1 두카도는 유럽 여러 나라에서 수세기 동안 사용하던 금화이다. 무게는 0.986순도의 순금 3.5그램이다.

중국에 대한 구체적인 정보를 얻게 되고, 중국 해안 탐사를 시도했다. 이때부터 에스파냐는 중국 점령을 염두에 두고 한층 구체적인 중국 정보를 수집하기에 이른다.

레판토 해전의 승리로 한껏 고무된 에스파냐의 펠리페 2세 역시 카를로스 1세와 마찬가지로 중국 탐사를 허락한 것으로 보인다. 게다가 당시 필리핀 총독과 누에바에스파냐 부왕은[2] 중국침략 계획을 세웠다. 그러나 펠리페 2세에게는 중국보다는 네덜란드의 반란이 더 큰 골칫거리였다. 따라서 중국 점령 계획을 보고 받고도 아무런 결정도 내리지 않았다. 그때 중국은 에스파냐에게 동남부의 푸젠(福建) 지역을 개방하여 제한적인 무역을 허용한다. 에스파냐에게 푸젠은 포르투갈에게 허용한 마카오와 같은 역할을 하는 곳이었다. 그러나 중국 점령을 촉구하는 서한이 필리핀과 라틴아메리카에서 지속적으로 펠리페 2세에게 전달되었으며, 상당히 구체적인 실행 계획도 보고되었다.

특히 이 시기 필리핀에 있던 에스파냐인들의 중국 정복 욕망이 강했다. 필리핀에서 중국으로 가는 첫 탐사는 1575년 6월에 이루어졌다. 당시 대단한 야망을 가진 필리핀 총독 프란시스코 데 산데는 1576년 6월 6일 펠리페 2세에게 6천명의 군사로 중국을 점령할 계획을 서한으로 통고한다. 산데는 중국의 한 지역을 먼저 점령한 다음에 중국인에게 에스파냐인이 해방자라는 것을 설득시켜야 한다고 생각했다. 그리고 중국인 조력자를 이용하여 다른 지역도 점령해야 한다고 믿었다. 마치 에스파냐가 아스테카를 정복한 방법과 비슷하다.

또한 1583년 6월 20일 필리핀 총독 디에고 롱키요는 펠리페 2세에게 보낸 편

2 누에바에스파냐 부왕령은 에스파냐의 아메리카 식민지 행정 구역으로, 오늘날 미국 남서부, 멕시코, 중미(파나마 제외), 카리브해, 필리핀을 포함하고 있었다. 부왕령의 최고책임자는 부왕(副王)이었다.

지에서 “중국 정복은 신과 폐하에 대한 봉사를 위해 대단히 중요한 일입니다”라며, 중국 침략의 필요성을 설득하였다. 당시, 이런 종류의 수많은 문서가 등장했다.

그러나 에스파냐 왕실의 최고 식민통치기구인 인디아스자문회의는 이런 계획을 회의적으로 보았다. 5백만 명의 병사로 무장된 중국을 점령하기가 쉽지 않다고 생각했기 때문이다. 이런 보고를 받은 펠리페 2세도 중국 정복에 회의적이었다. 왜냐하면 당시 에스파냐는 이미 일차적으로 해결해야할 대외적인 문제가 산적해 있었으며, 중국에 대하여 새로운 문제를 일으킬만한 여력이 없었기 때문이다. 그러나 만약 정복을 시도했다면 가능했을지도 모른다. 에스파냐 함대는 수적으로 중국에 미치지 못했지만 질적으로 우수했으며, 당시 명나라는 이미 쇠퇴기에 접어들었기 때문이다. 그러나 에스파냐에게 어려운 것은 중국 정복이 아니라 정복 이후의 정복지 관리였다. 이런 이유로 펠리페 2세는 정복 대신 교섭을 선택하고, 1580년과 1581년 두 통의 서한을 중국 황제(이 당시 중국황제는 명나라의 만력제였다)에게 보냈다. 그러나 한 통도 중국 황제에게 전달되지 않았다.

1580년에 작성한 서한은 아우구스티누스 교단의 수도사 특사인 헤로니모 마린, 프란시스코 데 오르테가, 후안 곤살레스 데 멘도사가 멕시코로 가져갔으나, 이들을 태운 배가 난파하는 바람에 겨우 몸만 멕시코에 도착하게 되었고, 결국 펠리페 2세의 서한은 중국 황제에게 전해지지 못했다.

여기에서는 세비야의 인디아스고문서보관소에 소장된 문헌을 번역하였다.

참고문헌

1. Hsu, Carmen. 2004. “Dos cartas de Felipe II al emperador de China”. *eHumanista*, Vol. 4. pp.194-209.
2. Felipe II. *Carta que su Majestad escriuióal Rey de la China*. 11 de junio de 1580.(https://www.upf.edu/asia/projectes/che/s16/felip1.htm)

국왕

하느님의 은총으로 에스파냐와 나폴리, 시칠리아, 예루살렘 등의 왕이자, 또한 대양의 대륙과[3] 인디아스제도의[4] 왕이며, 오스트리아의 대공이고, 밀란과 브라반테의 부르고뉴 공작이고, 합스부르크와 플랑드르와 티롤 등의 백작인 돈 펠리페는[5] 강력하고 경애하는 중국의 왕에게 진심으로 번영과 번창을 축원하며, 좋은 일이 많이 일어나길 기원합니다.

필리핀군도에 파견된 우리 총독의 보고와 수도사를 통해서 국왕께서 위대한 왕국을 현명하고 정의롭게 다스리고 계시다는 사실과 우리가 도착해서 쉬고 있는 항구와 여러 곳에서 귀국의 신하가 우리 신하를 아주 잘 대해주고 있다는 것을 잘 알고 있습니다. 이에 대해 깊은 감사를 드리며, 귀국의 우정에 대단히 기쁜 마음을 가지고 있습니다.

그리고 하늘과 지상과 눈에 보이고, 또 보이지 않는 이 세상의 모든 피조물의 창조자이시자, 인간의 구원자이자, 인간이 찬양하는 진정한 신이신 하느님의 명예와 영광의 길을 향해 가면서, 인간은 진정한 지식으로 하느님을 믿고 성스러운 하느님의 법칙에 복종해야 하겠습니다. 그분의 법칙은 기독교인이 경배하고 숭배하는 성스러운 표지와 더불어 그분의 말씀으로 공포되었으며, 우리는 구원을 기다리고 있습니다. 그리고 그분의 진리를 다른 모든 사람에게 전하여주시고, 귀하께서 특히 성 아우구스투스회의 수도사를 이해할 수 있기를 바랍니다. 그들을 통해서 귀하께서는 복음의 법을 알게 될 것이며, 우리의 성스럽고 진정한 구원의 길인 가톨릭 믿음을 알게 될 것입니다. 나는 귀하께 진심으로 우리 수도사의 말을 경청하고, 귀하께 말하는 모든 것을 믿어달라고 기원하는 바입니다.

---

3 대양의 대륙은 아메리카대륙을 가리킨다.

4 인디아스제도는 서인도제도(카리브해제도)를 가리킨다.

5 돈 펠리페는 펠리페 2세를 가리킨다.

의심할 바 없이 본인은 귀하께서 하느님의 은혜와 후의를 받으셨으리라 믿으며, 또한 좋은 판단력과 이해력으로 제가 귀하께 천상의 이익과 재산을 보내는 것을 알아주시기를 바라며, 또한 이것으로 귀하께서 지상 최고의 위대함과 지상 최고의 왕국을 이루시기를 바랍니다. 그리고 이것으로 우리와 우리 후계자 및 신하 사이의 우정이 더욱 견고하게 되기를 바랍니다. 본인이 이 세상의 어떠한 가치 있는 것보다 귀하와 귀하 신하의 구원을 진심으로 바라고 있음을 믿어주기 바랍니다. 그래서 우리 수도사를 환대해주고, 그들의 말을 인자하게 들어주기를 귀하께 기원하고 간청합니다. 지상의 왕국을 흥하게도 하고 망하게도 하시는 하느님의 대리자인 우리 수도사는 귀하께 하느님에게 가기 위하여 어떻게 해야 하는지를 알려드릴 것이니, 본인을 대신해서 귀하께 말할 수 있도록 해주십시오. 귀하와의 우정을 더욱 견고하게 다지기 위해 우리 왕국에서 나고 사용하는 몇 가지 물건을 보냅니다. 우리의 왕이신 주님께서 은총으로 귀하를 빛나게 해주시고, 그 은총으로 귀하와 귀하의 왕국이 번성하기 기원합니다.

1580년 6월 11일 바다호스에서

에스파냐 국왕

15. 펠리페 2세가 1581년 중국 황제에게 보낸 서한

펠리페 2세는 1580년 서한을 중국 황제에게 전하지 못했기에 일 년 후인 1581년 다시 서한을 써서 성 프란치스코회 소속 수도사 헤로니모 데 부르고스(Jerónimo de Burgos)에게 전달 임무를 맡겼다. 그러나 어떠한 연유인지 알 수 없으나 이 서한은 1583년까지 마닐라에 도착하지 못했다.

어찌되었든 이 두 통의 서한으로 1580년에서 1581년 사이에 펠리페 2세는 중국 명나라 황제와 직접적인 소통을 하려고 시도했으며, 중국과 외교적인 유대관계를 추구함으로써 아시아 지역에 대한 통제권을 확보하려고 시도했음을 알 수 있다.

번역 대본으로는 세비야의 인디아스고문서보관소에 소장된 1581년 문헌을 사용하였다.

참고문헌

1. Hsu, Carmen. 2004. "Dos cartas de Felipe II al emperador de China", *eHumanista*, Vol. 4. pp.194–209.
2. Felipe II. *Carta de Felipe II al Rey de la China*. 5 de junio de 1581. (https://www.upf.edu /asia/projectes/ che/s16/felip2.htm)

하느님의 은총으로 에스파냐와 포르투갈, 시칠리아, 예루살렘 등의 왕이시자, 또한 대양의 대륙과 인디아스제도의 왕이며, 오스트리아의 대공이고, 밀란과 브라반테의 부르고뉴 공작이고, 합스부르크와 플랑드르와 티롤 등의 백작인 돈 펠리페.

대단히 친애하는, 강력한 중국의 국왕께

우리는 귀하께서 진심으로 강건하시고 번영하시기를 진심으로 바랍니다. 우리 주님이신 그리스도의 피조물에 대한 사랑은 초자연적이십니다. 그리스도께서는 우리 피조물을 위해서 수난과 죽음의 고통을 당하면서도 피조물에게 수많은 은혜를 베풀어주셨습니다. 그분은 오직 자신의 신성한 계율의 완성과 우리에게 약속하신 보상을 원하십니다. 그것은 우리에게 현세의 힘들고 비참한 시간을 끝내고, 영광과 영원한 휴식을 주시는 것입니다. 현세에서 주님을 사랑하고 주님에게 봉사하면 할수록 내세에서는 더 큰 영광과 휴식을 얻으실 것입니다. 그래서 우리가 신성한 목록에서 볼 수 있는 우리의 중재자이신 모든 성인은 내세에서 영원한 복락을 누리고 있습니다. 지상에서 성스러운 업적을 남겼으므로 주님의 수난을 통해 받은 영광을 누릴 자격이 있는 것입니다. 그중에는 성스러운 영감에 감화되어 수도회를 설립하고, 은둔생활을 하면서 천국의 일에 대하여 명상하고 복음서의 설교를 실천하기를 원하면서 이 세상의 불안과 걱정으로부터 평온하고 자유로운 휴식을 취할 수 있었습니다. 그 가운데 하나가 바로 영광스러운 성 아우구스투스회이고, 우리는 귀하께서 지금 읽고 계시는 서한과 함께 이 수도회 사람들을 파견하였습니다. 그러하오니 이 수도회의 교리와 행적을 통해서 기독교 교회 안에는 이밖에도 훌륭한 수도회가 많다는 점을 귀하께서 이해하여주시기 바랍니다. 수도회 사람들은 자체의 교리로 교회를 숭배하고 있으며, 그중에서도 특히 성 프란치스코를 따르는 맨발의 성 프란치스코회의 수도사는 많은 존경을 받고 있습니다.

이 수도회 사람들은 현세의 세속적인 가치를 경시하고 무소유의 원칙으로 살고 있으며, 귀하의 백성을 개종시키고 교육시키기를 원하고 있습니다. 그동안 이 수도회 사람들은 귀하의 왕국 신민이 이 세상 만물의 창조자이신 진정한 신의 이름을 알고 찬양하여, 피조물이 십자가의 깃발아래 하느님의 은총을 누릴 수 있도록 길고도 힘든 노력을 해왔습니다. 그래서 십자가를 위해 죽을 수 있다는 진정한 결심과 의도로 그것을 이해할 수 있을 것입니다. 그리고 진정한 신의 뜻이 없이는 마음은 물론이거니와 나뭇잎 한 장 움직이지 않을 것임을 보았습니다. 우리는 이 열렬하고 자비롭고 인자한 소망이 귀하께 전해지고 있음을 이해하면서, 이 서한을 가지고 가는 사신을 받아들여 주시기를 바랍니다.

인자하고 강력한 중국의 왕께 바라건대, 이 수도사들을 잘 살펴주시고 은혜를 베풀어주시고, 귀하께 말하는 바에 귀 기울이시기를 앙망합니다. 그러하시면 틀림없이 귀하의 왕국에 행복한 시간이 될 것이고, 귀하를 사랑하시는 하느님께서는 이 세상의 덧없는 시간이 마감될 때 귀하를 천국으로 인도할 것입니다. 바라건대, 강력하고 위대한 우리의 주님께서 은총으로 귀하를 비추고 하느님의 왕국에서 영원히 보호받는 것이 얼마나 중요한 일인지 아시기를 바라마지 않습니다.

1581년 6월 5일 에스파냐 국왕

16. 펠리페 2세가 레가스피에게 보낸 칙서

미겔 로페스 데 레가스피(Miguel López de Legazpi)는 필리핀을 정복한 에스파냐의 군인이다. 1502년 귀족의 막내아들로 태어난 레가스피는 법학과 군사학 교육을 받은 뒤, 1528년 신대륙으로 건너갔다. 18세기까지 장자 상속제를 채택하고 있던 에스파냐에서는 부친의 작위와 재산이 모두 장남에게 상속되기 때문에, 막내인 레가스피가 성공하기 위해서는 신대륙에서 기회를 잡는 것 외에는 다른 길이 없었다. 1545년 누에바에스파냐 부왕령으로 거처를 옮긴 레가스피는 1559년 멕시코시티의 시장으로 일하면서 정치적 야망을 키우고 있었다. 그때 절호의 기회가 찾아왔다.

16세기 중반은 아메리카 대륙에 진출한 에스파냐와 포르투갈은 동양에서 향신료의 원산지를 확보하려고 서로 경쟁하고 있던 시기였다. 그때 에스파냐는 누에바에스파냐에서 태평양을 횡단해 동남아시아의 몰루카제도를 정복할 계획을 세웠다. 고가의 향신료가 나는 몰루카제도는 경제적 가치가 높은 곳이었기 때문에 1521년에는 마젤란 일행이, 1543년에는 루이 로페스 데 비야로보스가 에스파냐 함대를 이끌고 태평양을 횡단하여 이곳에 도착했다. 그러나 인도를 선점한 포르투갈 또한 몰루카제도를 노리고 있어서 에스파냐의 뜻대로 되지는 않았다. 그리하여 1564년 펠리페 2세는 누에바에스파냐의 부왕 루이스 데 벨라스코에게 향료 제도의 지배권을 확보하라는 명령을 내렸고, 부왕은 1564년 11월 레가스피에게 명령하여 5척의 함대와 500명의 병사와 가톨릭 수도사 등을 데리고 서쪽으로 출항하도록 했다.

1564년 11월 21일 새벽, 누에바에스파냐를 떠난 레가스피는 마젤란이 개척한 항로를 따라 태평양을 건너, 1565년 2월 13일 필리핀에 도착했다. 4월에는 세부에 최초의 정착지를 마련하고, 1567년에는 산페드로 요새를 건설하여 에스파냐인과 누에바에스파냐인 약 2,100명을 이주시켰다. 그러나 이곳에서는 향신료가 나지 않았다. 향신료 때문에 많은 시간과 예산을 투자하여 정복 함대를 보냈는데, 막상 정복한 땅에서 향신료가 나지 않았던 것이다. 레가스피는 현지인에게 중국 상인이 북쪽에 있는 마닐라에 내항한다는 말을 듣고, 마닐라를 향료의 원산지라고 착각하고 부관 마르틴 데 고이티와[1] 후안 데 살세도를[2] 북부 지역으로 보냈다.

고이티와 살세도가 이끄는 에스파냐군은 1570년 5월 8일 마닐라에 입항하였는데, 처음에는 중국과 동남아시아와 교역하는 마닐라 항구의 규모와 풍요에 압도되었다. 그러나 마닐라는 유럽인에게 적대적인 이슬람 술탄의 지배하에 있었다. 에스파냐 정복자들은 술탄과 동맹교섭을 하는 척 하면서 원주민 족장의 협조와 안내를 받아 병사를 마닐라 교외에 상륙시킨 뒤 전쟁을 일으켰다. 1570년 5월 24일 에스파냐군은 마닐라를 점령하고 이곳을 식민지의 수도로 삼았다.

건강문제와 노령으로 마닐라 탐사에 참여하지 못하고 세부에 남아있던 레가스피는 마닐라를 정복했다는 소식을 듣고 850명의 병력을 이끌고 마닐라로 향했다. 1571년 6월 24일 마닐라에 도착한 레가스피는 총독부를 설치하고 주변에 성벽을 둘러 인트라무로스를[3] 건설했다. 또한 마닐라 총독부가 필리핀군도의 수도이며, 필리핀군도는 누에바에스파냐 부왕령의 식민지라고 선언했다. 이로써

---

1 누에바에스파냐 출신의 마르틴 데 고이티(Martín de Goiti, 1549?~1575)는 1565년 조직된 미겔 로페스 데 레가스피의 필리핀 원정대의 장군으로, 필리핀 여러 지역을 정복하는데 많은 공을 세웠으며, 특히 근대적인 마닐라 도시의 건설자로 유명하다.

2 후안 데 살세도(Juan de Salcedo, 1549~1576)는 에스파냐의 탐험가로 필리핀을 정복한 미겔 로페스 데 레가스피의 외손자이며 펠리페 데 살세도의 동생이다.

필리핀군도는 1898년까지 256년간 에스파냐의 식민 지배를 받았다. 필리핀을 정복한 레가스피는 펠리페 2세로부터 초대 필리핀 총독 및 총사령관으로 임명받아 1572년 8월 20일까지 운명할 때까지 필리핀을 통치했다. 레가스피의 유해는 인트라무로스 안에 있는 성 아우구스투스 대성당에 안치되었다.

펠리페 2세가 보낸 이 칙서는 레가스피의 필리핀 정복 보고서에 대한 답신이다. 펠리페 2세는 필리핀을 정복하는 과정에서 가급적이면 전쟁을 하지 말라는 명령을 내리면서 원주민을 부당하게 다루지 말고 인도주의적인 통치를 하라는 명령을 하달하였다. 그리고 마닐라를 비롯한 모든 필리핀 지역을 점령하는 과정에서 전쟁을 하지 않겠다는 레가스피의 정책을 합리적인 정책이라고 칭찬하고 있다. 이는 비록 펠리페 2세가 새롭게 발견된 지역의 정복을 독려하고는 있지만, 다른 한편으로는 자신이 최소한의 인도주의적인 측면을 가진 군주라는 것을 밝히려는 의도로 보인다.

물론 레가스피가 필리핀을 정복하고 지배하는 과정에서 원주민과 전쟁을 하지 않은 것은 아니다. 펠리페 2세가 이 편지를 보낸 1568년 11월 16일 당시 세부 지역에서만 안정적인 통치기반을 마련한 레가스피가 이후 마닐라를 비롯한 필리핀의 모든 지역을 정복해나가는 과정을 보면, 에스파냐인은 필리핀 원주민과 수많은 전쟁을 치렀으며, 그 과정에서 원주민을 억압적으로 지배했다는 사실이 많은 편지와 보고서에서 드러나고 있다. 그러나 레가스피 자신은 방어적인 측면에서 원주민과 전쟁을 했으며, 정당한 절차를 거쳐서 원주민을 다스리고 있다고 주장하면서 자신의 통치를 정당화하였다.

---

3 인트라무로스(Intramuros)는 성중(城中) 또는 성내(城內)라는 의미로, 에스파냐인이 마닐라를 정복하고 외적과 원주민의 침략을 방어하기 위해 두껍고 높은 벽과 해자로 둘러쌓은 성곽으로 군사적인 요새이다. 인트라무로스는 도시의 내부 공간으로, 이 성곽 안에는 오직 소수의 에스파냐 통치자만 살 수 있었다. 현재는 관광 명소가 되어 있다.

펠리페 2세도 수많은 보고를 통해 이러한 사실을 알고 있었다. 그럼에도 불구하고 원주민을 상대로 수많은 전쟁을 수행하고, 원주민을 차별하고 핍박하고 억압한 정복자를 처벌하지 않은 것은, 펠리페 2세 역시 에스파냐의 필리핀 정복과 폭력적인 지배를 당연한 것으로 여겼다는 증거로 볼 수 있다. 그럼에도 불구하고 펠리페 2세가 에스파냐가 필리핀을 정복한 궁극적인 목적이 원주민이 "에스파냐 정착민과 사랑과 우정의 관계를 이루는 것"이라고 말하고, "방어가 아니라면 원주민을 해치지 마라"고 명령한 것은 자신이 당대 유럽 최고의 군주로써 가톨릭을 수호하는 인도주의적인 군주라는 명분을 구축하려는 선전적인 측면이라고 볼 수 있다.

또한 필리핀군도를 정복하여 향신료가 생산되는 몰루카제도를 장악하기 위해 보다 많은 경제적, 군사적 지원을 해달라는 레가스피의 요구에 대해서는 최종적인 답을 주지 않고 있다. 이는 이 칙서를 작성한 1568년 11월에는 에스파냐의 지배력이 아직까지 세부 지역에 한정되고 있기에, 더군다나 그곳이 향신료의 원산지가 아니라는 것이 밝혀졌기에, 에스파냐왕실이 레가스피를 계속 지원해야 할지를 아직까지 결정하지 못한 것으로 보인다. 그러나 이후 마닐라를 비롯하여 필리핀의 여러 지역을 정복하여 인도, 중국, 일본과 교역할 수 있는 항로가 확보되자 에스파냐 왕실의 지원은 전보다 훨씬 확대되어, 많은 정복 자금과 군대와 선박과 도시 건설비가 추가로 지원되었다.

번역 대본으로는 세비야의 인디아스고문서보관소에 소장된 문헌을 사용하였다.

참고문헌

1. Felipe II. "Carta a Miguel López de Legazpi".
(https://www.archivesportaleurope.net)

2. Muro, Luis. 1970. "La expedición Legazpi–Urdaneta a las Filipinas. Organización, 1557–1564.", Ed. de Bernardo García Martínez, *Historia y sociedad en el mundo de habla española*, México: El Colegio de México.

16세기 말에 제작한 필리핀과 동남아시아 지도

국왕이 서쪽 섬들을 다스리는 필리핀 통치자 겸 총 사령관 미겔 로페스 데 레가스피에게

과인은 작년 1567년 6월 15일과 23일 그대가 과인에게 보낸 두 통의 편지를 받았다. 그리고 원정에서 그대가 겪은 여러 사건과 그대가 행한 일에 대해 상세한 보고를 받았다. 그대의 충성심과 선한 의지로 볼 때 그것은 당연히 기대한 것이었다. 이미 발견된 그리고 지금도 날마다 발견되고 있는 섬들에 대하여, 그리고 전쟁을 하지 않겠다는 그대의 합리적인 정책과 그대가 말한 것에 대하여, 그대는 아주 훌륭하게 임무를 수행하였다. 그리하여 과인은 그대에게 지금까지 해온 것을 그대로 계속하라는 임무를 부여한다. 그리고 모든

좋은 방법을 동원해서 인디오를[4] 우리 주님이신 하느님과 과인의 신하로 만들고, 그들이 그대와 에스파냐 정착민과 사랑과 우정의 관계를 구축할 수 있도록 명한다. 그대에게 공격을 하거나 그대의 방어를 위한 일이 아니라면, 그대는 인디오는 물론이거니와 다른 누구도 해치지 않아야 할 것이다. 그리고 그 섬들과 무역하고 교역하기 위해서 갤리선이 필요하다는 그대의 보고에 대해서 과인은 그 일에 대해 논의하라고 명하였다. 그러나 아직까지 그대에게 어떤 처분을 내릴지는 결정되지 않았다.

그대의 아들 멜초르 데 레가스피와 후안 데 라 이슬라는 그 땅의 견고한 식민화와 그대의 방어와 안전을 위해서 필요한 사항을 요구했다. 그대는 후안 데 라 이슬라가 만든 기념비와 누에바에스파냐의 관리가 그대에게 보내는 것을 본다면, 우리가 무엇을 제공할지 알게 될 것이다. 필요한 경비는 누에바에스파냐를 향해 떠나는 첫 번째 선단 편에 보낼 것이다. 그대들로부터 우리가 기대하는 만큼, 그대는 그대의 책임이 무엇인지를 알게 될 것이다. 그리고 그대는 인디오들과 지속적인 대화에 특별한 주의를 기울려 우리의 성스러운 가톨릭에 대한 믿음으로 이끌고, 인디오들을 잘 다루어야 할 것이다. 왜냐하면 그것이 우리 주님이신 하느님과 과인에 대한 봉사에서 가장 중요한 것이기 때문이다. 이것은 너무나 중요하기 때문에 그대는 가능한 모든 좋은 수단을 통해서 성취해야 할 것이다.

그대는 인디오의 상속법에 따라 그대가 최선이라고 생각하는 바에 따라 우리의 도움을 받을 수 있는 섬들의 마을을 할당하고, 그곳에 원주민을 배치할 수 있을 것이다.[5] 만일 에스파냐인이 정착한 곳이나 대도시, 항구 등이

4 이 당시에는 아메리카대륙의 원주민뿐만 아니라 필리핀인을 가리킬 때도 인디오(indio)라는 단어와 원주민(nativo)이라는 혼용했다.

5 식민시대 원주민 노동력을 강제로 동원하는 엥코미엔다(위탁제도)에 대한 언급이다. 에스파냐 왕실은 식민지배자에게 원주민을 위탁하여 종교교육을 시키고, 위해로부터 보호하도록 하였다. 이 대가로 원주민은 식민지배자에게 공물을 바치거나 매년 일정 기간 의무적으로 노동력을 제공해야 한다.

이미 우리의 지배를 받고 있기 때문에 그대가 그곳을 할당하거나 그곳에 원주민을 배치하지 않는다면, 그곳은 있는 그대로 남겨둘 것을 명한다.

과인은 역시 그대가 그대의 이름으로 요구한 것, 즉 그곳에 이슬람교도가 살고 있는 섬들이 있으며, 그들이 우리의 성스러운 복음을 전도하는 사업과 그대를 방해하면서 다른 한편으로는 우리와 교역하고 거래하러 오고 있다는 사실을 상기하여, 그대에게 이슬람교도의 재산을 몰수하고 노예로 삼을 수 있는 권리를 부여하겠다.

그대는 만일 그런 이슬람교도가 태어나면서부터 이슬람교도이거나 어떤 국가에서 태어났기 때문에 이슬람교도이고, 또 저주받을 마호메트에 대한 경외심을 퍼트릴 목적으로 우리의 영토에 들어온다면, 혹은 그대에게 전쟁을 걸어오거나 원주민에 대한 우리의 통제권에 대해 전쟁을 걸어올 때도 그대는 이슬람교도를 노예로 삼을 수 있을 것이다. 그러나 이것이 그대가 단순히 마호메트에 대한 경외심을 받아들인 원주민을 모두 노예로 삼을 수 있다는 의미는 아니다. 그대는 정당하고 합법적인 방법으로 원주민을 개종시키고 우리의 성스러운 가톨릭 믿음을 받아들일 수 있도록 노력해야 할 것이다.

과인은 그대의 보고서를 읽고 그곳 섬들의 인디오들을 노예로 삼았던 정복자들을 지지하게 되었다. 과인은 정복자들에게 인디오들을 구매하고, 인디오들이 자기들끼리 노예로 삼았던 것처럼, 그들을 노예로 삼을 수 있게 허락해달라는 요청을 받았다. 과인 역시 이 문제에 대한 관습과 또 무엇을 하는 것이 좋을지에 대해서 보고를 받고 싶기 때문에, 과인은 그대에게 그 나라에서 왜 노예가 만들어졌는지, 인디오들 사이에서 서로가 서로를 노예로 만들고 있는지, 인디오에게 전쟁을 걸어오는 이슬람교도가 노예로 만들어졌는지, 혹은 그들 사이에 많은 종파가 있는지, 또 원주민이 자기들끼리 전쟁하고 서로가 서로를 노예로 만드는지 등을 조사해서 보고할 것을 명령한다. 그대는 이 문제에 관한 인디오의 다른 특징도 조사해서 보고해야 할 것이다. 작성한 보고서는 인디아스 자문회의에 제출하도록 하라. 그러면 보고서를 살펴보고

정의를 이룰 수 있는 가장 바람직한 조치를 취할 것이다.

만일 그대와 동행했거나 추후 동행할 혹은 누에바에스파냐에서 필리핀 군도에 갈 배에 탑승해야만 하는 포르투갈인이나 외국인이 있다면, 그대는 비록 그들이 과인의 법과 조례와 칙령이 정한 구역에 거주하는 것이 허용되었다 할지라도 그들의 왕국으로 돌아가라고 명령해야 한다. 그대는 최대한 신속하게 이 문제를 실행에 옮겨야 할 것이다. 그대도 이것이 이 땅에서의 복지와 평화와 평온함에 위해서 또 우리의 주님과 과인을 위해서도 얼마나 위험한지 잘 알 것이다.

1568년 11월 16일 엘에스코리알에서

국왕

17. 펠리페 2세에게 보낸 레가스피의 보고서

레가스피가 펠리페 2세에게 보낸 보고서는 제목(「필리핀군도와 그곳 사람들의 성격과 조건에 관한 보고서」)만 본다면 필리핀군도 원주민의 문화와 풍속에 대한 객관적인 기록물처럼 보인다. 그러나 이 보고서는 철저하게 정복자의 입장에서 필리핀 원주민의 부정적인 생활 습관을 언급하면서 야만적인 원주민에 대한 에스파냐 문명인의 정복을 정당화하고 있다. 다른 한편으로 레가스피는 필리핀에서 얻을 수 있는 에스파냐의 경제적인 이익을 제시하면서, 필리핀의 식민화에 대한 정당성과 자신에 대한 에스파냐의 지원을 당당하게 요구하고 있다.

우선 레가스피는 필리핀의 노예 풍습에 대해 야만이라는 관점에서 원주민의 행태를 비난하고 있다. 많은 노예를 소유한 자가 강력한 권력을 가지고 있는 자라고 언급하면서, 법과 도덕과 규범과 같은 제도가 아니라 힘과 권력과 이윤에 의해 원주민 사회가 움직이고 있다고 말하고 있다. 또한 힘 있는 자가 친척이나 형제를 보호하고 부양하고 먹을 것을 제공하면 그때부터 그 친척을 노예로 여긴다거나 원주민이 전쟁과 약탈을 정상적인 행위로 여긴다고 말하며, 원주민은 어떠한 질서나 규칙을 가지고 있지 않다고 규정한다. 이처럼 레가스피는 필리핀 원주민의 비도덕적이고 야만적이고 무질서한 사회상을 언급하면서 에스파냐의 문명화된 사회제도를 이식할 필요가 있다고 간접적으로 역설하고 있다.

또한 레가스피는 필리핀을 식민화함으로서 얻을 수 있는 경제적인 이득을 강조한다. 원주민은 땅을 개간하기보다는 약탈에 의존하고 있기는 하지만, 실제로 필리핀 지역의 토양은 상당히 비옥하다고 말하면서, 앞으로 필리핀 지역을 개발하여 경제적인 이익을 취할 여지가 많이 있음을 시사하고 있다.

이렇듯 레가스피의 보고서에는 크게 두 가지 방향에서 자신의 필리핀 정복을 정당화하고 있다. 우선 필리핀 원주민의 부정적인 삶의 모습을 제시하여 에스파냐 지배가 타당하다고 주장하고 있으며, 다른 한편으로 필리핀 지배를 통해 얻을 수 있는 경제적인 이익을 조목조목 제시하며 자신의 필리핀 정복이 단순한 영토 정복을 뛰어넘어 경제적으로도 가치 있는 사업이라고 주장하고 있다.

여기에 소개하는 「필리핀군도와 그곳 사람들의 성격과 조건에 관한 보고서」는 『필리핀문헌집』에 수록된 문헌을 번역하였다.

참고문헌

1. Retana, W. E.(Ed.), *Archivo del bibliófilo filipino: Recopilación de documentos históricos, científicos, literarios y políticos y estudios bibliográficos*, Madrid: Viuda de M. Minuesa de los Ríos, 1895–1905(Reproducido en Alicante: Biblioteca Virtual Miguel de Cervantes, 2015).
2. De Legazpi, Miguel Lopez, "Relation of the Filipinas Islands, and of the Character and Condition of Their Inhabitants". Ed. de Emma Helen Blair and James Alexander Robertson. *The Philippine Islands, 1493–1803*. Vol. III(1569 - 1576). (https://www.gutenberg.org/files/13616/13616-h/13616-h.htm)

미겔 로페스 데 레가스피

이[필리핀] 군도群島는 수많은 섬으로 이루어졌습니다. 몇몇 큰 섬은 대부분 인구밀도가 아주 높으며, 특히 해안지방과 강 주변 지역은 더욱 그러합니다. 산악지역에는 거의 사람이 거주하지 않습니다. 그러나 해안과 강을 따라 들어선 마을이라도 사람들이 많이 살고 있는 곳은 많지 않습니다. 이 군도의 거주민은 법이나 왕이나 귀족에게 종속되어 있지 않습니다. 비록 몇몇 지역에 커다란 마을이 형성되어 있긴 하지만 사람들은 어떤 일관된 법에 따라 행동하지 않고, 또 어떤 통치자에게도 복종하지 않습니다. 그러나 개개인은 자신이 원하는 것은 무엇이든 하면서, 오직 자기 자신과 노예에만 신경을 쓰고 있습니다.

많은 노예를 소유한 사람이 가장 강력한 사람인데, 이들은 자신을 기쁘게 하는 것이라면 무엇이든지 가질 수 있습니다. 어떠한 법도 친척, 부모 자식, 형제를 결속해주지 않습니다. 만일 자신의 이익에 부합하지 않으면 어느 누구도 다른 사람에게 호의를 베풀지 않습니다. 다른 한편으로 만일 타인이 자신의 도움을 필요로 해서, 자신의 집에서 친척이나 형제를 보호해주고 며칠 동안 먹을 음식을 제공한다면, 그때부터 친척을 자신의 노예로 여기며 자신을 위해 봉사하리라고 기대합니다.

이 사람들은 어떠한 통치자나 법도 인정하지 않고 있으며, 심지어 노예조차도 주인이나 영주에게 종속되어 있지 않습니다. 오직 자신이 원할 때, 특정한 조건하에서만 주인을 위해 봉사할 뿐입니다. 노예가 마음에 들지 않으면 주인은 자유롭게 노예를 팔 수 있습니다. 누구든지 다른 사람에게 어떤 것을 주거나 빌려준다면, 비록 부모와 자식 혹은 형제 사이일지라도, 그 보답은 두 배가 되어야 합니다. 그리고 자식을 팔 때는 이를 통해서 얻는 것이 있어야 합니다.

이 사람들은 아주 사소한 자극이나 아무것도 아닌 이유에도 상대방에게 선전포고를 합니다. 평화조약을 맺지 않은 상대방이나 피를 흘리며 싸운 상대방은 모두 적으로 간주합니다. 이들에게 해적질과 노략질은 자연스러운 일입니다. 아무리 이웃이나 친척이라고 할지라도 기회만 있으면 서로를 약탈하고, 해질녘에 야외에서 누군가를 보거나 만나면 약탈하고 타인을 소유하기도 합니다. 마을 사람의 절반 정도는 이웃과 평화롭게 지내지만, 나머지 절반은 빈번하게 전쟁을 일으키고 타인을 공격하고 노예로 삼곤 합니다. 이 사람들에게는 어떤 질서나 규칙도 없습니다. 매복 공격을 한다거나 올가미를 설치하여 다른 사람을 붙잡아 노예로 삼는 것에서 커다란 즐거움을 느낍니다. 항상 자신에게 유리한 상황을 만들어 안전하게 타인을 공격하려 합니다.

이곳의 토지는 비옥하고, 공통적으로 모든 식량이 풍부합니다. 그러니 만일 어떤 곳에서 필수품이 부족한 일이 발생한다면, 그것은 그곳 사람들이 세상에서 가장 게으르기 때문이거나 아니면 전쟁이나 다른 이유로 마을을 떠날 수밖에 없기 때문입니다. 그들은 한 번도 씨앗을 뿌려가며 토지를 경작하지 않았습니다. 식량이 부족한 다른 이유는 노예에 대한 그들의 권위가 너무나 약하기 때문입니다.[1] 이 사람들은 현재에 필요한 것에만 만족하고, 땀 흘려 자신의 땅을 경작하기보다는 항상 이웃의 소유물을 약탈할 준비가 되어있습니다.

금은 이 군도의 모든 곳에서 발견됩니다. 금은 강과 광산에서 채취하는데, 그곳에서 원주민이 일하고 있습니다. 그러나 원주민은 꾸준하게 일하지 않고, 오로지 강요할 때만이 어쩔 수 없이 일합니다. 워낙 나태하고 또 노예도 일을 아주 적게 하기 때문에 결코 부자가 되려고 노력해본 적이 없을 뿐만 아니라 부를 축적하려고 하지도 않습니다. 만일 어떤 족장이 아주 순도 높은 금으로 만든 귀고리 한두 쌍과 팔찌 두 개와 목걸이를 가지고 있다면, 더 이상 금을 찾으려고 노력하지 않을 것입니다. 쌀 바구니가 가득 차 있다면, 누구도 쌀 바

1 그래서 주인이 노예에게 명령을 내려도 노예가 일을 제대로 하지 않는다는 의미이다.

구니가 빌 때까지 더 이상의 쌀을 구하려 하지 않으며, 아무 일도 안 할 것입니다. 원주민의 게으름은 욕망을 넘어섰습니다.

이 모든 것에도 불구하고 우리는 이 지역에 금이 많이 있다고 봅니다. 왜냐하면 족장이냐 아니냐에 상관없이, 자유민이냐 노예냐에 상관없이, 모든 사람이 비록 소량일지라도 금을 추출해서 팔기 때문입니다. 그래서 브루나이와[2] 루손섬에서[3] 많은 배가 해마다 이 군도로 와서 의복과 중국 상품을 팔고 금을 가져갑니다. 그러나 비록 이렇게 정기적으로 금이 반출된다 할지라도 원주민은 아직 무역할만한 충분한 금을 가지고 있습니다. 이 모든 것으로 추론해본다면, 만일 에스파냐인이 광산을 지속적이고 신중하게 관리한다면 항상 많은 양의 금을 생산할 수 있다고 봅니다. 그럼에도 불구하고 광산이 있다고 알려진 몇몇 지역에서 원주민은 일을 하지 않고 있습니다. 그러나 교역을 위해 외국 배가 도착하면 외국인과 흥정을 하고 약속된 시간동안 광산에서 일합니다. 이것만 보아도 이 사람들이 얼마나 나태한지를 알 수 있습니다.

또 이 군도에는 진주가 나는 곳도 몇 군데 있습니다. 원주민은 자연의 이치를 이해하지 못해서 그런지 진주를 소중하게 여기거나 찾으려 하지 않습니다. 계피 역시 이곳에서 발견됩니다. 특히 민다나오섬과 콰비트곶, 삼보안가를 비롯하여 여러 지역에 많은 양의 계피가 있습니다. 그리고 몇몇 지역에서 우리는 후추나무와 원주민이 잘 모르고 있는 다른 약재도 발견하였습니다. 만일

---

2 브루나이는 동남아시아의 보르네오 섬의 북서 해안에 있었던 술탄국이다. 브루나이의 역사는 7세기 무렵, 스리비자야 제국의 속국이던 시절로 거슬러 올라가며, 후에 브루나이는 마자파힛 왕조의 속국이 되었고 그 뒤 15세기에 이슬람교가 전파되었다. 제국의 절정기에 술탄은 오늘날의 사라왁 주와 사바 주, 술루 제도, 보르네오 섬의 북서쪽의 섬들 등의 지배권을 얻었다. 1521년, 마젤란이 브루나이를 방문했고, 1578년 에스파냐와 브루나이는 전쟁을 하게 되었다. 이후 브루나이 제국은 점점 세력이 약화되어, 1888년에 영국의 보호령이 되었다. 1984년 1월 1일, 브루나이는 영국으로부터 독립을 하게 된다.

3 루손섬은 필리핀 북부에 있는 필리핀에서 가장 큰 섬으로, 세계에서 17번째로 큰 섬이다. 수도인 마닐라와 필리핀 최대 도시 케손시티가 이 섬에 있다. 이 섬은 16세기 이래 필리핀의 정치 경제에서 특히 중요한 위치를 차지하고 있다.

그런 나무를 잘 가꾸고 경작한다면 원주민은 많은 이익을 창출할 수 있을 것입니다.

현재 계피는 이 섬에서 우리가 이익을 창출해내는 오직 한 가지 산품입니다. 이미 위에서 말씀드린 대로 금의 공급은 원주민이 광산에서 일할 때까지는 항상 소량에 그칠 것이기 때문입니다. 저는 만일 이곳에 에스파냐인이 모여들어 정착지가 형성된다면 우리는 아주 많은 양의 금과 진주와 다른 가치 있는 재화를 얻을 수 있을 것으로 생각합니다.

또한 우리는 비단, 자기, 향료, 사향이 생산되는 중국과 교역할 수도 있습니다. 일부는 교역 자체를 통해서 또 일부는 교역품을 통해서 정착민은 단기간에 부를 늘릴 수 있을 것입니다.[4] 이를 위해 가장 시급한 일은 식민화와 정착지 건설입니다. 이 섬에 정착하려는 생각이 없는 병사들이 이룬 전쟁과 정복을 통해서는 이득이 거의 없을 것입니다. 왜냐하면 병사들은 섬으로부터 이익을 창출하기보다는 약탈하려고 하기 때문입니다.

만일 폐하께서 이 땅을 좀 더 크고 부유한 곳으로 만드시려면, 이곳에 사람들을 보내셔서 항구를 만들 필요가 있습니다. 왜냐하면 이곳은 일본 열도와 중국, 자바, 브루나이, 몰루카, 뉴기니 등으로 둘러싸여 있기 때문에 이웃하는 나라가 아주 많으며 그렇기 때문에 어느 나라에도 빠른 시간 내에 도착할 수 있습니다. 이곳은 살기 좋은 곳이고 기후도 좋습니다. 양식이 풍부하고, 좋은 항구가 있으며, 풍부한 목재와 널빤지, 선박 건조에 필요한 많은 것이 발견됩니다.

이곳에 노동자와 선원과 이곳에 없는 물품을 보낸다면 아주 낮은 비용으로 배를 건조할 수 있습니다. 게다가 이곳은 좋은 항구의 필요성이 매우 큽니다. 왜냐하면 지금 이 군도에는 사주砂洲와 조류로 인해서 아주 멀리까지 항해할 수 있는 큰 배가 접안하기는 아주 위험하기 때문입니다. 이 때문에 위에서

4 이 말의 의미는 일부는 교역에서 물건을 팔아서 이익을 취하고, 다른 일부는 교역으로 매입한 물건을 다른 곳에 비싼 가격으로 팔아서 이익을 취한다는 말을 의미한 것으로 보인다.

언급한 섬들에 가기 위해서는 갤리선과 노를 사용하는 작은 배를 건조하여 큰 선박에 화물을 싣는 것이 좋습니다. 그리하여 큰 선박은 바로 이런 목적으로 건설된 항구를 이용할 것입니다. 그리고 이 방법으로 여행과 교역은 모든 방면으로 신속하고 효과적으로 이루어질 것입니다. 대형 선박은 제가 말씀드린 그런 항구에 들어와서 화물을 싣고 돌아가면 되는 것입니다.

저는 이곳의 원주민을 친절하게 대우하면 쉽게 정복할 수 있을 거라고 믿습니다. 왜냐하면 이들은 지도자도 없이 서로 분열되어 있고, 다른 사람을 다루는 일을 거의 해본 적이 없기 때문입니다. 이 사람들은 힘을 키우기 위해 서로 모인 적이 없으며, 서로가 서로에게 복종을 표현해본 적도 없습니다. 만일 이 사람들 중에서 몇몇이 처음에는 우리와 평화조약을 맺기를 거부한다 하더라도 이미 우리와 친선조약을 맺은 원주민을 우리가 어떻게 다루는지 본다면 결국에는 좋은 결과가 있을 것입니다.

그러나 만일 우리가 이 사람들을 무력으로 제압하고 전쟁을 한다면, 이 사람들은 소멸될 것이고, 결국 우리는 친구와 적을 모두 잃게 될 것입니다. 왜냐하면 이 사람들은 쉽게 집과 마을을 버리고 다른 곳으로 가거나 갑자기 산이나 고지대로 흩어져 밭을 방치하게 될 것이기 때문입니다. 결과적으로 이 사람들은 굶주려 죽을 것이고, 다른 불행이 올 것입니다. 시간이 흐르면 누구나 그 증거를 볼 수 있을 것입니다.

저는 이 사람들을 전에 약탈당한 마을에 다시 정착하도록 조치했습니다. 저는 비록 시간이 걸릴지라도 평화롭고 친절한 방법으로 이들을 쉽게 설득할 수 있을 것이라고 믿습니다. 왜냐하면 에스파냐인이 파괴하지 않고 평화롭게 대해준 모든 마을에서는 원주민이 먼저 친선을 요구해왔으며, 자신의 땅에서 수확하는 것에 대한 세금을 납부하겠다고 약속했기 때문입니다. 그리고 비록 그들이 약속을 다 지키지 못할지라도 그것은 이상한 일이 아닙니다. 왜냐하면 나라가 아직 충분히 정착되지 않았고 충분히 안전하지도 않기 때문입니다. 저는 이것이 이루어질 때, 그들은 비로소 우리의 지배를 받고 정당하게 부과된 일을 할 것으로 확신합니다.

대부분이 이슬람교도인[5] 브루나이와 루손섬의 원주민과 소수의 족장을 제외하면 이곳 원주민은 쉽게 우리의 성스러운 가톨릭 믿음을 받아들일 것입니다.[6] 이슬람교도는 할례를 하고 돼지고기를 금하는 것 이외에는 자신이 믿고 있는 법에 대한 지식이 거의 없습니다. 이교도에게는 법이 없습니다. 사원도 우상도 없고, 어떤 제례 의식도 행하지도 않습니다. 이런 이교도는 남이 말하고 강요하는 것을 쉽게 믿는 경향이 있습니다. 또 어떤 일을 하기 전에 악운을 물리치기 위한 미신이나 다른 형편없는 관습을 행하고 있습니다. 만일 이교도의 언어를 아는 사제 몇 명이 설교한다면, 이 모든 것은 쉽게 뿌리 뽑힐 것으로 봅니다. 이교도도 당연히 우리의 주님이신 하느님을 섬길 위대한 기회가 있습니다. 물론 만일 우리의 죄가 이 일을 방해하지 않는다면 우리의 성스러운 가톨릭 믿음은 널리 퍼져 찬양 받을 것입니다.

이 군도의 몇몇 섬의 산악 지역에는 흑인이 거주하고 있는데, 원주민은 이 흑인을 상대로 전쟁을 일으키고, 이들을 사로잡아 노예로 파는 것이 일상적인 일이 되어있습니다.

원주민에게 결혼은 남자들 사이의 교역입니다. 왜냐하면 남자는 여자를 데려오는 대신 여자 집안의 신분에 따라 알맞은 돈을 지불해야 합니다. 지참금은 여자의 친족에게 분배됩니다. 그러므로 딸이 많은 남자는 부자 대접을 받습니다. 결혼 이후에 남편이 아내를 떠나거나 헤어지고 싶을 때, 결혼할 때 준 지참금만큼의 돈을 주면 언제나 자유롭게 헤어질 수 있습니다. 마찬가지로 여자는 결혼할 때, 자신이 받은 지참금의 두 배를 돌려주면 남편을 떠나거나

---

5 원문에는 무어인(moro)라고 되어 있다. 에스파냐에서 moro는 원래 북아프리카에 있는 사람을 지칭하는 용어이나, 동시에 이슬람교도를 지칭할 때도 사용되는 용어였다. 16, 17세기 에스파냐 정복자들은 필리핀의 이슬람교도 원주민을 무어인으로 불렀다.

6 세부 섬의 모든 원주민은 가톨릭으로 개종하였다. 다만 족장 수마키오(Sumaquio)와 바툰가이(Batungay)는 개종을 거부하였다. 이들은 여러 명의 부인을 포기할 뜻이 없었기 때문이다. 수마키오에게는 두 명의 부인이 있었고, 바툰가이에게는 세 명의 부인이 있었다.

헤어질 수 있습니다. 남자는 부양할 능력이 된다면 두세 명의 아내를 둘 수 있습니다. 남편은, 비록 야만인이고 예의범절을 갖추지 못하고 있을지언정, 아내를 잘 대해주고, 관습과 풍습에 따라 아내를 사랑합니다.

미겔 로페스 데 레가스피

1569년 7월 7일 세부에서

18. 고이티의 루손섬 점령 보고서

레가스피의 부관인 마르틴 데 고이티는 1565년 에스파냐가 태평양의 섬들에 대한 정복 전쟁에 참전한 군인으로, 1569년 레가스피가 조직한 마닐라 탐험대 대장이었다. 그 탐사에서 고이티는 필리핀의 이슬람교도 및 힌두교도와 수많은 전쟁을 치른 끝에 필리핀 북쪽 지역을 정복하고 에스파냐 정착지를 세웠다. 이 공로를 인정받아 고이티는 펠리페 2세로부터 대농장을 하사받았다. 또 고이티는 여동생을 마닐라의 지도자인 라칸 둘라의 장남이자 후계자인 바탕 둘라와 약혼시키는 등 정치적 수완도 뛰어났다. 또한 필리핀 근해에 자주 출몰하던 중국 해적을 상대로 잦은 전투를 치렀는데, 결국 1574년 중국 해적과 전투하던 도중에 사망했다. 유해는 레가스피처럼 인트라무로스 내의 성 아우구스투스 대성당에 안치되었다.

고이티가 작성한 「루손섬 점령 보고서」는 문자 그대로 루손섬 정복을 본국에 보고한 문서이다. 우선 이 문서는 짧은 분량에도 불구하고 루손섬 정복 전쟁을 시작하게 된 계기를 구체적으로 기술하고 있다는 점에서 사료로서 가치가 있다고 볼 수 있다.

그러나 다른 에스파냐의 정복자의 보고서처럼 이 보고서 역시 루손섬 점령 과정에서 있었던 원주민의 저항과 반발을 과장하고 있으며, 이로써 루손섬 점령을 정당한 정복활동이라고 주장하고 있다. 특히 에스파냐군과 원주민이 평화협정을 맺었음에도 불구하고, 원주민이 배신하여 에스파냐군을 기습하여 포로를 잡아가고 에스파냐군이 승선하고 있던 선박에 포를 발사하였기에 어쩔 수 없이 방어하는 차원에서 전쟁이 시작되었다고 말한다. 고이티는 이처럼 원주민의 비열한 배신으로 시작된 전쟁은 공격적이고 무자비한 정복 사업이 아니라 어쩔 수 없는 방어 작전에서 비롯된 것이라고 주장하고 있다.

또한 정복 전쟁에서 승리했더라도 일개 부관의 신분이었기 때문에 폐하의 이름으로 그곳을 점령했으며, 점령의 표시로서 제정된 법령과 임무를 이행했다고 말하고, 수석 공증인에게 정복 절차가 확실한 효력을 가질 수 있도록 모든 것을 보증할 수 있는 문서를 작성하라고 했는데, 이는 정복 이후의 뒤처리를 법적으로 확실하게 마무리했다는 점을 부각시키려는 의도로 보인다. 또한 이는 고이티가 루손섬 정복과 그 이후의 모든 과정이 에스파냐와 에스파냐 국왕을 위한 일이었다고 정당화하려는 시도로 보인다. 그러나 어찌되었든 고이티의 『루손섬 점령 보고서』는 철저하게 정복자의 시선에서 정복과정을 정당화하려는 유럽중심주의적인 사고방식이 지배하고 있는 담론이다.

여기에서는 세비야의 인디아스고문서보관소에 보관된 문헌을 번역하였다.

참고문헌

1. De Goiti, Martín. "Posesión de Martín de Goiti de las islas de Luzón".(https://www.archivesportaleurope.net)
2. De Goiti, Martín. "Act of taking possession of Luzón". Ed. de Emma Helen Blair and James Alexander Robertson. *The Philippine Islands, 1493–1803*. Vol. III(1569 - 1576). (https://www.gutenberg.org/files/13616/13616–h/13616–h.htm)

마르틴 데 고이티

1570년 6월 6일, 원주민이 '위대한 루손'이라 부르는 섬의 마닐라라는 마을과 동명의 강에서 마르틴 데 고이티는 이 서쪽 군도에 있는 폐하의 부대장의 자격으로 왕실 수석 공증인 에르난도 리켈 본인과 이 문서에 서명한 여러 증인의 입회하에 아래와 같이 밝혔습니다.

일반적으로 잘 알려져 있듯이, 부대장이 마닐라강에 있으면서 휘하 군인들과 배를 가지고, 자칭 족장으로 칭하며 솔리만과 라하라고 불리는 두 사람과 함께 피를 뽑아 평화를 이룩했습니다. 그런데 태도를 바꾸게 할 만한 어떤 방식으로 대하거나 그럴만한 어떤 원인을 제공한 것도 아닌데, 위에서 언급한 두 족장은 예상치 못하게 우리를 배반하여 부대장에게 미리 통지하지도 않은 채 전쟁을 시작하였고, 우리와 함께 있던 몇몇의 원주민에게 부상을 입히고 포로로 붙잡아 갔습니다. 그리고 요새에서 포를 발사했고, 거기서 나온 포탄 두 개가 산미겔 호를 강타했는데, 바로 그 선박에는 위에 언급한 부대장이 승선해 있었습니다.

부대장은 앞서 언급한 전투 초기에 포탄으로 공격하던 무어인으로부터[1] 자신과 병사를 지키기 위해 요새를 무력으로 함락시켜 점령하게 되었습니다. 합법적이고 정당한 전쟁으로 요새와 마닐라를 점령한 것입니다. 원주민들의 말에 의하면 마닐라는 이 섬의 모든 마을의 수도이자 중심지입니다. 사실을 말하자면, 부대장이 폐하의 이름으로 이 루손섬과 모든 항구, 마을 그리고 이 섬에 속한 모든 영토를 점유하고 차지하였으므로 이곳은 왕실의 소유가 된 것입니다. 그리고 실제 점령의 징표로서 원주민이 세운 요새 위에 우리의 군기를 올리라고 명령하였으며, 요새에 있던 포도 폐하의 이름으로 소유했습니

1 앞서도 언급했듯이 이 문서에서 무어인은 북아프리카인이 아니라 이슬람교도를 지칭한다. 이 시기 에스파냐의 군인들은 이슬람교도를 지칭할 때 무어인으로 부르는 것이 일반적이었다. 또한 이 문장에서 무어인은 솔리만과 라하를 가리킨다.

다. 이밖에도 실제 점령의 표시로 여러 가지 의무와 행위를 이행하였습니다.

따라서 부대장이 폐하의 이름으로 그곳을 점령하였을 때, 전술한 공증인인 본인에게 그 절차가 확실히 효력을 가질 수 있도록 보증하고 입증하고, 문서로 작성해달라고 요청하였습니다. 이러한 요청에 응하여 본인 에르난도 리켈은 증인으로서, 부대장이 위에 명시한 방식에 따라 폐하의 이름으로 이곳을 점령하고 장악하였다는 사실을 이 문서를 보는 누구에게나 보증합니다. 본인이 작성한 이 문서에 상기 부대장이 서명하였으며, 원사 후안 데모로네스, 치안관 그라비엘 데 리베라, 해군 소위 가스파르 라미레스, 상기 요새의 여러 병사가 증인으로 참여하였습니다.

마르틴 데 고이티

본인이 참석한 가운데 작성함.
에르난도 리켈

본인이 소장한 원본과 대조함.
에르난도 리켈

19. 레가스피가 펠리페 2세에게 보낸 답신

이 문헌은 앞서 번역한 1568년 11월 16일자의 「펠리페 2세가 레가스피에게 보낸 칙서」에 대한 답신으로, 레가스피가 1570년 7월 25일 작성했다. 레가스피는 편지의 초반부터 악마의 지배와 불충이 오랫동안 만연하던 땅에 기독교 신앙이 뿌리를 내리고, 성장하고, 퍼질 수 있게 되기를 바란다고 말하며, 에스파냐인과 삶의 방식이 다른 필리핀 원주민을 악마성과 야만성으로 폄훼하여, 에스파냐의 필리핀 지배를 정당화하고 있다.

이러한 정복 담론을 통해 알 수 있는 사실은 백인 우월 의식이 정복 초기부터 형성되었다는 것이다. 필리핀을 정복한 레가스피의 문헌을 보아도 서구인은 억압적인 정복과 약탈적인 지배를 의식적으로 종교적인 차원으로 프레임을 바꾸어 하느님의 뜻으로 포장하고 있음을 명백히 알 수 있기 때문이다.

이 편지에서 레가스피는 필리핀에서 자신이 이끄는 에스파냐군이 포르투갈인을 내쫓았으며, 다시는 그 지역을 찾지 않을 것이라고 보고하며 자신의 성과를 말하고 있다. 그러나 이런 성과에도 불구하고 혹시 포르투갈인이 재차 이 지역에 진입한다면 효율적으로 진압하기 위해서라도 지속적으로 필리핀 지역을 관리할 군사적인 지원이 필요함을 역설하고 있다. 특히 범선이 아니라 노를 사용하는 갤리선의 보급을 요청하고 있다. 이는 이 지역이 수많은 섬으로 이루어져서 해로가 좁고 복잡하며, 아울러 이 지역에서 화포를 직접 제조하는 이슬람교도를 효율적으로 제압하기 위해서는 범선보다는 작지만 기동력이 뛰어난 갤리선이 여러모로 유리하기 때문에 에스파냐의 지원이 필수적이라고 역설하고 있다. 또한 레가스피는 이 지역에 군사를 투입하여 통제권을 확보하려는 목적으로 경제적인 측면을 역설하고 있다. 필리핀 지역의 이슬람교도가 중국, 일본과 무역을 하고 있는데, 에스파냐도 무역을 통해 경제적인 이익을 얻어야 하며, 그러기 위해서는 반드시 좁은 바다 사이를 항해할 수 있는 갤리선이 필요하다고 재차 강조하고 있다.

그러나 종국적으로 레가스피는 펠리페 2세에게 국왕의 명령에 따라, 또 하느님의 뜻에 따라 이 지역을 평화적으로 다스릴 것을 약속하며, 궁극적으로는 자신들의 지배와 신에 대한 복종을 거부하는 자들에게도 복음의 법을 전도하겠다고 약속하며, 자신들의 경제적이고 군사적인 정복과 지배를 선한 의지로 포장하고 있다. 결국 에스파냐 지배자들은 군사적이고 경제적인 이익을 위한 정복과 억압을 정의와 전도, 복음이라는 선한 의지로 포장하고 있음을 드러내고 있는 것이다.

번역 대본은 『필리핀문헌집』에 수록된 문헌이다.

참고문헌

1. Retana, W. E.(ed.). *Archivo del bibliófilo filipino: Recopilación de documentos históricos, científicos, literarios y políticos y estudios bibliográficos*. Madrid: Viuda de M. Minuesa de los Ríos, 1895–1905(Reproducido en Alicante: Biblioteca Virtual Miguel de Cervantes, 2015).
2. De Legazpi, Miguel López. "Letter from Miguel Lopez de Legazpi to Felipe II". Ed. de Emma Helen Blair and James Alexander Robertson. *The Philippine Islands*, 1493-1803. Vol. III(1569-1576). (https://www.gutenberg.org/files/13616/13616–h/13616–h.htm)

성스러운 가톨릭 폐하

지난 성 후안 축일 전야에 이 강에 도착한 후안 데 라 이슬라 대위와 함께, 엘에스코리알 궁에[1] 계시는 폐하께서 보내신 1568년 11월 16일자 칙서를 받아 보았습니다. 이곳 주둔을 기꺼이 허락하신다는 신속한 처결과 호의를 담은 편지였습니다. 저희가 폐하께 기대하던 이 모든 일을 베풀어 주심에 대해 폐하의 충직한 저희 신하는 모두의 이름을 걸고 폐하께 경의를 표합니다.

저희는 폐하의 직속 군대에 고용된 충성스러운 신하로서, 새로운 영토와 지배지역의 확장에 힘입어 폐하의 왕권 강화를 위한 가치를 지키기 위해, 하느님께 시간과 기회를 주십사 기도합니다. 또한 폐하께서 누리시는 이 행운의 나날에 기독교 신앙이 우리의 적인 악마의 지배와 불충이 오랫동안 만연하던 이 땅에 뿌리내리고 성장하고 퍼질 수 있게 되기를 기도합니다.

작년에[2] 펠리페 데 살세도[3] 대위가 이끄는 함대가 떠날 때, 저는 폐하께 그때까지 일어난 모든 일과 포르투갈 함대 총사령관과의 사건을 기록한 서찰을 함께 보냈습니다. 그 사람들의 전언에 따르면, 펠리페 데 살세도 대위는 멕시코를 떠나는 특별 선박 편으로 폐하께 그 서찰을 가져갔으며, 서찰을 보신 폐하께서는 이곳에서 무슨 일이 일어났는지 소상하게 이해하시게 될 것이라고 하였습니다. 그 이후로 여기에서 포르투갈 사람들 얘기는 한마디도 하지 않았습니다. 포르투갈 사람들은 고초를 많이 겪었기 때문에 다시 이곳으로 오리라고는 믿지 않습니다. 또한 이곳을 떠난 포르투갈 사람은 다시 돌아올 엄두도 내지 못할 것이라고 확신합니다. 그러나 이것이 제가 폐하의 명령을 받드는

1 엘에스코리알 궁은 마드리드에서 북서쪽으로 45 km 떨어진 산 로렌소에 있다. 1563년 펠리페 2세가 착공한 이 건물은 가로 206 m, 세로 161 m의 직사각형의 형태로 세계에서 가장 큰 건축물 중 하나로 꼽힌다.

2 1569년이다.

3 펠리페 데 살세도(Felipe de Salcedo, 1549~1576)는 16세기 로페스 데 레가스피의 필리핀 원정대에 참여한 에스파냐의 탐험가이자 군인이다.

일을 소홀히 할 이유는 되지 않습니다. 저는 그들이 3개월 내에 이 군도로 돌아올 것으로 생각합니다. 3개월이 그들이 올 수 있는 기한입니다. 저는 마치 그들이 제 앞에 있는 것처럼 많은 예감을 가지고 있습니다.

다른 서찰을 통해 저는 폐하께 이 군도에 노가 있는 배가 필요하다는 것을 간청 드렸습니다. 그러한 배가 없었기 때문에 지금까지 간과한 중요한 것을 앞으로 발견하기 위해서는 그런 배가 절실하다고 보고하였습니다. 저는 북쪽과 서북쪽 지역을 탐사하기 위해 두 번이나 인디오의 범선에 사람들을 태워 보냈습니다. 한번은 여러 섬을 발견했는데, 섬 크기는 작았지만 무어인으로 꽉 차 있었습니다.

그리고 지난번에 루손섬 연안에서 발견한 섬은 몇 개의 이슬람교도의

16세기 필리핀에 거주하던 중국인 부부(위의 왼쪽), 일본 무역상 부부(위의 오른쪽), 핀타도스 섬의 원주민(아래의 왼쪽), 파나이섬의 원주민 부부(아래의 오른쪽).
출처: 『복서 고문서』[4]

---

4 16세기 스페인 식민정부가 작성한 기록을 엮은 이 필사본은 1593년 필리핀 거주 중국인에게 암살당한 고메스 페레스 다스마리냐스(Gómez Pérez Dasmariñas) 총독의 소유로 추정된다. 알 수 없는 경로로 이 필사본은 18세기 영국의 정치인 일체스터 경(Lord Ilchester)이 소장하다가 1947년 옥션 경매에 나와 극동 아시아 전문가 찰스 랠프 복서(Charles Ralph Boxer) 교수가 소장하면서 「복서 고문서」(The Codex Boxer)라는 이름이 붙었다. 현재는 인디아나 대학교의 릴리 도서관이 소장하고 있다.

부락이 있는 제법 큰 섬이었습니다. 이 사람들은 대포를 가지고 있는데, 다른 군수품과 화약처럼 대포를 직접 만듭니다. 몇몇 마을은 탐사대를 평화롭게 받아들였지만, 그렇지 않은 마을도 많았습니다. 폐하의 이름으로 취한 전리품을 이 편지와 함께 보냅니다. 이곳의 무어인들은 훨씬 더 많은 교역을 하고 있었습니다. 이 사람들은 교역을 위해 중국 본토를 누비고 다닐 뿐만 아니라 일본까지 항해하고 있습니다.

폐하의 부대에 노를 단 배가 몇 척이라도 있다면 얼마나 많은 이점이 있을지 다시 한 번 반복하여 아룁니다. 왜냐하면 사실 에스파냐 사람은 인디오가 살고 있는 섬과 섬 사이를 항해할 기술이 부족한 실정이라, 커다란 위험을 안고 항해해야 하기 때문입니다. 모종의 불상사가 발생하지 않도록, 무엇이 최선인지 확인하여 필요한 것을 제공하라고 폐하께서 부디 명하여 주십시오.

포르투갈인은 우리와의 우정을 저버린 인디오와 함께 우리를 떠났습니다. 원주민을 다시 진압하는 것이 필요하게 되었고, 처음보다 더 큰 희생이 따를 것입니다. 앞으로는 폐하께서 명령하신 바와 같이, 저희는 인디오가 변화하고 좋은 대우를 받을 수 있도록 하기 위해 관대하게 보살필 것입니다. 그들이 폐하의 지배하에 복종하며 정착할 수 있도록 저희는 기꺼이 노력하며 도울 것입니다. 이를 거절하거나 원하지 않는 자들에게는 더 용이한 수단을 채택하여 복음의 법을 전도하고 가르치겠습니다. 그리하여 우리 주님과 폐하를 잘 섬기도록 만들 것입니다.

폐하의 명을 수행함에 있어, 누에바에스파냐로 가는 두 척의 배로 이 부대에 있는 열 명 내지 열 두 명의 포르투갈인을 보냅니다. 일부는 아직 이곳에 남아있는데, 말썽이 일어나지 않게 하려면 한 번에 많이 보내지 않는 것이 좋다고 여겼기 때문입니다. 저는 그들 중 일부는 매우 훌륭한 군인이며, 지금까지 폐하를 아주 잘 섬겨왔다고 확신합니다. 그들이 해서는 안 되는 일을 했다는 이야기를 듣거나 상상해본 적은 없었습니다. 폐하의 명령은 아주 중하게 받들어졌기 때문에 앞으로도 잘 수행될 것입니다.

추후 이곳을 떠나는 첫 번째 선편에 잔류하고 있는 외국인을 실어 보내려고 합니다. 이들 외국인을 추방하려면 상당한 어려움이 따를 것입니다. 왜냐하면 노동자, 목수, 포수, 선원의 절반 이상이 외국인이며, 일부 병사는 플라망어를 말하는 플랑드르인이고,[5] 나머지는 이탈리아, 베네치아, 그리스, 프랑스 등의 출신으로 다양하기 때문입니다. 폐하께서 만족하실 만한 방안을 찾아 최선의 명령을 내리시기 전까지 현 시점에서는 어떤 조치도 취하지 않을 것입니다.

저희는 이곳에서 폐하의 이름으로 페루를 떠나 항해하는 어떤 함대가 서쪽 지역에 있는 뉴기니를 비롯한 다른 섬을 발견하기 위해 북위 10도와 남위 60도 사이에 서쪽으로 걸쳐있는 모든 땅을 개척하도록 지시받았다는 소식을 누에바에스파냐로부터 들었습니다. 폐하께서도 아시겠지만, 폐하의 이름으로 누에바에스파냐를 떠난 함대가 적도와 그 이남에서 많은 섬과 땅을 발견했다는 것은 실로 놀라운 일입니다. 제가 폐하의 이름으로 발견하고 정복하고 정착지를 개척한 곳은 북위 6도에서 시작하여 훨씬 위의 북쪽에 이르는 곳입니다. 만일 그들이 페루에서 위쪽으로 10도까지 정복하도록 허용하신다면, 그들에게 필리핀군도의 더 큰 부분을 하사하시는 것이 적절할 것입니다. 폐하께서 어떤 규정이 폐하께 가장 이로울지 판단하실 수 있도록 제가 폐하께 보고해야 된다고 생각했습니다.

제 아들 멜초르 데 레가스피는 오래전부터 왕실에 머물면서 제 사무를 보고 있으며, 작년에는 저의 외손자인 펠리페 데 살세도가 이곳의 일을 기록한 보고서를 소지하고 폐하께 갔습니다. 폐하께 엎드려 간청하오니, 제 자식과 외손자가 이곳에서 폐하를 섬길 수 있도록 폐하께서 선처를 베푸시어 이곳으로 돌아올 수 있도록 해주시기를 바라옵니다.

왕실로 간 후안 데 라 이슬라 대위는 같은 배를 타고 돌아올 것입니다.

---

5 플랑드르 지역은 오늘날 프랑스의 노르 주, 벨기에의 동플랑드르와 서플랑드르 주, 네덜란드의 젤란트 주에 해당하는 곳으로, 16세기에는 에스파냐의 영토였다.

대위는 많은 노고와 봉사를 해왔으므로 폐하께서 대위에게 합당한 보상을 내려주시기를 청합니다. 저는 폐하께서 이슬람교도의 대포 제작 솜씨가 얼마나 뛰어난지 아실 수 있도록 그 사람들이 만든 청동 컬버린포 2문을 대위 편에 보냅니다.

성스러운 가톨릭 폐하, 우리 주님께서 폐하의 안녕과 장수를 보살펴주시어 더 많은 왕국과 영지가 태평성대를 누리고 또 폐하께서 진심으로 바라는 바대로 적에게 승리를 거두게 하여주시옵소서.

1570년 7월 25일 성 후안 축일에 파나이섬에서.[6]

존경하는 국왕 폐하의 가장 미천하고 충직한 신하,
엎드려 폐하께 인사 올립니다.

미겔 로페스 데 레가스피

6 파나이섬은 필리핀 중부 비사야 제도에 있는 섬이다.

20. 몰루카제도와 필리핀군도의 발견에 관한 보고서

이 보고서는 대서양과 태평양과 아메리카 대륙에서 에스파냐와 포르투갈의 영토 경계선이 어떤 과정을 거쳐 최종적으로 결정되었으며, 그 과정에서 어떤 점이 논의되었는지를 비교적 상세하고 분명하게 정리하고 있다.

보고서의 첫 부분에 "교황 성하께서 카스티야 왕국과 레온 왕국의 국왕들에게 그리고 그 후손들에게, 아소르스제도와[1] 카보베르데의 서쪽 100레과에 걸친 전 지역에 한계를 두고, 이미 발견된 섬과 미래에 발견될 섬과 대륙에 대한, 즉 대체로 모든 원주민 지역에 대한 특권을 내어주셨다"라는 구절은 에스파냐와 포르투갈이 유럽 대륙 이외의 지역에서 영토 분쟁을 해결하기 위해 1494년 6월 7일 체결한 토르데시야스 조약에 대한 언급이다. 이 조약은 대서양과 태평양을 기하학적으로 분할한 것으로, 경계선은 카보베르데의 서쪽 100레과 지점에서 남북 방향으로 일직선을 그어 경계선으로 삼고, 동쪽은 포르투갈이, 서쪽은 에스파냐가 차지하기로 한 조약이다. 그리하여 아프리카와 아메리카 대륙의 브라질 지역은 포르투갈이 차지하고, 아메리카 대륙의 서쪽과 필리핀, 괌, 사이판 등의 태평양 섬은 에스파냐가 차지했다.

---

1 아소르스(Açores)제도는 대서양에 위치하고 있는 포르투갈령의 해외 섬으로 아조레스제도라고 부르기도 한다.

이 보고서는 에스파냐와 포르투갈 사이에 토르데시야스 조약에 대한 이견이 있었는데, 최종적으로 그 이견이 어떻게 마무리 되었는지를 설명하면서, 토르데시야스 조약의 체결과 이행을 둘러싼 일련의 과정을 요약하고 있다. 또한 허락 없이 이 경계선을 지나는 사람은 모두 처벌한다고 분명하게 문서화되었음을 밝히고 있다. 이로써 에스파냐와 포르투갈 사이의 모든 분쟁이 사라졌다고 얘기하면서 이 지역에 대한 에스파냐의 지배권을 확실하게 공포하고 있다.

이어서 연도별로 몰루카제도와 필리핀군도의 발견과 정복에 대한 기록을 일일이 정리하고 있다. 이는 토르데시야스 조약에 의해 에스파냐령으로 복속된 지역의 실질적인 정복과 지배를 공식 문서로서 공고히 하려는 의도를 드러낸 것으로 볼 수 있다.

이 보고서의 원래 제목은 「몰루카제도와 필리핀군도의 발견, 이와 관련한 다양한 협상」이다. 번역 대본으로는 세비야의 인디아스고문서보관소에 보관된 1571년 필사본을 사용하였고, 『필리핀문헌집』을 참고하였다.

참고문헌

1. Retana, W. E.(ed.). *Archivo del bibliófilo filipino: Recopilación de documentos históricos, científicos, literarios y políticos y estudios bibliográficos*. Madrid: Viuda de M. Minuesa de los Ríos, 1895–1905(Reproducido en Alicante: Biblioteca Virtual Miguel de Cervantes, 2015).
2. Blair, Emma Helen & Robertson, James Alexander(eds.). "Relation of the discoveries of the Malucos and Philippinas". *The Philippine Islands, 1493–1803*. Vol. III(1569 - 1576).
(https://www.gutenberg.org/files/13616/13616–h/13616–h.htm)

몰루카제도,[2] 필리핀군도, 세부 같은 서쪽 제도를 향한 항해, 발견, 교역 등에 관한 보고서와 다양한 협정으로 미루어 보건대, 1492년과 다음해인 1493년 5월 2일 에스파냐 가톨릭 양왕의 명령으로 인디아스의 발견이 시작되었다고 짐작할 수 있다.

알렉산데르 6세 교황 성하께서는 카스티야 왕국 및 레온 왕국의 가톨릭 왕과[3] 그 후손에게 인디아스 항해권을 부여하시고, 모든 특전, 특권, 은전, 특혜를 베풀었다. 이러한 혜택은 이전에는 아프리카의 일부인 기니 인디아스와[4] 추후 정복할 인디아스와 관련하여 포르투갈 왕에게 부여한 것이었다. 이러한 사항은 교황 교서에 매우 상세하게 기술되어 있는데, 진본임을 확인한 교황 교서 사본이 시만카스 문서보관소에서 발견되었다.

위에 언급한 그해[5] 5월 3일, 교황 성하께서는 아소르스제도와 카보베르데제도의 서쪽 100레과 떨어진 지점에서 남극과 북극으로 연결하는 선을[6] 긋고, 이 선의 서쪽에서 이미 발견했거나 장차 발견할 섬과 대륙, 즉 대체로 말해서 모든 인디아스에 대한 특전을 카스티야 왕국과 레온 왕국의 가톨릭 왕과 그 후손에게 부여하셨다. 이 선의 남쪽과 서쪽에서 이미 발견되었거나 발견될 모든 땅(1492년 크리스마스와 1493년 초 이전에는 실제로 어떤 기독교 군주도 점령하지 않은 땅)은[7] 카스티야 왕이 항해하고 발견할 것이다. 또한 그 땅은 카스티야 왕의 왕국이고, 영지이고, 관할구역이 될 것이다. 허락 없이

---

2 몰루카제도는 현재 인도네시아 술라웨시 섬과 이리안자야(뉴기니)주 서쪽 끝 사이에 산재하는 섬을 가리킨다.

3 '카스티야 왕국 및 레온 왕국의 가톨릭 왕'이란 카스티야의 이사벨 여왕과 레온의 페르난도 국왕을 의미한다. 이 두 왕을 가리켜 '가톨릭 양왕'이라고 부르기도 한다.

4 '기니 인디아스'는 현재의 기니를 가리킨다. 이 당시 인디아스라는 말은 아프리카 일부까지 포함하고 있었다.

5 1493년을 가리킨다.

6 자오선을 의미한다.

7 괄호안의 내용은 원문에서 방주(傍註)로 기록되어 있다.

이 선을 넘는 사람은 책임을 면치 못할 것이며, 처벌을 받을 것이다. 이상은 납으로 봉인된 교서 원본에 상세히 나와 있는데, 이 문서는 그 해 5월 4일 로마에서 작성하여 시만카스 문서보관소로 보낸 것이다.

1493년 9월 26일, 교황 성하께서는 가톨릭 양왕과 그 후손에게, 인디아스에 대한 특전 외에도, "다른 어느 누구도 점령하지 않은" 동쪽, 서쪽, 남쪽 섬들을 가톨릭 양왕과 그 후손으로 이름으로 정복하도록 허락하셨고, 이는 같은 해 10월 6일 로마에서 인도되어 시만카스 문서보관소에 보관된 칙서 원본에 상세히 나타나 있다.

이전에 포르투갈 왕에게 부여한 것과 마찬가지로 카스티야 왕국 및 레온 왕국의 가톨릭 양왕과 그 후손에게도 동東인디아스 항해와 관련하여 특전을 부여함으로써, 항해와 발견의 경계선-우리 반구 이쪽의 북극에서 남극에 이르는 경계선과 이에 상응하는 반대쪽의 경계선-을 둘러싼 카스티야의 왕과 포르투갈 왕 사이의 논쟁과 갈등을 야기했고, 지금도 야기하고 있다.

이 반구에서 그들 각자의 항해와 발견 사이에 그어진 경계선에 관련하여서는 왕들 사이에 이견이 있었고 지금도 여전히 이견이 있다. 카스티야 왕국의 왕들은 그 경계가 로마 교황의 승인에 따라 아소르스제도와 카보베르데제

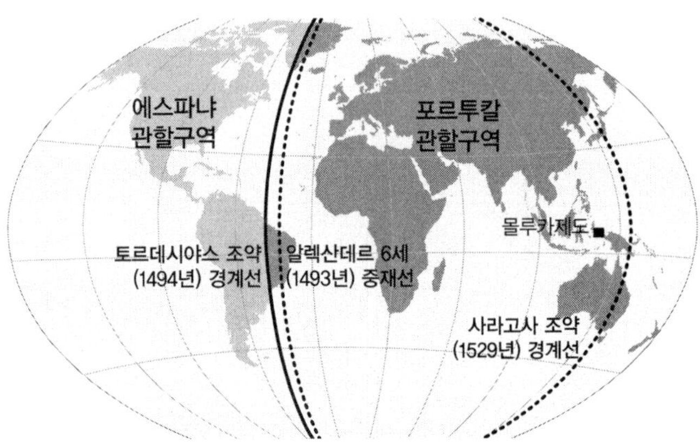

에스파냐와 포르투갈의 세계 분할

도의 서쪽 100레과까지 정해져야 한다고 주장한다. 포르투갈 왕들은 그 경계가 브라질 해안의 대부분과 그곳에 인접해있는 티에라 피르메를[8] 포함할 수 있도록 서쪽 더 멀리까지 정해져야 한다고 주장한다. 그들은 이 논쟁을 해결하는 것에 합의하였다. 카스티야 왕국의 왕들은 승인에 관한 대칙서에 명시된 경계선보다 서쪽으로 270레과 더 먼 경계선에 동의했으며, 이 사실은 협정서에도 설명되어 있다.

(그해, 에스파냐 국왕의 비서인 페르난도 알바레스 데 톨레도[9]와 포르투갈 왕의 비서인 에스테반 바에스의 입회하에 종이에 작성된 협정서 원본에는 가톨릭 양왕의 승인이 있다. 1495년 7월 2일에 아레발로에서 양피지에 작성된 협정서에는 온전히 그 국왕들의 서명이 있다. 왕자의 서명은 아래에 있다. 그 협정서는 위에서 언급한 비서들이 부서副署하였다. 봉인은 제거되었지만, 봉인을 묶은 끈은 그대로 남아있다. 포르투갈의 왕 돈 주앙이 승인한 토르데시야스 협정서는 왕이 서명하고 마르틴 데 베이라가 부서한 다섯 쪽 분량의 양피지 협정서로 인증되었으며, 그것은 1525년 2월 27일 에보라에서 승인되었다.)

그것은 실제로 1494년 6월 7일에 그들의 군주로부터 권한을 위임받은 에스파냐와 포르투갈 왕의 변호사들이 토르데시야스에서 만나 협정서를 작성했다고 적혀있다. 그들은 경계선 혹은 자오선을 북극에서 남극까지 카보베르데섬 서쪽 370레과로 정한다는 합의에 도달했다. 그 경계선과 자오선의 서쪽 모든 것은 카스티야 왕에게 속하게 되었고, 그 동쪽은 포르투갈 왕의 항해, 발견, 정복지가 되었다. 포르투갈 왕의 해상은, 다른 항로로 이탈하지 않고 정

8 티에라 피르메(Tierra Firme)는 '대륙'을 의미하는 말로, 그 당시엔 부근의 섬들과 구분하여 남아메리카 본토의 북쪽 지역을 일컫는 말이었다.

9 알바 공작이라고도 부르는 페르난도 알바레스 데 톨레도(Fernando Álvarez de Toledo y Pimentel, 1507~1582)는 에스파냐의 귀족이자 군인이자 외교관으로, 에스파냐의 카를로스 1세와 그의 후계자 펠리페 2세의 절대적인 신임을 받았고, 이 두 명의 국왕 비서실장과 나폴리 왕국의 부왕, 네덜란드 총독, 포르투갈 왕국의 부왕을 역임했다. 또한 군인으로서 수많은 전쟁에서 많은 업적을 남겼다. 이 알바 공작 덕분에 에스파냐는 이베리아 반도의 모든 왕국과 신대륙을 통일할 수 있었다.

해진 항로를 따라야한다는 조건과 함께, 카스티야 왕의 항해에 개방되었다. 6월 20일까지 370레과 중의 첫 250레과에서 발견되는 것은 무엇이든 포르투갈 왕의 소유가 되었다. 그리고 남은 120레과에서 발견되는 것은 카스티야 왕의 소유가 되었다.

양측은 위에서 언급한 경계 설정을 마무리 짓기 위해 열 달 이내에 동수의 물품, 선박, 조타수, 점성가, 선원을 보내기로 합의하였다.

그 열 달 이내에 경계선을 구분 짓기 위해, 언급한 대로 조타수, 점성가, 선원을 보냈는지는 상세히 명시되어 있지 않다. 반면에, 그 경계선이 결정되지 않았음은 분명하다. 1495년 5월 7일 마드리드에서 공표하고 비서인 사마노가 서명한 에스파냐 국왕들의 포고문 복사본에 의하면, 경계선을 획정해야 한다고 촉구하고 있다. 이로써 그 열 달 이내에 경계선이 정해지지 않았음이 명백해진다. 이 경계선이 정해지지 않았음은 몰루카제도의 점유와 소유권에 관한 회담과 기록에도 나타나 있는데, 24년에 아카야, 엘베스, 바다호스의 선교船橋에서 양측의 장관은 경계 확정에 대하여 논의했다. 이때 논의한 세 가지 요지는 아래와 같다.

첫째, 경계선은 둥근 표면인지 또는 평평한 면인지를 고려하여 결정해야 한다.
둘째, 카보베르데제도의 위치를 정확하게 결정해야 한다.
셋째, 경계 설정은 상기 제도에서부터 370레과 떨어진 지점이어야 한다.

첫 번째 요지에서, 카스티야인과 포르투갈인은 둥근 표면을 사용하되 여전히 평평한 면과 다른 측량 방법도 배제하지 않기로 합의했다. 그러나 두 번째 요지는 논의하지 않은 것으로 보인다. 세 번째 요지과 관련해서, 카스티야 측은 카보베르데제도의 가장 서쪽에 있는 산투안탕섬을 기점으로 삼아 370레과를 측정해야 한다고 주장함으로써 포르투갈측과 의견을 달리했다. 포르투갈측은 카보베르데제도에서 가장 동쪽에 있는 살Sal섬과 보아비스타섬을 기점으로 삼아 측정해야 한다고 주장했다. 따라서 이는 양측이 1494년에 주장한 것과 반대로[10] 몰루카제도를 자국의 경계 안에 포함하려고 노력한 것으로 보인다(원문은 파기되었음). 그 당시에는 몰루카제도로 인해 생겨날 수 있는 차이에 대해 알지 못했기에 양측은 브라질 해안을 자국의 경계 안에 포함시키려고 애를 쓴 것이다.

세목: 카스티야와 포르투갈의 항해도를 보면, 위에 언급한 경계선은 설정되거나 확정되지 않은 것으로 보인다. 왜냐하면 세비야 무역관이 보관하고 있는 기준 항해도에는 이 경계선, 자오선이 반구를 카보베르데제도의 마지막 섬인 산투안탕섬에서부터 370레과 떨어진 지점에서 북극에서 남극까지 선을 그어 서반구를 나누고 있기 때문이다. 또한 이 경계선은 주야평분선에서 약 2도 근방에서 브라질 해안을 관통하여 티에라 데 우모스, 남회귀선, 도스페르미타스곶, 산살바도르강을 지나고 있다. 이 항해도에 따르면, 포르투갈 왕의 경계선은 경계선이 내륙을 통과하는 360레과와 해안을 따라 600레과 떨어진 거리를 포함한다. 카스티야 왕의 경계선 안에는 티에라노바, 바카야오스, 라브라도르의 모든 것이 귀속된다. 포르투갈의 항해도에는, 이 경계선이 오레야나,[11] 즉 거대한 아마존강보다 더 북쪽에서 브라질을 가르고 있다. 이 선은 주야평분선으로부터 2도 정도 떨어져 남으로 38도 부근에, 바다 위를 통과하여 그어져있다. 그리하여 포르투갈의 경계선 안에 티에라노바, 바카야오스, 라브라도르를 모두 포함하면서, 땅을 내륙에서 700레과로 나누고 거의 해안을

10 1494년의 토르데시야스 조약을 가리킨다.

11 탐험가이자 정복자인 프란시스코 데 오레야나(Francisco de Orellana, 1511~1456)는 안데스 산맥에서 발원해 흐르는 큰 강을 탐험하기 위해 동쪽의 대서양 연안까지 수천 킬로미터를 걸었다. 페루에서 탐험을 시작하여 강을 따라 내려가면서 그는 수시로 인디오들과 싸워야 했는데, 매번 어떤 여성이 자신을 도와주는 것 같은 느낌을 가졌다. 그래서 그는 그 강을 리오 데 라스 아마조나스(Rio de las amazonas)라고 이름 붙였다. 한때는 이 강을 발견자 오레야나의 이름을 따서 오레야나 강으로 부른 적도 있었다.

따라 1,300레과까지 경계선이 그어져 있다.

[중략][12]

상기 증서가 집행된 후, 정착과 발견뿐만 아니라 무역선과 파견 함대에 내려진 첫 번째 주요한 지시 중의 하나는 포르투갈 왕의 경계선과 상기 협약서에 명시된 경계를 넘지 말라는 것이다. 사람들이 포르투갈 왕의 경계 구역을 넘어가는 것을 금지하는 유사한 명령이 1494년에 경계선에 관한 증서의 작성 이후에 만들어졌다.

1535년에 시몬 데 알카사바가[13] 240명과 함께 파견되었다. 알카사바는 마젤란 해협을 통과했는데, 그 배 중 한 척이 산티아고 데 쿠바로 돌아왔다.

1536년에 코르테스는[14] 주야평분선 아래로 두 척의 배와 함께 그리할바와 알바라도를 보냈으며, 그들은 몰루카제도에 도착했다.

1542년에 돈 안토니오 데 멘도사가[15] 누에바에스파냐에서 4척의 배와 4백 명의 병사, 그리고 4백 명의 인디오와 함께 루이 로페스 데 비야로보스를[16] 보냈다. 비야로보스는 민다나오와 세부와 나타를 발견했다.

---

12 중략한 부분은 브라질의 포르투갈 정착촌, 바다호스 위원회와 사라고사 조약에 관한 기술이다.

13 시몬 데 알카사바(Simón de Alcazaba y Sotomayor, 1470~1535)는 포르투갈 출신의 탐험가이자 정복자이며, 카를로스 1세에 의해 누에바레온(Nueva León)의 총독으로 임명되었다. 그는 최초로 현재 아르헨티나 지역에 유럽인의 정착촌을 건설하였다.

14 에르난 코르테스(Hernán Cortés, 1484~1547)는 멕시코 지역의 아스텍 문명을 정복한 에스파냐의 정복자이다.

15 돈 안토니오 데 멘도사(Don Antonio de Mendoza, 1495~1552)는 초대 누에바에스파냐 부왕이었으며, 이후 페루 부왕령의 2대 부왕을 역임했다.

16 루이 로페스 데 비야로보스(Ruy López de Villalobos, 1500?~1544)는 멕시코를 출발하여 태평양을 항해하여 동인도에 에스파냐에 지배력을 확보한 에스파냐 탐험가이자 군인으로, 특히 1529년 사라고사 조약에 따라 에스파냐와 포르투갈 사이의 경계선을 만들었다. 또한 현재 필리핀군도를 발견하여, 당시 에스파냐의 왕자이던 펠리페(후에 펠리페 2세가 됨)를 기리기 위해 그곳을 필리핀군도(Las Islas Filipinas)로 명명했다.

1543년에 루이 로페스 데 비야로보스는 원정과 원정경로에 대해 보고하기 위해 베르나르도 데 라 토레를 파견했다. 그는 군도를 발견하고, 필리핀이라고 칭하였다.

1545년에 위에서 언급한 비야로보스는 누소섬, 사누소, 힐롤로, 티도리로 갔다. 비야로보스는 티도리에서 이니고 오르티스 데 로다 선장과 가스파르 리코 항해사를 파견했다. 항해 도중 오르티스 데 로다와 리코는 뉴기니 해안을 발견했는데, 이곳은 사아베드라가[17] 1527년에 발견한 곳이다.

1545년 11월 9일. 황제 폐하께서 브뤼셀에서 누에바에스파냐의 부왕 돈 안토니오 데 멘도사에게, 루이 로페스 데 비야로보스의 함대가 몰루카제도와 또 다른 섬으로 간 사실을 포르투갈 왕의 대사가 불평했다고 언급하며, 그 섬의 국왕으로부터 떠나라는 요청을 받았음을 알리는 서신을 보냈다.

(루이 로페스 데 비야로보스는 사망하고, 그의 동료들은 아주 많은 어려움을 겪다가, 마침내 인디아스 지역을 경유해 에스파냐로 돌아오게 되었다. 이것은 그 함대에 있었던 성 아우구스티누스 수도회 수사인 프라이 곤살로 데 산티스테반의 편지로 증명되었다.)

포르투갈 왕을 기쁘게 하기 위해, 폐하께서는 선장과 그의 부하들에게 즉시 그곳을 떠나라고 명령하셨다. 선장과 그의 부하들이 상륙했을만한 지역에 있던 치안판사들과 위에서 언급한 누에바에스파냐의 부왕에게 그들을 체포하고 소지한 약제와 향신료를 압수하라고 명하셨다. 폐하께서는 포르투갈 국왕을 만족시키기 위해 이런 명을 내렸다면서, 아울러 처리결과를 은밀히 보내라고 요청하였다.

1559년 9월 24일. 바야돌리드에서 누에바에스파냐의 부왕 돈 루이스

17 알바로 데 사아베드라(Álvaro de Saavedra, ?~1529)는 에르난 코르테스의 사촌이다. 1527년 에르난 코르테스는 태평양 지역의 섬을 발견하고 정복하기 위한 목적으로 3척의 배로 탐험대를 꾸렸다. 알바로 데 사아베드라는 이 탐험대를 남태평양 지역을 가로질러 항해하다가 뉴기니 섬을 발견하고 황금섬(Isla de Oro)이라 이름 지었으며, 1528년에는 몰루카제도에 도착했다.

데 벨라스코에게 필리핀군도와 향신료가 생산되는 곳을 찾으라는 폐하의 명이 전달되었다. 그러나 이 명을 수행할 때는 협약이 금지한 몰루카와 다른 곳은 피해야만 했다.

1560년 5월 28일. 멕시코에서 안드레스 데 우르다네타 수사는[18] 상기 언급한 9월 24일자의 명령을 받았으며, 자신이 직접 원정에 나서겠다는 내용의 편지를 썼다. 우르다네타 수사는 협약서의 범위 내에 필리핀군도는 포함되지 않는다는 건의서를 보내면서, 1525년 가르시아 데 로아이사 수사[19]의 함대와 1527년 코르테스가 파견한 함대, 돈 안토니오가 1542년에 보낸 함대, 그리고 누에바에스파냐에서 오던 길에 항로를 잃어버린, 코르테스가 파견한 또 하나의 함대에서 포로가 된 부하들을 구하겠다는 명목 하에 그의 원정이 이루어질 것임을 밝혔다. 돈 루이스가 함대를 준비하기 시작했다. 그러나 루이스가 죽었기 때문에 멕시코의 법원은 준비 작업을 서둘러 끝냈다. 그리고 1564년 9월 1일 웨스턴제도를[20] 발견한 총독이자 제독인 미겔 로페스 데 레가스피에게 지시가 내려졌다. 레가스피는 1564년 11월 21일에 네 척의 배를 출항시켰다. 1551년[21] 4월 27일, 레가스피는 세부 섬에 도착해서 요새를 구축하고, 국왕 폐하의 이름으로 바부다제도, 라드로네스제도,[22] 시바바오, 카미권섬에 있

---

18 안드레스 데 우르다네타(Andrés de Urdaneta, 1508~1568)는 군인이자 천문학자이자, 탐험가이자 수도사이다. 레가스피의 탐험대에 참가했으며, 태평양을 통해 필리핀에서 아카풀코에 이르는 항로를 발견하고 개척한 인물로 평가받는다.

19 가르시아 데 로아이사(García de Loaysa, 1478~1546)는 산토도밍고회의 수사이자 종교재판관이다. 교황 클레멘테 7세에 의해 1530년 3월 9일 추기경으로 임명되었다.

20 웨스턴제도는 서태평양에 위치한 캐롤라인제도의 서쪽 지역을 일컫는다. 500여 개의 산호섬으들로 구성되어 있으며, 뉴기니 섬 북쪽과 필리핀 동쪽에 위치하며 현재 서쪽은 팔라우, 동쪽은 미크로네시아 연방의 영토에 해당한다. 1526년 로페스 데 레가스피가 이 섬을 발견하여, 당시 국왕인 카를로스 1세의 이름을 따서 지명을 붙였다.

21 레가스피가 세부에 도착한 것은 1565년 4월 27일이다. 더군다나 바로 앞선 문장에서 1564년 11월 21일 출발하였다고 했는데, 다음 문장에서 1551년 4월 27일에 도착하였다고 했다. 그렇기 때문에 여기에 나타난 1551년은 1564년의 오기로 볼 수 있다.

22 현재의 마리아나제도를 가리킨다.

는 산페드로만灣과 말레티에만灣과 보홀섬을 점유하였다. 레가스피는 손자인 펠리페 데 살세도와 프라이 안드레스 데 우르다네타의 지휘 하에 기함을 파견하였다. 그들은 1965년 6월 1일에 항해에 나섰고, 9월 18일에 누에바에스파냐의 첫 땅인 산 살바도르섬이 보이는 곳에 도달하였다. 그곳은 북위 29도에 위치하고 있다. 10월 1일, 그들은 나비다드항에 도달하였다. 그러나 그곳에 머무르지 않고, 멕시코시티에서 45레과 떨어진 아카풀코항으로 계속 나아갔다.

기함이 도착하자 곧 조력선 한 척이 누에바에스파냐에서 파견되었다. 그 배는 1566년 10월 15일 세부에 있는 국왕의 영지에 도착하였는데, 무기, 탄약 등 필요한 물품은 없었다. 선장과 소위도 실종되었다. 선상반란으로 살해당했기 때문이다.

1567년 4월, 펠리페 데 살세도 제독, 아르티에다 대위와 그의 승무원, 안드레스 데 이바라 대위의 대리인 후안 데 아기레와 그의 승무원이 선원과 병사를 모두 합해 삼백 명을 싣고 배 두 척과 함께 항해에 나섰다. 그들은 1567년 8월 20일 세부에 도착하였다.

미겔 로페스 제독은 후안 데 라 이슬라가 지휘하는 배 한 척을 파견했다. 그 배는 1567년 11월 16일 누에바에스파냐에 도착했고, 1568년 6월 5일 에스파냐에 도착하였다.

인디아스자문회의는 산탄데르에서 구호물품과 무기와 탄약을 실은 배를 서둘러 준비하기로 하고, 이 준비 작업을 위에서 언급한 후안 데 라 이슬라에게 위임하였다. 준비 작업은 해양 십일조의 관리자인 후안 데 페냘로사가 담당했고, 그에게 그 업무가 위임되었다. 그 배는 1569년 8월 27일 화창한 날씨 속에서 출항하였다. 배와 배의 수리, 그리고 물품에 4,817,876.5마라베디[23]의 비용이 들었고, 이는 후안 데 페냘로사의 비망록에 명백히 드러나 있다.

그 배는 1569년 10월의 마지막 날에 누에바에스파냐에 도착하였다. 그리고

---

23 마라베디는 옛 에스파냐의 금화이다.

1570년 3월 9일에 선원과 군인과 노동자와 기혼자를 포함하여 약 2백 명의 인원을 싣고 아카풀코 항을 떠났다. 후안 데 라 이슬라는 누에바에스파나 관리들이 그 원정에 126,000페소를 지출했으며, 그가 그곳에 있는 동안에도 그만큼의 돈을 지출했다고 하였다. 그는 5월 말에 그 섬들에 도착하였고 마라피테섬에 정박하였다. 그곳에서 그는 총독에게 급송공문서를 보내고 명령을 기다렸다. 명령이 도착하자 6월 20일 출항을 해서 6월 23일에 총독이 있는 파나이에 도착하였다. 그는 7월 27일에 누에바에스파냐를 향해 파나이를 떠났고, 그 전에 사두었던 세 척의 배 중 두 척을 이끌고 1570년 11월 21일 누에바에스파냐에 있는 아카풀코 항에 도착하였다. 1571년 1월 25일, 그는 산 후안 데 루아를 떠나 1571년 4월 17일에 산루카스에 도착하였다. 부왕이 보낸 조력선을 통해 후안 데 라 이슬라는 2월이 지나기 전에 그 두 척의 배를 이끌고 출항할 것을 요청받았다. 누에바에스파냐에서 출발한 시기는 11월초에서 1월말까지이다. 항해는 두 달간 지속될 것이다. 누에바에스파냐를 향해 출발한 시기는 7월말부터 8월초까지이다. 항해는 세 달이 걸릴 것이다.

21. 루손섬 정복에 관한 이야기

「루손섬 정복에 관한 이야기」는 루손섬과 민도로섬의 발견과 점령에 대한 보고서로, 필리핀 정복 과정을 상세히 기록하고 있다. 또한 필리핀 루손섬과 민도로섬 원주민의 문명과 생활양식, 무기와 요새 등에 대한 언급을 함으로써 16세기 필리핀군도 원주민에 대한 인류학적 기록이기도 하다.

당시 필리핀 지역에 관한 많은 기록이 단지 꾸며낸 이야기이고 억측에 불과한 이야기인데도 불구하고 문서로 기록되어 보고되었다는 이유로 신빙성 있는 기록으로 받아들이는 분위기가 있었는데, 이 보고서의 저자는 사실에 입각해서 이야기를 쓰기로 하였다고 언급하면서, 이 보고서가 객관성과 사실성을 바탕으로 한 기록이라는 것을 내세우고 있다.

실제로도 이 기록은 비교적 객관적이면서도 아주 구체적으로 에스파냐의 루손섬 정복 과정을 진술하고 있다. 우선 정복을 선한 의지의 결과라고 정당화하지 않고, 원주민을 정복하고 억압했다는 사실을 있는 그대로 보여주고 있다. 예를 들어, 엘렘섬을 정복했을 때, 맘부라우라는 아주 부유한 원주민 마을을 습격해서 '약탈'했다고 기록하고, 그때 포로로 잡은 원주민들을 돈을 받고 풀어주었다고 말하며, 당시 원주민들이 "에스파냐인들에 의해 일어난 대혼란과 파괴를 목격"했다고 기술하고 있다. 이런 언급은 정복자의 입장에서 서술한 기록과는 다르게 에스파냐군이 약탈하고 파괴했다는 점을 분명히 적시하고 있다는 점에서 비교적 객관성을 유지하고 있다.

그리고 핀타도스섬의[1] 원주민과 전쟁하는 것을 기술하는 장면에서는 원주민의 요새와 무기에 대하여 상세히 언급하면서, 이 보고서는 당시 필리핀 원주민의 요새 구조와 무기 종류를 알 수 있는 사료로서 가치가 있다. 이후로도 이 보고서는 에스파냐가 루손섬과 주변 지역을 어떤 과정을 거쳐 정복하였는지를 날짜별로 상당히 구체적으로 기록하고 있다. 또한 원주민 지역사회의 라하[2]라고 부르는 족장과 티마구아라는[3] 자유민 계층에 대한 설명, 여러 족장들 간의 권력 구조와 노예제 등도 소개하고 있어서 당시 필리핀 사회의 한 단면을 구체적으로 설명하고 있다. 그러나 이러한 원주민의 사회체제에 대하여 말할 때, "그들 사이에는 극도의 무례함이 만연해 있고, 화합하려는 마음은 부족하다"고 말하는가 하면, "누군가가 바구니이라 말하면 활이라고 답할 정도"라고도 말하면서, 에스파냐중심주의적인 관점에서 원주민의 사회성에 대해 부정적인 시각을 드러내고 있다.

또한 원주민 사회의 군주에 대하여 "가장 많은 금과 부를 소유하고 있는 사람이 가장 위대한 족장이며 가장 높은 위치의 귀족"이며, "이 세계에서는 허영심과 과시를 중시하여 족장이 가장 존경"을 받는다는 식으로 원주민 족장과 귀족을 폄하하고 있다. 사실 필리핀뿐만 아니라 유럽에서도 군주나 귀족은 허영심이 있었고, 평민에게 과시한 것은 지극히 자연스러운 행태였다. 그럼에도 불구하고 이 보고서는 자신의 행태는 돌아보지 않고 오로지 원주민의 행태와 제도를

1 이 섬의 현재 이름은 비사야제도이며, 루손섬과 민다나오섬 사이에 위치한다. 핀타도(Pintado)는 "몸에 그림을 그린 사람"이라는 뜻으로, 당시 원주민이 몸에 붉은 점토를 칠하고 다니거나 혹은 몸에 문신을 한 것에서 유래한 말이다.

2 라하(Raja 혹은 Raxa)는 동남아시아 지역의 지배자 명칭이다.

3 티마구아(Timagua)는 옛 필리핀의 비사야 제도의 봉건 전사계급으로 자유민이다. 이 계급은 농노, 노예, 평민보다 높은 계급이고, 귀족보다는 낮은 계급에 속한다. 그러나 이 계급은 에스파냐 식민지시기에 평민계급으로 강등되어 평범한 자유민을 의미하게 되었다.

일방적이고 부당하게 폄훼하고 있다.

또한 이 보고서는 필리핀 원주민의 외양, 의복, 제례, 결혼 등에 관해서도 기록하고 있다는 점이 매우 흥미롭다. 그러나 이런 부분에서도 정복자의 오만한 관점이 그대로 드러나고 있다. 여성을 묘사할 때는 몹시 못생겼고 품위가 없으며, 복부가 드러나는 상의를 착용한 모습이 마치 음식을 잔뜩 먹고 배가 튀어나온 암말 같다고 묘사하고, 여성은 인격과 지위도 없이 매우 저속하게 음식을 먹고 마신다고 전하고 있다. 또한 축첩제도에 대해서는 여자에 대한 태도가 다른 어떤 종족보다도 더 부도덕하고 방탕하다고 단정 짓고 있다. 물론 현대적인 관점에서 보았을 때, 이러한 축첩제도는 비난받아야 마땅하다. 그러나 에스파냐 정복자들의 아메리카 및 필리핀 원주민 여성에 대한 성폭력 역시 비일비재했던 만큼, 단순히 필리핀 원주민의 축첩제도를 방탕하고 문란하다고 비난하는 것은 원주민이라는 타자에 대한 편견과 오만의 결과로 볼 수 있을 것이다.

반면에 필리핀에 와 있던 중국인에 대해서는 긍정적으로 묘사하고 있다. 길지 않은 묘사에서 중국인은 남녀를 구분 없이 모두 활발하고, 피부색도 밝다면서, 겸손하고 영리하고 깔끔하고 특히 에스파냐인처럼 소매 있는 옷과 긴 양말을 착용한다고 언급하고 있다. 같은 동양권인데도 불구하고 필리핀 원주민에 대해서는 인종차별주의적인 관점으로 기술하면서도 중국인에 대해서는 긍정적이고 우호적으로 기술하고 있다. 아마도 에스파냐가 당시 중국이라는 나라가 에스파냐 못지않은 거대한 제국으로써 국가체제가 안정되어 있고, 경제력도 아주 발전되어 있고, 문화의 수준이 높다는 것을 이미 알고 있기에 이렇게 기술했을 것이다.

번역 대본으로는 『필리핀문헌집』에 수록된 문헌을 사용하였다.

참고문헌

1. Retana, W. E.(Ed.), *Archivo del bibliófilo filipino : Recopilación de*

documentos históricos, científicos, literarios y políticos y estudios bibliográficos, tomo 4, Madrid, Viuda de M. Minuesa de los Ríos, 1895–1905(Reproducido en Alicante: Biblioteca Virtual Miguel de Cervantes, 2015).

이 기록은 루손섬과 민도로섬의[4] 발견과 점령과 함께 그 섬에서 일어난 가장 중요한 사건을 싣고 있는 압축된 보고서로, 이들 섬에서 현재까지 점령당하고 제압되어 왔던 모든 일에 대한 개요이다. 또한 그곳 사람들의 문명과 생활양식에 대한 설명도 함께 기록하고 있으며, 그들이 소유하고 사용하는 무기와 그들이 적들로부터 보호하기 위해 건설한 요새에 대해서도 기록하고 있다. 내가 감히 이런 보고서를 쓰는 이유는, 이곳에서 일어난 많은 일을 기록하여 누에바에스파냐로 보냈는데, 이는 단지 꾸며낸 이야기이고 억측에 지나지 않는다는 것을 잘 알고 있었기 때문이다. 예를 들면, 바버리 사람들[5] 같은 무어인들이 이곳에 있으며, 그들의 군사력이 바버리 사람들의 군사력과 거의 같다는 이야기가 있다. 그리고 그들이 터키인들만큼 전투를 하고 자신을 방어할 수도 있다는 것이다. 그 사람들을 그렇게 묘사하는 것은 잘못이다. 그와 반대로, 우리 에스파냐인들이 흔히 무어인이라고 부르는 이 루손섬의 원주민은 전혀 그렇지 않다. 그들이 마호메트의 율법을 모르고 있거나 이해하지 못하고 있기 때문이다. 단지 해안마을에 돼지고기를 먹지 않는 약간의 무어인

---

4 민도로(섬은 루손섬의 서남부에 위치한 필리핀에서 일곱 번째로 큰 섬으로 루손섬의 서남부에 위치하고 있다.

5 바버리(Barberia)는 이집트를 제외한 북아프리카의 지중해 연안에 있는 리비아, 튀니지, 알제리, 모로코에 이르는 지역을 일컫는다.

16세기 몰루카 전사(왼쪽)와 티마구아 원주민 부부(오른쪽).
출처: 『복서 고문서』

이 있었는데, 바로 그런 이유로 이들은 자신들에게 마호메트의 가르침을 전해준 브루나이의 무어인과 거래를 해오고 있었다. 나는 이글을 쓰도록 명령한 사람의 지시를 받았기 때문에 불필요한 부연 설명이나 혹은 생략되는 부분 없이, 이곳 원주민의 관례와 의식에 대해서 자세하게 다룰 것이다. 그리고 그들과 에스파냐인들 사이에 벌어진 전쟁에 대해서 맨 먼저 기술할 것이다. 따라서 원주민들을 방어하기 위해 내가 말할 수 있는 것이 무엇이든 간에 그것은 어떤 불신도 없이 읽혀질 것이다. 그리고 이 글을 읽는 사람은 누구든지 이곳에서 일어나는 진실을 알게 될 것이다.

내가 여기에서 언급할 첫 번째 이야기는 파나이섬의 총독이던 후안 데 살세도 대위가 이끈 원정대에 관한 것이다. 69년에 쓴 다른 보고서에서도 이미 설명했듯이, 이미 발생한 어떤 어려움으로 인해 포르투갈인들은 국왕 폐하의 군대에 맞서 세부섬에 그들이 설치한 방어벽을 높였다. 총독은 특정 지방의 사람들에게 조공을 부과하기 위해 부관들과 함께 파나이섬으로 건너가기로 결정했다. 후안 데 살세도의 형 펠리페 데 살세도가[6] 이 섬에 일단의 부대를

6 필리핀을 정복한 미겔 로페스 데 레가스피의 외손자이며, 외할아버지와 함께 필리핀 탐험과 정복에 참여한 펠리페 데 살세도는 원문에서 살세도(Salzedo)가 아니라 사우세도(Sauzedo)로 표기되어 있는데, 이는 오류로 보인다. 또한 후안 데 살세도 역시 후안 데 사우세도로 표기되어 있는 경우도 있는데, 이 역시 오류이다. 본 번역에서는 살세도로 통일하여 표기하기로 한다.

이끌고 왔는데, 총독은 최근에 자신의 조카를 그 부대의 대위로 임명하고, 40명의 군인과 함께 다른 섬을 탐험하도록 했다. 대위는 열네다섯 척의 작은 원주민 배를 타고 엘렘이라고[7] 부르는 작은 섬을 향해 출발했다. 그리고 우리가 그 섬에 도착했을 때, 그 어떤 저항 세력도 발견하지 못했으며 모든 원주민이 평화롭게 우리 수중에 들어왔다. 안내원을 따라 대위는 그곳에서 민도로섬으로 건너갔고 어느 날 밤 거의 새벽녘에 맘부라우라는 아주 부유한 원주민 마을을[8] 습격해서 그곳을 약탈했다. 많은 원주민이 잡혔지만 그들 중 일부는 이후에 자유를 샀고 다른 사람들은 풀려났다. 그곳에서 대위는 안내인 한 명을 데리고 15레과 떨어져있는 로반이라는 작은 섬으로 갔다. 대위가 떠나자 그 마을에서 도망친 원주민들이 돌아와서 에스파냐인들이 야기한 대혼란과 파괴를 목격하고는 재건해도 소용이 없을 것이라는 마음에 불을 질러 마을을 완전히 파괴하였다. 한밤중에 목적지에 도착한 대위는 최대한 비밀리에 해안에 상륙했고, 새벽녘에 그들을 습격하기 위해 함께 온 부하들과 핀타도스 원주민들을 마을 근처에 매복시켰다. 그러나 이 섬의 원주민들은 에스파냐인들의 적대적인 침략소식을 미리 듣고, 아이들과 아내 그리고 가져갈 수 있는 모든 소유물을 가지고 미리 마련해놓은 세 곳의 요새로 떠났다. 이들은 우리가 그들의 방어 수단과 요새와 함께 찾아낸 최초의 원주민들이므로 이제 여기에서 그 요새들과 그들이 소유한 무기들에 대해 서술하겠다. 정방형의 형태를 띤 두 개의 주요 요새는 각각의 벽에 10개 내지 12개의 컬버린 포를 가지고 있었고, 그 포 중 일부는 적당히 컸지만 나머지 것들은 매우 작았다. 각각의 요새는 2단의 벽으로 되어 있었고, 물이 채워져 있는 2.5브라사[9] 깊이의 도랑

---

7 원본에는 “el M”이라 되어있다. 몇몇 문서에는 엘렌(Elen) 또는 엘린(Helin)이라고도 표기되어 있다. 현재의 지명은, 민도로섬 남서쪽의 작은 섬 일린(Ylín)이다.

8 맘부라우(Mamburau)는 민도로섬의 서쪽에 있던 마을로 현재는 서민도로(Occidental Mindoro) 주의 주도(州都)이다.

9 1브라사는 약 1.67미터이다.

이 요새를 둘러싸고 있었다. 이 원주민들이 사용하고 있던 작은 무기는 서툴게 연마된 쇠창인데, 이것들은 꽤 좋은 쇠사슬 갑옷이나 폭이 넓은 단검, 그리고 화살로 공격하면 바로 무디어지는 것들로, 거의 가치가 없는 무기이다. 함께 사용하는 다른 창은 불로 강하게 만든 야자나무로 만들었으며, 쇠창보다 더 단단하다. 독성이 강한 약초가 풍부해서 원주민들은 독초를 화살에 발랐다. 이러한 것들이 바로 이 섬의 원주민들이 소유하고 사용한 무기이다. 다시 대위가 새벽녘에 그 마을에 도착해서 텅 비어있는 것을 발견했고, 작은 숲을 통과해서 첫 번째 요새가 있는 장소로 접근했다. 그들을 발견하고 에스파냐인들과 친구가 되기를 원하는지 물어보면서 협상했다. 자신들의 힘을 확신하고 있던 원주민들은 대화를 거부하면서 컬버린 포를 발사하고 화살을 쏘기 시작했다. 원주민들이 제안을 거부하자 대위는 발포를 명했다. 그러나 요새 주위를 둘러싸고 있는 해자로 인해 에스파냐인들은 요새 안으로 들어갈 수도 공격할 수도 없었다. 그래서 한두 곳에서 작은 전투가 약 세 시간 동안 이어졌다. 그러나 운이 따랐는지, 원주민들이 이미 떠난 그 요새의 다른 쪽에 20여명을 태울 수 있는 작은 배가 묶여있었다. 그리하여 우리 병사 두 명이 물속으로 뛰어들어 화승총수의 엄호를 받으며 헤엄쳐 건너갔다. 병사가 끌고 온 이 배에 15명의 병사가 올라타고 요새의 성벽으로 접근했다. 병사들이 성벽을 오르기 시작하자마자 원주민들도 이럴 때를 대비하여 만들어놓은 통로를 따라 다른 쪽으로 도망가기 시작했다. 사실 30, 40명의 무어인이 에스파냐인들의 입성에 맞서며 저항했다. 그러나 우리 병사의 반이 이미 성벽을 오르고, 나머지 병사가 이미 성벽에 도달한 것을 보고 무어인은 모두 등을 돌려 달아났다. 우리 병사는 다섯 명만이 부상을 당한 반면에 백여 명 넘는 무어인이 죽었다. 이런 식으로 요새를 함락하고, 50~60명의 포로와 10~12문의 컬버린 포를 확보했으며, 나머지 다른 것들은 요새 안에 그대로 있었다.

다음날인 1570년 5월 2일 아침, 대위는 포로 중 한 명을 불러 첫 번째 요새 바로 근처에 있는 섬 한가운데에 위치한 두 번째 요새로 보냈다. 그리고 그들에게 평화적으로 항복할 것을 전하라고 일렀다. 임무를 수행하기 위해 그 무어인은 요새에 있는 원주민들에게 대위의 전갈을 전했다. 그러나 원주민들은 에스파냐인들과 친구가 될 생각이 없으며 기꺼이 싸울 준비가 되어 있다는 응답을 보내왔다. 그리고 이 응답과 함께 전술한 원주민이 대위에게 돌아왔다. 다음 날 우리는 우호적인 4백 명의 원주민과 그 요새로 갔다. 대위는 요새를 시야에서 놓치지 않고 전진해나갔다. 그리고 그들에게 에스파냐인들과 친구가 되어야지 싸우려고 해서는 안 되며, 그렇지 않으면 나쁜 결과를 초래하게 될 것이라고 통보하였다. 그러나 그들은 친선을 원하지 않는다고 다시 한번 선언하면서 컬버린 포를 발사하고 화살을 쏘기 시작했다. 그 대답으로 우리는 그들의 화승총이 발사되는 쪽으로 병사들을 내보냈다. 그러나 그날 온종일 우리는 요새에 들어갈 수 없었다. 우리 에스파냐인들의 수가 매우 적었기 때문이었다. 그리고 더위가 극심한데다 밤이 다되어가도록 우리는 아무것도 먹지 못했다. 대위는 자신이 아무 성과도 내지 못한 것을 인정하고, 뒤에 두고 온 배를 타고 돌아가기로 결정했다. 그리고 다음날 아침, 가능한 한 가까이 그들을 둘러싸면서 다시 요새를 포위하였다. 이것이 대위가 취한 방식이다. 이런 식으로 대위는 적과 가까운 해안에 배를 정박시키고 들어왔다. 원주민들은 에스파냐인들의 결의를 보고, 이들을 무찌르지 않고서는 어떤 상황에서도 그곳을 떠날 수 없음을 알았다. 그리하여 그들은 화해를 하고 친구가 되기로 결정했다. 그리고 지도자들이 요새 밖으로 나와 대위와 우호적 평화를 맺고 친구가 되었는데, 그들은 지금까지도 친구로 남아있다. 그들은 대위에게 금 일백 테일[10]을 주었고, 대위는 그 금을 병사들에게 나누어주었다.

그곳에서 대위는 로반 근처의 작은 섬에 있는 바위산으로 갔다. 로반은 그 작은 섬과 아주 가까운 거리에 있었다. 그 섬에 살고 있던 약 300여명의 전사는 바위산으로 물러나있었다. 같은 날 약 10시 경에 도착한 대위는 바위산 주

---

10 테일은 동부 아시아, 특히 중국에서 쓰는 무게의 단위로 1테일은 37.7그램에 해당한다.

위로 갔고, 우리는 30명을 태우는 작은 배를 손에 넣었다. 이날 하루 동안 화승총에서 일제 사격이 쏟아졌다. 다음날 아침 병사들은 바위산을 오르기 위해 사다리를 만들기 시작했다. 바위산을 점유하고 있던 그들은 우리의 결의를 보고 평화와 우정의 조건으로 금 일백 테일을 더 내놓았다. 다른 요새의 원주민을 본보기로 삼아, 그들도 좋은 친구로 남게 되었다.

대위는 우리와 함께 파나이섬으로 돌아왔다. 그곳에는 부하들을 이끌고 아쿠요라는 섬으로 다른 원정을 마치고 돌아온 부대장과 함께 총독이 있었다. 그곳에서 바로 루손섬을 탐험하기 위해 사람들을 보내는 문제가 논의되었다. 부대장과 후안 데 살세도 대위가 100명의 병사와 함께 이 원정을 이끌기로 합의하였다.

이번 원정에 필요한 채비를 마치고, 부대장과 대위는 세 대의 대포가 실린 작은 배 두 척을 출항시켰다. 그리고 비세이스라고 하는 언어를 사용하는 우리의 친구 핀타도스 원주민들이 가진 배 열네다섯 척이 함께 항해에 나섰다. 위에서 언급한 1570년 5월 3일, 산타 크루스의 날에 그들은 파나이강을 출항했다.

나는 이번 원정에 참여하지는 않았으나 일어난 모든 일을 가감 없이 기술할 것이다. 나는 원정에 참여한 다른 사람들로부터 정보를 얻었는데, 특히 두 명의 동료에게서 많은 정보를 얻을 수 있었다. 이번 원정에 참여한 이 두 명은, 내가 예전에 언급했듯이, 모두 대단히 신뢰할 수 있는 사람들이다.

부대장은 민도로섬에 도착했다. 그곳의 마을과 항구는 매우 크고 견고하다는 소문이 있었다. 그러나 그것은 과장된 것으로 증명되었다. 왜냐하면 그 마을은 삼사백 명만이 거주하고 있는 작은 마을이었기 때문이다. 부대장이 그 항구에 도착했을 때, 마을 앞에 있는 내리막길에 정렬하고 있던 원주민들은 에스파냐인들이 섬에 들어오는 것을 막으려고 했다. 부대장은 부하들과 함께 평원에 있는 마을 앞 해안가에 상륙했다. 그리고 지그재그 형태로 마을에 접근해서 그곳을 공격했다. 공격이 개시되자 배 안에 있던 포병에게 공중으로 대포를 날리라는 명령을 내렸다. 원주민들은 에스파냐인들이 무력으로 마을에 들어오려는 것을 보고 부대장과 평화협정을 맺고 공물을 바쳤다. 그들은 현재까지 에스파냐 왕실 정부의 친구이자 신하로 남아있다.

이곳은 핀타도스 섬과 에스파냐에서 파견된 총독이 거주하고 있는 여기 루손섬으로 오는 모든 승객들이 들어오는 항구이다. 이곳에서 부대장은 루손섬, 더 정확히 말하자면, 크고 견고하기로 소문난 마닐라 항과 마을을 향해 출항하였다. 그러나 그곳이 누에바에스파냐나 다른 어느 곳보다 견고하다거나 크기 면에서 10분의 1이상 될 정도는 아니라고 말해도 무방하다. 그러나 이 땅의 원주민들과 비교해서 마닐라 주민들은 강력했다. 왜냐하면 그들은 내가 이미 언급한 다른 무기들과 함께 작고 열악하지만 대포 12문과 컬버린 포 몇 문을 가지고 있었기 때문이다.

마닐라 마을은 강과 바다 사이에 동쪽에서 서쪽으로 뻗어있는 땅의 후미에 위치해있고, 요새는 이곳 반도 서쪽 끝 항구 입구에 있었다. 바다에는 둘레가 약 30레과 정도 되는 매우 큰 항만이 있다. 이 항만에 인접하여 많은 마을이 있고, 그 마을들 사이에 마닐라도[11] 자리 잡고 있다. 마닐라는 이제 미겔 로페스 데 레가스피 총독이 국왕 폐하의 이름으로 발견한 에스파냐의 도시이다. 마닐라 항이 보이는 곳에 도착한 총사령관과 후안 데 살세도 대위는 앞서 언급한 마을의 원주민 족장 두 명의 호위 하에 평화롭게 들어왔다. 이들 중의 한 명은 라야라고 불렀는데, 기독교 신자로서 최근에 고인이 되었다. 나머지 한 사람은 라하 솔리만이라는[12] 사람이었다. 이 두 족장과 평화협정문을 작성했다. 비록 라하 솔리만은 정직하지 않아 의심스러웠으나, 라야는 죽

---

11 마닐라(Manila)라는 이름은 타갈(Tagal)어인 manilad에서 유래된 것으로 하얀 꽃(Ixora manila)을 피우는 작은 나무인 "nilad 가 매우 크게 자란 곳"을 의미한다. 어떤 저자들은 그 이름이 "혀가 있는 곳"을 의미하는 타갈로어인 may와 dila에서 나온 Maydila의 타락을 뜻한다고 주장한다.

12 라하 솔리만(Raxa Solimán) 3세(재위, 1558–1575, Rajah Sulayman라고도 표기)는 에스파냐가 마닐라에 오기 전까지 마닐라를 통치했던 마닐라 왕국의 마지막 무슬림 왕이었으며, 톤도(Tondo)와 나마얀(Namayan)의 상속자이기도 하다. 그는 라하 마탄다(Rajah Matanda)와 라하 라칸둘라(Rajah Lakandula)와 더불어 필리핀 지역에서 가장 중요한 세 명의 군주 중의 한 명이었다.

는 날까지 언제나 믿을 수 있는 사람이었다. 이 평화협정이 부대장과 위에서 언급한 두 족장 사이에서 진행되고 있는 동안, 그곳에 다양한 계층의 수많은 원주민이 모였다. 누에바에스파냐에는 "그리 많은 원주민이 사는 것은 아니었다"고 보고했지만, 정보에 따르면 이 사건이 발생했을 때 마닐라 마을에 8만 명의 무어인이 있었다. 사실은, 마닐라 출신일지도 모르는 사람들과 주변 마을의 남녀노소가 2천명이 왔으므로 8만 명에서 이 사람들을 제외하면 7만 8천일 것이다.

평화 협상이 진행되는 동안, 내가 말했듯이, 어떤 원주민들은 평화를 원했고, 또 다른 원주민들은 전쟁을 원했다. 사실 원주민들은 상당한 자부심을 갖고 있었고, 그들에게는 에스파냐인들이 매우 적은 수여서, 비록 무기라고는 곤봉뿐이었지만, 쉽게 해치울 수 있을 것으로 여겼기 때문이다.

평화 협상이 우호적으로 진행되던 3일 후에(합의에 도달하거나 결론을 내리는 것이 불가능했기 때문에), 위에서 언급한 그 해 5월 24일 10시에, 요새에 있던 원주민들은 근처에 정박시켜 둔 우리의 배 두 척에 대포를 쏘기 시작했다. 부대장은 80명의 병사들과 함께 작은 부지의 평지 위에 세워져 있는 요새 가까이에 상륙했다. 요새는 매우 좁은 언덕 위에 통야자나무로 지었으며, 내가 앞서 언급한 것처럼, 병사들이 마음대로 드나들 수 있을 정도로 넓은 구멍으로 포신이 나와 있었다. 무어인들이 부대장과 맺은 평화와 우호 협정을 위반하기 시작했을 때, 부대장은 심히 걱정했다. 적들이 전원 합세하여 모여들었기 때문에 두려움이 엄습했다.

그러나 전투가 시작된 것을 알았을 때, 부대장은 투구를 쓰고, 병사들에게 에스파냐 사람으로서 그리고 중요한 시기에 항상 그랬던 것처럼 임무를 완수해야 한다고 독려하기 시작했다. 곧바로 부대장은 포신이 돌출된 구멍을 통해 요새를 공격하라고 명령했다. 하느님의 은총으로 포수 중의 어느 원주민도 포를 발사할 용기는 내지 못했다. 그리하여 엄청난 혼란이 일어났다. 그 사람들은 대단한 기백으로 밀고 들어오는 에스파냐인들을 보고 벌벌 떨었다.

그들은 등을 돌리고 도주하기 시작했고, 미친 듯이 도망가다가 서로를 죽게 하기도 했다. 부대장은 그 마을이 크고 부유하다는 것과 하느님의 은총으로 승리할 수 있다는 것을 깨달았다.

부대장은 우리 병사들의 수가 매우 적었기 때문에, 병사들이 탐욕으로 가옥을 약탈하느라 뿔뿔이 흩어질 것을 염려하였다. 그래서 만일 적이 흩어진 병력을 보고 돌아와서 공격하면 그때는 다시 병력을 규합할 수 없을 수도 있었다. 부대장은 이런 위험을 피하기 위해 마을에 불을 놓으라고 명하였다. 곳에 모이라는 명령에 따라 병사들이 움직였다. 이렇게 부대장은 마닐라 마을에서 승리하였다. 위에서 언급한 원주민들의 소유물인 중형포 10~12문과 컬버린 포 몇 문을 노획하였다.

다른 둑 위에도 마을이 하나 있었는데, 그곳 족장의 이름은 알칸도라였다. 그러나 총독이 이 섬에 거주지를 세우고자 하는 것을 알고 있었기 때문에 부대장도 아직은 족장과 만나고 싶지 않았다. 그리하여 부대장은 족장이 가만히 있으면서 어떤 해도 가하지 않기를 바라며 파나이섬으로 돌아왔다. 오는 길에 루손섬에 있는 여러 마을과 평화와 우호를 맺었다. 민도로섬에 도착해서 바코vaco강에 이르렀을 때, 에스파냐 국왕의 칙서를 소지한 후안 데 라 이슬라가 돈 마르틴 엔리케스 부왕이[13] 보낸 배 세 척을 이끌고 누에바에스파냐에서 도착했다는 소식이 들려왔다. 이와 함께 이 지역에서 왕을 위해 복무하고 있는 병사에게 돈을 지급한다는 소식도 전해졌다. 1년 전에 누에바에스파냐로 간 성 아우구스티누스 수도회의 일원인 디에고 데 에레라 신부도[14] 하느님

---

13 마르틴 엔리케스 데 알만사 이 우요아(Martín Enríquez de Almansa y Ulloa, 1510?~1583)는 에스파냐의 군인이자 정치가이다. 그는 누에바에스파냐의 4대 부왕과 페루의 6대 부왕을 역임했다.

14 프라이 디에고 데 에레라(Fray Diego de Herrera, 1523~1576)는 아우구스티누스회의 신부로 미겔 로페스 데 레가스피의 필리핀 원정에 참여하여 1571년부터 1572년 사이에 마닐라에 처음 온 사제이다. 그는 멕시코로 돌아갔다가 다시 필리핀으로 향하는데, 1576년 4월 25일 칸탄두아네스 인근에서 배가 좌초하는 바람에 섬의 원주민들에 의해 살해당하였다.

과 폐하와 공공복지에 관련된 업무를 보기 위해 이 배편으로 왔다.

이런 소식을 들은 부대장은 서둘러 6월 중순에 총독이 머물고 있는 파나이강에 도착했다. 마닐라 마을에 거주지를 세우려고 계획한 총독은 마닐라를 불태운 것이 매우 안타까웠지만, 총독을 포함하여 모든 사람이 부대장을 환영해주었다. 환영식에 참석한 사람들의 이야기에 의하면, 마닐라를 불태운 것이 부대장의 잘못은 아닌 것 같다. 왜냐하면 부대장은 승리를 확실히 하고, 적이 다시 돌아와 공격하지 못하게 하려고 그렇게 한 것이었기 때문이다. 내 견해이지만, 부대장은 훌륭한 기독교인이다. 이 문제는 잠시 접어두고, 이제 총독의 활동에 대하여 이야기하겠다.

파나이섬에 배들이 도착하자, 총독은 다른 섬에 흩어져 있던 대위와 병사를 모두 소집하라는 명령을 내렸고, 국왕 폐하의 편지와 서류를 개봉하였다. 거기에는 원주민들을 정복하고 진압한 사람들에게 땅을 나누어주고 정착하도록 해야 한다는 폐하의 의지가 담겨있었다. 주님을 섬기는 데 항상 최선을 다해왔고 앞으로도 항상 그러실 폐하께서는 이밖에도 큰 은혜를 베푸셨다. 폐하께서 이러한 의지를 총독에게 밝히셨으므로, 총독은 세부섬에 거주지를 세울 것을 결심하고, 그곳을 '엘 놈브레 데 헤수스'라[15] 명명했다. 총독은 그곳에 40~50명의 식민인이 살게 하고, 이 사람들에게 몇 개의 마을과 인근의 여러 섬을 분배해주고 떠났다. 해주었다.

파나이섬으로 돌아온 총독은 남은 병사들과 함께 군수품을 싣고 루손섬으로 항해하기로 결정했다. 그러나 이 섬에서 5~6개월 동안 지체했는데, 2~3년간 그곳에 메뚜기떼가 광범위하게 번지는 바람에 쌀이 부족하여 사람들이 많은 고통을 받았다. 그리하여 그곳 신부는 매일 우리에게 설교했고, 총독에게는 공개적인 설교와 사적인 대화를 통해서 사람들에게 더 이상 고통을 주지 않으려면 조속히 이 섬을 떠나라고 촉구하였다. 신부의 기도와 경고에 영향을

15 '예수의 이름'이라는 뜻이다.

받은 총독은 근거가 있다고 생각하고, 루손섬에 거주지를 세우기 위해 모든 함대와 군대를 이끌고, 앞서 말한 파나이섬의 강에서 출항하기로 결심하였다.

1571년 부활절 다음날, 총독은 원정에 필요한 선박과 함께 프라이 디에고 데 에레라 신부와 부대장과 다른 모든 대위와 230명의 화승총수를 거느리고 항해에 나섰다. 항해에 나선 그달 20일, 크고 작은 우리 배와 우리와 함께 간 원주민들의 배들을 포함하여, 26~27척으로 구성된 전 함대가 화창한 날씨 속에 민도로섬에 도착했다. 총독은 15~16일 동안 그 섬에 머무르다가 루손섬을 향해 출발했다. 그리고 1주일 후에, 앞서 언급한 만과 마닐라가 위치한 곳에 도착했다. 그곳 원주민들은 총독이 자신들의 땅을 정복하기 위해 전 병력을 이끌고 만으로 들어오는 것을 보고, 마닐라 마을(1년 전 부대장이 불태운 이후에 그들이 재건했다)을 불태웠다. 그리고 이번에는 많은 가옥이 파괴되었지만 아직은 많은 건물이 남아있었다. 그러는 동안 원주민들은 알칸도라 마을을 향해 반대편 해안으로 건너갔다.

5월 중순 어느 날 오후 2시, 총독이 마닐라항에 도착하자, 알칸도라는 평화적이고 우호적으로 총독을 맞이하려고 작은 배를 타고 나왔다. 그리고 라하 솔리만과 라야를 대신해 우정으로 자신들을 대해줄 것을 간청하며, 1년 전 부대장에게 반대하여 무기를 든 것에 용서를 구했다. 알칸도라는 총독으로부터 받은 통행권을 가지고 친선을 맺기 위해 다음 날 다시 오겠다고 말했다. 총독은 알칸도라의 뜻을 받아들이고, 통역을 통해 그날 밤은 자기 집에 머무르다가 다음 날 두 명의 라하와 함께 오라고 말하였다. 그러면서 총독은 그들과 우호를 맺을 것이며 그들을 아들처럼 대할 것이라고 덧붙였다. 왜냐하면 총독은 그들에게는 악감정이 없었기 때문이다. 그러나 그들이 부대장에게 저항한 일은 유감으로 생각하고 있었다. 이런 총독의 확언을 듣고 알칸도라는 대단히 기뻐하며 작별 인사를 하고 집으로 돌아갔다. 그 다음 날 총독은 마닐라에 상륙했고, 세 명의 족장이 총독을 친구로 선언하려고 나왔다.

누에바에스파냐나 에스파냐에서는 오해하고 있지만, 이 땅의 족장은 절대적인 통치자도 아니며, 막대한 권위나 권력을 누리지도 못한다. 오히려 정반대가 맞을 것이다. 왜냐하면 그들 사이에는 어느 종족에게나 발견되는 가장 원시적인 환경이 존재하기 때문이다. 아무리 작은 마을이라고 할지라도 한 마을에는 종종 다섯, 여섯, 혹은 열 명의 족장이 있다. 그들 각각은 20~30명의 노예를 소유하고 있는데, 그들은 자신의 노예를 팔거나 원하는 대로 처리할 수 있다. 한편, 티마구아라고 부르는 자유민이 있는데, 족장도 자유민에게는 어떤 영향력도 행사할 수 없다. 파벌 간에 전쟁이 벌어지면 족장을 따를 의무가 있는 것을 제외하면 말이다. 그러나 이조차도 강제적인 것은 아니며, 힘으로 얻어질 수 있는 것도 아니다. 앞서 얘기했듯이, 그들 사이에는 극도의 무례함이 만연해있고, 화합하려는 마음은 부족하다. 누군가 '바구니'라고 하면 '활'이라고 답할 정도이다. 가장 많은 금과 부를 소유하고 있는 사람이 가장 지체 높은 귀족 중에서 최고의 족장이다. 즉 이 세계에서는 사람이 허영심과 자만심에 의해 존경을 받는다. 여기서 문득 "그대의 가치를 알고 싶거든, 그대가 무엇을 가지고 있는지 보라"라는 에스파냐 속담이 떠오른다.

우리의 친구가 된 이 세 명의 족장에게 평화의 조건으로 주위의 모든 땅을 가져오라고 제안했지만 이 일은 성사되지 못했다. 왜냐하면, 위에서 언급했듯이, 각각의 마을에는 족장이 따로 있고, 또 그럴만한 권력도 없었기 때문이다. 실제로, 내가 앞서 언급한 이유 때문에, 두세 개나 되는 마을에 권력을 갖고 있는 족장은 거의 없다.

이곳 사람들, 더 정확히 말하면, 이 루손섬과 주변의 다른 섬 사람들의 특징, 풍습, 복장, 장신구, 통치 형태에 대해서 좀 더 서술하겠다. 이곳에서 멀리 떨어진 중국인에 대해서 말하자면, 이쪽 섬과 거래하기 위해서 온 중국인은 깨끗하게 옷을 잘 차려입고 또 높은 도덕성을 지닌 민족이라고 알려져 있다. 우리는 거래를 위해 이 섬에 온 중국인이 옷을 깔끔하게 잘 차려입고 다니는 것을 보았기 때문에 이 말은 어느 정도 믿을 만하다. 그러나 적절한 시기와 자리에서 이 주제에 대해 더 언급하기로 하고, 1571년 5월 16일 마닐라에 상륙한 총독의 활동에 대해 계속 이야기하겠다.

총독은 폐하의 이름으로 건설된 마닐라에 정착하고자 하는 사람들에게 땅과 레파르티미엔토를[16] 허용한다는 폐하의 명령과 일치하는 칙령을 그 주말에 발표하였다. 따라서 대위와 병사와 시종을 비롯하여 그들과 함께 온 모든 사람은 이 도시에 시민으로 정착했다. 그러나 이 도시가 건설된 지 1년여가 지난 현재까지 레파르티미엔토나 (개척 입주자에게 주어진) 자영농은 거의 없다. 이러한 상황은, 앞서 이야기한 대로 이 도시를 건설하고 또 정착하였기에 매우 불만족스럽다. 이제 다시 돌아가서 에스파냐인들이 현재까지 계속해 온 원주민들과의 전쟁을 간단히 기술하겠다.

위에서 언급한 모든 일이 일어나고 있는 동안, 우선 인근 마을과 평화협정을 맺기로 결정하였다. 어떤 마을 사람들은 총독에게 평화를 간청하러 왔고, 어떤 마을 사람들은 그렇지 않았다. 그렇지 않은 마을 중에는 부타스라는 마을이 있었다. 부타스 마을은 마닐라를 흐르는 강의 저편에 있는 작은 만에 위치해 있는데, 약 1.5레과 떨어져있다. 근처에 있는 다른 마을과 연합한 부타스 마을은 총독과의 우정이나 평화는 원치 않는다는 말을 전했다. 그리고 마닐라와 꽤 가까이 있는 알칸도라 족장의 마을까지 올 정도의 대담했다. 부타스 마을 사람들은 총독과 대위에게 도전했다. 이러한 수차례의 도전에도 불구하고 인내하고 또 평화를 제의했지만, 결국 이러한 무례함을 견디는 것이 불가

16 분배 혹은 할당의 의미를 가진 레파르타미엔토(Repartamiento)는 1499년부터 에스파냐가 에스파냐령 아메리카와 필리핀에서 취한 식민지 경영 정책으로, 국왕의 칙허(勅許)에 의해 식민지 통치자들이 원주민 노동자를 징발할 수 있도록 함으로써 엥코미엔다의 폐해를 막고자 나타난 제도이다. 이 제도는 원주민 노동력의 사용을 정복자 개인(엔코멘데로)이 행사하는 것이 아니라, 식민정부가 엔코멘데로의 요구를 받아들인 다음, 우선순위를 정하여 엔코멘데로에게 원주민 노동력을 배정하고, 규정에 의거해서 원주민에게 임금을 주는지를 확인하는 제도다. 즉 왕실의 임명을 받은 관리가 원주민들의 노동력을 모집하는 일차적 집행자가 되는 것이다. 그러나 실제로 이 법령은 무시되기 일쑤였고, 엔코멘데로들은 왕실의 관리들과 결탁하여 원주민 노동력을 임의대로 사용하였으며, 실제로 이 제도가 시행되었음에도 불구하고 원주민 노동자들은 비인간적인 노동을 감당하면서 아주 적은 임금을 받았을 뿐이다. 이처럼 이 제도는 결과적으로 원주민의 권익보호에 어떠한 실질적인 개선도 가져오지 않았다.

능하게 되었다. 그래서 총독은 부카스 마을의 원주민과 싸우기 위해 바다로 70명의 병사와 몇 명의 원주민 족장과 함께 부대장을 보내야만 했다. 그곳에서 부카스 마을의 원주민들은 20~30척의 배를 타고나와 기다리고 있었다. 배마다 컬버린 포가 1~2문을 장착하고 있었다. 총독은 미사를 드린 후, 위에서 언급한 그 해 6월 3일, 성령의 축일에 출발하였다. 병사들과 함께 승선한 부대장은 그날 12시 정각에 적들이 모여 있는 곳에 도착하였다.

부대장이 항구로 들어오는 것을 보고, 부카스 마을의 원주민들은 부대장을 공격하기 위해 배(앞서 말했듯이, 20~30척쯤 된다)에 돛을 올렸다. 커다란 함성과 함께 컬버린 포와 수많은 화살이 날아오기 시작했다. 우리 군대에 아무 해도 입히지 못한 것은 하느님의 뜻이었다. 적의 의도를 알아차린 부대장은 배를 두 척씩 단단히 묶고 적군이 있는 곳으로 천천히 노를 저어 나가라고 명령했다. 적에 근접했을 때 화승총수는 일제히 총을 쏘아 적에게 피해를 입히기 시작했다. 그 사격으로 수많은 사람이 죽자 더 버틸 수가 없던 적들은 등을 돌리고 육지 쪽으로 후퇴하기 시작했다. 부대장과 동행한 핀타도스 섬의 원주민들은 적들이 후퇴하는 것을 보고, 물속으로 뛰어들어 추격에 나서 적들을 닥치는 대로 참살하였다. 왜냐하면 루손섬 원주민들은 부카스 마을의 원주민들에게 극렬한 적의를 품고 있었기 때문이다. 그리하여 핀타도스 섬의 원주민들은 육지로 간 부카스 마을의 원주민들을 공격해서 모든 배를 압수하고 2백 명의 원주민을 사로잡았다. 그리고 이후에 2~3백 명의 포로를 더 잡았다. 육지에는 5~6문의 컬버린 포가 있는 작은 요새가 있었는데, 그곳 역시 함락시켰다. 이것이 바로 자부심은 넘치지만 용기는 별로 없던 인디오들의 패주 모습이다. 다음날 아침, 부대장은 모든 전리품을 가지고 이 도시로 돌아왔다. 그리고 포로들을 병사들에게 노예로 나눠주고, 5분의 1은 폐하를 위해 남겨두었다.

평화와 휴식 속에 며칠이 지나고, 어떤 원주민들이 총독에게 카판판가 Capanpanga 마을에 인구가 밀집한 강이 많이 있다는 것을 말하러 왔다. 그리고 거기에 있는 사람들의 대부분은 에스파냐인들과 우호적인 관계를 맺고 싶어 하지 않는다고 하였다. 따라서 부대장은 백 명의 병사을 이끌고 출정에 나서야했다. 부대장이 마을에 들어섰을 때, 원주민 가운데 일부는 구축해놓은 요새로 돌아가서 대항하려고 애썼다. 부대장은 이들을 완전히 제압하고, 컬버린 포 몇 문을 압수하였다. 이로써 이 마을은 평정되었다.

부대장이 이 마을을 정복하는 동안, 누에바에스파냐로부터 후안 로페스 데 아기레Juan López de Aguirre의 지휘 하에 배 두 척이 도착했다는 소식이 들려왔다. 이 배들은 100명의 병사을 더 보강하고자 부왕 돈 마르틴 엔리케스가 보낸 것이었다. 따라서 총독은 마닐라 항구로 그 배들을 보내고 세부에 있는 그의 아내를 데려오기 위해 부대장에게 파나이로 가라고 명령했다. 이 일의 보답으로 이 섬과 본본Bonbón이라 부르는 강에 최초의 레파르티미엔토가 부대장에게 할당되었다.

우리가 이야기한 그 시기에, 카인타Caynta라는 마을의 족장 몇 명이 총독의 친구라고 선언하기 위해 마닐라 옆을 흐르는 강의 상류에서 내려왔다. 이 마을에는 약 천 명의 주민이 살고 있었다. 마을은 키가 크고 무성한 대나무숲에 둘러싸여 있었고, 성벽과 몇 문의 작은 컬버린 포로 요새화되어 있었다. 마닐라 옆을 흐르는 강이 마을 주위를 돌아 흐르고 있고, 강의 지류가 마을 중간을 가로지르며 흐른다. 우리에게 우정을 선언하러 왔을 때, 그 사람들은 마닐라에 있는 우리의 상황을 보고 대수롭지 않게 여기게 되었다. 그리하여 마을로 돌아간 후 우리와 친구가 되는 것에 관심 없다는, 아니 오히려 총독과 싸우는 편이 좋겠다는 전갈을 보내왔다. 또한 만일 에스파냐인들이 싸우려고 강 위로 올라온다면, 카인타 사람들이 어떻게 우리를 쫓아내는지 알게 될 것이라고 하였다. 총독은 그 사람들이 다시 충성을 다짐할 수 있도록 한두 달의 시간을 주었고, 그 사람들을 상대하기 위해 믿을만한 원주민 몇 명을 보냈다. 그러나 아무런 결론에 도달하지 못하자 결국 총독은 조카 후안 데 살세도에게 100명의 군사를 내주어 그 사람들을 정복하러, 아니 섬멸하러 보냈다.

이런 와중에 누에바에스파냐로부터 도착한 배 두 척이 파나이섬에 있는 항구에 정박해 있었다. 어떻게 부대장이 그 배들을 마닐라 항에 오도록 명령했는지는 이미 위에서 이야기하였다. 그 배들은 성모승천 대축일인 8월 15일에 도착했다. 같은 날에 후안 데 살세도 대위는 카인타항으로 가기 위해 병사 100명을 이끌고 중포 3문을 실은 갤리선에 승선했다. 살세도 대위는 3일 동안 강을 올라가 요새에 도착했다. 요새에 도착한 후, 살세도 대위는 총독의 명령에 따라 3일 더 기다렸다. 그 사람들이 마닐라에서 총독과 합의한 대로 에스파냐인과 우정과 평화를 다시 준수할 수 있도록 말미를 준 것이다. 그러나 이 불운한 피조물들은 참으로 다루기가 힘들었다. 형편없는 요새가 있다는 자신감 때문인지 모르겠으나 그 사람들은 싸우고 싶다는 전갈을 대위에게 보냈다. 그 사람들은 이 말을 들은 사람을 불러 이런 사실에 대한 증인으로서 삼았고, 싸움이 시작되는 날 자기들이 섬기는 신이 카스티야[17]인이 섬기는 신보다 더 강하다는 것을 알게 될 것이라 말하였다. 하지만 이 마지막 말은 허언으로 보였다. 왜냐하면 우리의 주님은 곧 오명을 풀게 되었고, 그 사람들이 신이라 부르며 숭배하는 악마와 그 사람들은 결국 거짓말쟁이로 판명났기 때문이다.

그 사람들에게 말미를 준 3일째 되는 날, 대위는 병력을 준비시켰다. 그리고 강의 굽이에 충분한 병사들과 함께 갤리선과 대포 3문을 남겨두고, 나머지 병사들과 우회하여 요새의 취약 부분으로 공격해 들어갔다. 에스파냐인들이

17 카스티야는 에스파냐를 가리킨다. 중세 에스파냐가 이슬람의 공격으로 이베리아 반도의 거의 대부분을 상실하는데, 이때 이베리아 반도의 북쪽에서 일단의 에스파냐 귀족들이 전열을 재정비하여 남하하면서 국토회복전쟁(Reconquista)이 시작된다. 그러나 에스파냐 진영은 한 나라로 통일되거나 조직되지 않고 각지에서 일어난 중요 세력을 중심으로 전개된다. 시간이 지나면서 이들 세력이 왕국들로 확대재편 되는데, 그중에서 가장 중심이 되어 국토회복전쟁을 전개했던 나라가 카스티야 왕국과 아라곤 왕국이었으며, 이 두 왕국이 결혼으로 연합왕국이 되어 결국 1492년 1월 이슬람 세력을 몰아내고 이베리아 반도를 기독교 국가로 통일한다. 엄밀하게 말하면 카스티야인은 카스티야 왕국의 사람들을 나타내지만, 이런 역사적인 배경을 바탕으로 일반적으로 카스티야인은 에스파냐인을 지칭한다. 또한 카스티야 왕국의 언어인 카스티야어는 통일 에스파냐의 보편적인 언어로 자리매김하면서, 일반적으로 에스파냐어를 지칭한다. 물론 현재 에스파냐에는 4개의 공식어가 존재하는데, 전 세계에 에스파냐어로 퍼진 언어가 바로 카스티야어이다.

들어가자 적은 가지고 있던 매우 작은 컬버린포로 두 명을 죽였다. 그리고 불로 단단하게 만든 야자나무 창으로 또 한 사람의 쇠사슬 갑옷을 뚫었다. 그리하여 죽은 사람은 세 명이 되었다. 이 이야기를 시작할 때 야자나무 창이 철보다 더 강하다는 것을 이미 말하였다. 언급한 것처럼 요새가 뚫리고 에스파냐인들이 안으로 들어간 후부터 적은 아무런 저항도 하지 못했다. 달아날 수 있는 사람은 달아났고, 남녀 할 것 없이 4백여 명의 나머지 인디오는 죽임을 당했다. 달아난 원주민들은 그 후에 돌아와서 평화적이고 우호적인 관계를 맺었다. 요새와 주변의 대나무숲은 모두 파괴되었고, 요즘 그 사람들은 매우 초라해지고 순종적이 되었다. 요새에서는 컬버린포 4문 외에 더 많은 것이 있었다.

그 사람들은 대포와 대포를 만드는 지식이 담긴 자료를 가지고 있었는데, 처음에 설명하려던 것을 잊어버렸으므로 이에 대해 간략히 설명하겠다. 카판판가와 마닐라의 원주민에 의하면, 이 땅에 들어선 첫 번째 함대에서 에스파냐인 포로 두 명을 잡았는데, 한 명은 플랑드르 사람이고, 나머지 한 명은 비스카야 사람이었다. 그리고 포로에게서 대포 만드는 법을 배웠다. 비록 내가 이렇게 말하고 있지만, 나는 이것이 확실하다고 단언하지는 않겠다. 단지 원주민이 이렇게 주장할 뿐이다. 나는 그 사람들이 대포 주조법을 부르나이의 무어인에게 배웠을 것이라고 믿는다.

앞서 말한 것처럼 카인타의 요새는 파괴되었다. 이 요새 혹은 마을은 마닐라 시에서 약 4레과 떨어진 곳에 위치하고 있으며, 인근에 맑은 물의 커다란 호수가 있다. 그곳은 연안을 따라 형성된 매우 큰 마을이며, 인구가 밀집한 곳으로 유명했다. 그러나 실제로는 밀집한 인구의 10분의 1도 안되었다. 호수가 어떠한지는 여기서 분명히 말하고자 한다. 왜냐하면 내가 도보로 전부 둘러보고, 두 눈으로 똑똑히 보았기 때문이다. 호수의 길이는 12레과가 넘고, 폭은 2레과이며, 물은 맑다. 물이 깨끗한 이유는 수많은 개천이 호수 안으로 유입되고 있고, 오직 두 개만이 흘러나가기 때문이다. 유입되는 물의 양은 많지만 흘러나

가는 물은 매우 적기 때문에 호수는 매우 깊다. 약 2만 4천 내지 2만 6천여 명의 사람들이 살고 있는 호수 근처의 마을은 후안 데 살세도 대위가 평정했다.

그곳에서 대위는 60명의 부하를 데리고 이 루손섬의 반대편 해안으로 갔다. 그리고 원주민들이 대위에게 얘기한 몇 군데 광산을 탐사했는데, 금이 매우 풍부했다. 갤리선은 위에서 말한 호수에 정박해두었다. 광산은 섬의 반대편인 북동쪽에 있는데, 원주민들은 파라칼리Paracali의 광산이라 불렀다. 대위는 우기에 계속된 행군으로 지친 병사들과 함께 광산에 도착하였고, 광산은 깊이가 30~40에스타도[18] 이상이나 되는, 매우 훌륭하고 풍부한 곳임을 알게 되었다. 원주민들은 두려워서 에스파냐인들이 오는 것을 기다리지 못했다. 병사 중의 일부는 대위가 잘못 처신했다고 불평했다. 돌아왔을 때는 병사 4명을 잃었는데, 그 중에는 새로 이 섬에 온 후안 라모스 상사가 있었다. 보고에 따르면, 이 광산의 소유권을 확보할 것이고, 해안을 정복했는데(이곳은 땅이 매우 비옥하기 때문이다), 우리 주님의 뜻이 그러하고 또 재가하여주신다면 우리가 적은 이익이라도 얻을 수 있으리라고 믿는다.

나는 앞서 어떻게 부대장이 아내를 데리러 세부에 갔는지 이야기하였다. 세부에 도착한 부대장은 아내를 데리고 이 도시로 돌아왔다. 카판판가 지방에는 비테스Vites라는 이름의 강이 있는데, 그곳 원주민들은 에스파냐인들과 친구가 되기를 거절했다. 그들은 매우 강력하다는 소문이 있었다. 부대장은 150명의 병사를 이끌고 이 원정을 맡아야 했다. 원정을 떠날 때 부대장은 비테스의 원주민들과 적대적인 원주민 족장을 안내원으로 데리고 가게 되었다. 이 남자는 에스파냐인들을 어떤 위험도 없이 아주 안전하게 비테스로 안내하겠다고 장담했다. 그리고 안내원은 이 임무를 완수했고, 부대장과 150명의 병사는 안전하게 그곳에 도착했다. 에스파냐인들이 성문과 요새에 무사히 들어

---

18 에스타도(Estado)는 깊이의 단위로, 1에스타도는 7피트에 해당한다. 7피트는 28.8635센티미터이므로, 1에스타도는 약 202센티미터에 해당한다. 그러므로 파라칼리 광산의 깊이는 60~80미터이다.

오는 것을 보고, 그 사람들은 평화와 우정의 이름으로 항복한 후, 자진해서 요새를 파괴했다. 그 주위에 있는 모든 마을이 친선을 맺으러 왔다. 그리하여 우리는 원주민들의 보고를 듣고 본거지 장악이 다소 위험할 것으로 여겼으나 (내가 이야기한 이상의 저항은 없었다) 무사히 원정을 마쳤다. 이 원정을 마지막으로, 이 글에서 가장 중요한 이야기인, 이 섬과 민도로섬에서 벌어진 모든 전투가 끝났다.

이 땅에 있는 원주민들의 생활습관, 의복, 그리고 서로의 관계 등을 기술하면서, 그들에 관한 몇 가지 사실에 대해 주의를 기울이고자 한다. 나는 그 사람들이 숭배하는 우상에 관해 내가 목격한 몇 가지 사실을 기술할 것이지만 다른 세부적인 사항은 다루지 않겠다.

우선 남자들의 키는 보통이고 피부는 거무스름하며, 에스파냐인처럼 짧게 자른 머리를 하고 있다. 작은 천으로 머리를 장식하고, 은밀한 부분을 가리기 위해 작은 천 조각을 두른다. 또한 올이 굵은 소재로 만든 짧은 윗옷을 착용하는데, 반소매로 앞이 트여있다. 그 사람들은 관습적으로 신발을 신지 않으며, 의복이나 장신구는 매우 상스럽다. 여자는 몹시 못생겼고, 대부분 품위가 없다. 또 허리에 천 조각을 둘러 아래로 늘어뜨리고, 복부가 그대로 드러나는 아주 작은 상의를 착용한다. 그 모습은 잔뜩 먹인 암말에 비유할 수 있을 것이다. 어떻든 간에 여자는 인격이나 지위도 없으며, 매우 저속하게 음식을 먹고 마신다. 먹고 마시는 방법에서는 족장과 노예 사이에, 또는 노예와 주인 사이에 어떤 차이도 없다.

그 사람들의 제례의식에 관해서 언급하면, 지금까지 내가 보아온 바로는, 각각의 원주민은 자신의 집에 여러 우상을 모시고 기도을 올린다. 이런 우상을 그 사람들은 신이라는 의미의 바탈라Batala나[19] '최고 우상'이라고 부른다.

---

19 블루멘트리트에 따르면, "이 명칭[바탈라]은 산스크리트어에서 기원한 것으로, 말레이 필리핀족은 다양한 신을 이런 이름으로 부른다. 고대의 타갈로그인은 가장 으뜸이 되는 신을 바찰라(Bachala), 또는 바탈라 메이카팔(Bathala mey-kapal, 조물주)이라고 칭하였다."(Ferdinand

다른 사람들은 디오바타Diobata[20]라고 부르는데, 적어도 핀타도스 사람들은 이런 이름으로 부른다. 이 섬의 원주민들은 보통 바탈라라고 부르며, 모든 피조물의 신으로 여기고 있다. 따라서 수도사가 이 땅에 와서 그리스도에 대한 믿음을 설파하고 세례를 주기 시작한 후, 원주민은 바탈라라는 이름 외에는 우리 주님을 그들의 언어로 어떻게 불러야할지 알지 못했다. 그 사람들을 개종하기는 용이해서 수도사들은 이 땅에 온 지 얼마 지나지 않아 많은 성과를 얻었고, 수많은 남자, 여자, 아이들에게 세례를 주었다. 이 땅에서 우리의 믿음을 거부하는 어떤 족장이나 원주민도 없이 모두들 세례를 받았다. 정반대로 만일 그들이 우리의 신앙에 관해 설교를 듣고 질문을 받는다면, 그 사람들은 그것이 매우 신성하고 훌륭하다고 말할 것이다. 이제 다음과 같은 그 사람들이 제례의식을 행하는 방식에 대한 논의로 돌아가 보자.

어떤 족장이 병이 들면 일족을 모두 불러 생선과 고기와 포도주 등 다량의 식사를 마련하도록 지시한다. 일족이 모두 모이고 음식을 몇 개의 접시에 담아 집 안의 바닥에 놓으면, 모인 사람들 역시 바닥에 앉아 음식을 먹는다. 그들의 언어로 만가니토manganito나 바이란baylán이라 부르는 연회 한가운데에, 바탈라라고 부르는 우상과 여사제로 생각되는 나이든 여성, 그리고 몇 명의 나이든 원주민을 둔다. 그 사람들은 먹던 음식의 일부를 우상에게 바치고, 그 사람들의 언어로 바탈라를 부르면서 연회를 베푼 병든 사람의 건강을 기원한다. 아무튼 이 섬에는 제단도 신전도 없다. 이 만가니토, 더 알맞은 이름을 붙이자면, 취중에 벌이는 떠들썩한 이 연회는 보통 7~8일 동안 계속된다. 그리고 연회가 끝나면, 그 사람들은 우상을 가지고 가서 집 한 구석에 놓아두는

Blumentritt, *Diccionario mitológico de Filipinas*, Madrid: Viuda de M. Minuesa de los Rios, 1895, pp. 34–35).

20 디오바타는 산스크리트어 Dîwata에서 유래한 말로 필리핀군도의 여러 종족이 사용하는 말이다. 여러 민족에 의해 다양하게 사용되는 말이다. 때로는 조상의 영혼을 일컫기도 하고, 때로는 좋은 영혼이든 나쁜 영혼이든 하등한 영혼을 일컫기도 한다.(참고, Ferdinand Blumentritt, *Diccionario mitológico de Filipinas*, Madrid: Viuda de M. Minuesa de los Rios, 1895, pp. 45–46).

데, 이때는 어떤 숭배의 표시도 보여주지 않는다. 내가 말했듯이, 그 사람들은 가장 작은 사람부터 가장 큰 사람까지 모두 감각을 잃을 때까지 먹고 마신다.

바다에서 가장 가까운 마을 중에는 돼지고기를 먹지 않는 사람들이 있는데, 그 이유는 앞에서 이미 언급했다. 브루나이의 무어인은 무역을 통해, 돼지고기를 먹지 못하게 하는 등 마호메트의 사악한 교리의 일부를 그 사람들에게 설교해왔다. 그 사람들은 어린아이 같이 행동하는데, 언젠가 우연이라도 왜 돼지고기를 먹지 않느냐고 질문하면 그 이유를 알지 못한다고 답한다. 만일 누군가가 그 사람들에게 마호메트가 누구인지 그리고 마호메트의 법이 무엇을 명하고 있는지 물어보면, 그 사람들은 계율이나 마호메트에 관한 어떤 것도, 심지어 이름도 알지 못한다고 말한다. 마호메트의 법이나 기원에 대해서도 알지 못한다. 그 사람들 중 브루나이에 있었던 몇몇은 일부나마 이해할 수 있고 또 코란의 몇 마디는 읽을 수 있는 것이 사실이다. 그러나 이런 사람은 극소수이며, 내가 들은 바에 의하면, 브루나이에 가보지 않은 사람은 돼지고기를 먹어도 된다고 믿고 있다.

그 사람들은 태양과 달에게 맹세하는데, 모든 섬은 공통적으로 이런 맹세를 하고 있다. 이는 우리가 이 섬에 온 후에 알게 된 사실이다. 우상을 숭배하는 많은 다신교도가 흔히 그렇듯이, 나는 그 사람들이 동물, 별, 구름, 그 밖의 다른 것을 숭배하는 습관이 있다고 생각하지 않는다. 그럼에도 불구하고 그 사람들에게는 제물이나 마법에 관한 여러 풍습이 있다고 믿는다. 실제로 이런 일을 행하기 때문이다. 그러나 이런 것에 시간을 낭비하거나 부담을 가지거나 마음 쓸 필요는 없다. 왜냐하면 논리적인 사람이라면 누구나 여기 쓰인 것을 읽은 후에는 나머지를 충분히 이해할 수 있을 것이기 때문이다. 아주 미개한 종족이라는 얘기도 있지만, 현재까지 그 사람들에게서 자연을 거스르는 죄를 범하는 사람을 목격한 바는 없다. 그러나 여자에 대한 태도는 어떤 종족도 능가할 수 없을 만큼 부도덕하고 방탕한데, 이런 악행과 죄는 결코 사소한 것이 아니다. 아내를 맞아들이는 풍습은 다음과 같다.

가장 부유하거나 가장 많은 금을 가진 사람은 누구보다도 많은 아내를 맞이할 수 있다. 이는 하느님을 모독하는 일이다. 그러나 이곳 원주민에게는 괜찮은 법이 하나 있다. 즉, 한 남자가 소유하고 있는 많은 아내 중에서 남편은 한 명만 합법적인 아내로 여긴다. 그리고 만일 남자가 죽을 때, 이 여자의 아이가 없더라도 다른 여자의 아이는 상속을 받지 못한다. 이것이 사실인지에 대한 실례로, 내가 이전에 언급한 라야의 죽음을 예로 들 수 있다. 기독교인인 이 라야가 죽었을 때, 합법적인 아내에게서는 아이가 없었다. 비록 다른 아내에게서 태어난 아이는 많이 있었지만, 그 아이들은 아무 것도 상속받지 못했다. 따라서 라야의 재산은 합법적인 조카가 물려받았다. 그러나 서자가 합법적으로 물려받은 재산을 빼앗을 수도 있는 것도 사실이다.

나는 앞서 원주민의 통치형태와 특성을 언급했다. 다른 모든 인디오들이 그러하듯, 그 사람들 또한 자신들이 인디오라는 것 외에 더 알고 싶은 것도 없다. 그러나 족장의 옷을 보면 노예나 자유민과 약간 차이가 있다. 남녀 모두 금으로 된 발목 고리와 팔찌를 착용하고 있다.

지금까지 그 사람들과 에스파냐인들 사이에 벌어진 전투에 관해 이야기하면서 이미 대위와 병사의 업적을 언급하였다. 또 이 정복에서 뛰어난 업적을 성취한 대위의 이름도 모두 밝혔기 때문에, 더 이상 그 어떤 것도 찾아낼 수 없을 정도이다. 만일 이 땅에 있는 모든 사람을 불러내어 증거를 제시하는 것이 필요하다면, 나는 얼마든지 그럴 용의가 있다. 핀타도스 사람들과 포르투갈 사람들 사이에서 일어난 일과 관련해서, 내 이야기는 그 일과는 아무런 관련이 없다. 그러나 원주민들과 에스파냐인들 사이에서 일어난 이야기와 함께 이 섬들에서 발생한 중요한 사건은 내가 분명히 기술하고 밝혔음을 주장한다.

포르투갈인에 관해서 말하자면, 이곳에 살던 많은 연대기 작가의 방대한 작품에 쓰인 대로, 비록 에스파냐인이 몇 차례의 매복에서 포르투갈인 몇 명을 포로로 잡은 것을 제외하고 그들과 직접 전투를 벌이지는 않았지만, 에스파냐인은 폐하를 위해 큰 충실함과 용기를 보여 주었다고 말할 것이다.

사람들이 진실만 기록했기를 바란다. 왜냐하면 내가 아는 바로는, 디에고 데 에레라 신부와 마르틴 데 에라다 신부의 경우를 제외하면 믿을 만한 것이 없기 때문이다. 수도사으로서 독실하게 하느님을 섬기고 공익을 위해서 일하는 이 두 사람은 오직 사실만 기록하며, 세속적인 일에는 관심이 없다고 믿고 있다.

지금까지 이 섬 원주민의 관행에 대해서 이야기했는데, 내가 예전에 중국 인디오에[21] 관해서 이야기를 꺼낸 적이 있기 때문에 이제 그들에 관해서 몇 마디 언급하겠다. 그들은 루손섬 원주민들과 에스파냐인들과 교역할 뿐만 아니라 이 지역의 모든 섬들과 거래를 하면서, 비단으로 만든 물건, 최상품의 무명옷, 자신들이 착용한 것과 비슷한 섬세하고 아기자기한 물건 등을 수입해서 팔고 있다. 앞에서 언급했듯이, 중국인은 남녀 모두 활발하고 피부색은 밝다. 루손섬에 사는 중국인 여자도 몇 사람도 눈에 띈다. 이런 중국인은 자기 나라에서 모종의 사건에 연루되었기 때문에 도망 와서 이곳 원주민과 함께 살고 있는 것이다. 이런 중국인은 아내를 데리고 이곳에 왔는데, 남녀 모두 합쳐서 약 150명가량 된다. 이런 중국인은 이곳에 와서 기독교인이 되었다. 매우 겸손하고 허세를 부리지 않으며, 비단과 무명으로 만든 긴 옷을 입는다. 또 에스파냐인처럼 통이 넓은 반바지와 소매 달린 옷과 긴 양말도 착용한다. 매우 영리하고 깔끔한 사람들이다. 이상은 우리가 본 바를 요약한 것이다. 중국인은 여자뿐만 아니라 남자도 머리를 길게 길러서 머리 위로 단정하게 묶고 다닌다.

나는 지금까지 매우 다양한 문제를 다루었다. 이제는 이곳이 얼마나 비옥한지를 얘기하고자 한다. 내가 가 본 여러 섬에서 씨앗을 뿌리고 거둬들인 것을 얘기할 것이다. 민다나오섬은 매우 크지만 인구는 많지 않다. 최소한 내가 가 본 지역은 그랬다. 그곳은 해안을 따라 약 80레과에 이르는 부투안Butuan

---

21 중국인을 가리켜 중국 인디오(Indios de China)라고 표기한 것이다.

강에서 칼라미타Calamita곶까지의 지역이다. 그곳은 극도로 척박하다. 그곳에는 광산이 매우 많고 매장량이 풍부하기 때문에 원주민은 순금을 채취한다. 그리고 이 섬에 있는 카아우이테Caahuite곶에서는 계피가 채취되는데, 이 곶은 북위 5도에서 동남쪽에 있다. 이곳은 건강에 매우 좋지 않은 지역이다. 앞에서 언급했듯이, 나는 그 곶에 간 적이 있다. 그 곶에서 그란데 데 민다나오Grande de Mindanao강까지는 약 60레과이다. 우리는 라드로네스Ladrones제도에서 난파당한 기함旗艦의 작은 보트를 타고 이 민다나오 강 근처에서 지냈다. 그 배에 있던 우리 에스파냐인 중 어느 누구도 현재까지 그 강에 와본 사람은 없었다. 이 곶 근처에는 타기마[22]라고 부르는 섬이 하나 있는데, 포르투갈 선박이 정향丁香을 얻기 위해 몰루카로 가는 길에 이 섬과 그 곶 사이를 지나간다. 따라서 우리의 국왕 폐하께서 몰루카를 수중에 넣는다면(폐하께선 그럴 권리가 있다고 사람들이 이야기하고 있으므로), 한 번의 항해에서 정향과 계피를 동시에 선적하여 두 가지 임무를 수행할 수 있을 것이다. 왜냐하면 몰루카는 항로 중간에 있고 항구도 훌륭하여 반드시 기항해야하기 때문이다.

나는 이 섬에서 본 것에 주의를 기울여왔다. 마지막으로, 평화롭게 지내온 다른 곳을 모두(적어도 에스파냐인들이 있었던 곳에 한해서) 이야기하겠다. 두 번째는 네그로스섬[23]인데, 매우 평화로운 곳이다. 약 2만 명의 주민이 살고 있는데, 세부에 사는 에스파냐인들이 분할하는 있는 섬이다. 그곳에도 금광이 있다고 한다. 다음은 이미 언급한 세부섬으로, 이곳은 인구가 매우 적다. 이들 세 섬 사이에는 작은 섬이 많이 있는데, 그중에는 사람이 살고 있는 섬도 있고 그렇지 않은 섬도 있다. 장황한 설명을 피하기 위해서 이런 섬에 대해서는 언급하지 않겠다. 그러나 작은 섬에도 광산이 있다.

---

22 민다나오(Mindanao) 섬의 남서쪽 지점에서 떨어진 바실리안(Basilan) 섬을 지칭한다. 그곳은 공시적으로 타기마(Taguima)로 불렸다. 여기에 언급한 배의 항로는 바실리안 해협을 통하는 것이었다.

23 네그로스(Negros)섬은 필리핀에서 네 번째로 큰 섬으로 필리핀 중부 비사야 제도에 있다. 필리핀에서 가장 많은 설탕 생산으로 유명하다. 네그로는 흑인, 검정색 등을 의미한다.

세부에서 북서쪽으로 더 멀리 떨어진 곳에는, 내가 언급한 섬 사이에 바이바이Baybay, 바유교Bayugo, 아부요Abuyo, 칼바리안Cavalian, 탄다야Tandaya, 바르시오가마Barciogama 등 작은 섬이 많다. 이런 섬도 앞서 언급한 세부의 에스파냐인들이 분할하고 있다. 그 중 소수의 작은 섬에만 온화한 주민이 거주하고 있다. 다른 곳처럼 이런 섬에서도 주민과 평화를 도모하는 것이 최선이다. 그곳에서는 쌀, 면, 돼지, 가금류, 밀랍, 꿀이 대량으로 생산된다. 앞에서 본 것처럼 광산도 많다. 또 원주민 얘기로는 인구가 많다고 한다. 이 모든 섬에서 금이 난다. 그러나 가장 중요한 것이 부족한데, 바로 에스파냐인이 식민지를 건설하는 것이다.

파나이섬 서쪽에도 섬이 있는데, 그곳은 인구밀도가 매우 높고, 땅이 비옥하며, 다량의 쌀, 돼지, 닭, 밀랍, 꿀이 생산된다. 원주민들은 이 섬에도 금광이 있다고 한다. 그리고 그들이 그렇게 말하는 것으로 보아, 틀림없는 사실이다. 그곳에서 발견한 금은 매우 순도가 높다. 총독이 그 섬에 부임했을 때, 우리의 죄와 원주민의 죄 때문인지 모르겠지만, 메뚜기떼가 습격했고, 이런 메뚜기떼의 습격은 지금까지 3년 동안 계속되고 있다. 습격을 받지 않은 땅에도 씨가 뿌려진 곳은 하나도 없다. 그 섬의 원주민은 지독한 굶주림과 역병에 시달린 나머지, 절반 이상이 죽어나갔다. 그리고 하느님이 노여움을 거둘 때까지 계속 죽어나갈 것이다. 그 섬에서 루손섬까지의 거리는 약 60레과이고, 중간에 민도로섬이 있다.

민도로섬에서는 밀랍과 꿀이 많이 생산된다. 금광도 많고, 사금이 나는 강도 많다. 나는 그것에 대해 이미 모든 것을 말했다. 남쪽에 있는 해안에는 주민이 많고, 북쪽 해안에는 민도로라고 부르는 마을이 있고, 인구가 조밀한 강도 여럿 있다. 그곳을 본 적도 없고 발을 들여놓은 적이 없는 사람들이 그곳에 약 8,000명의 사람이 살고 있다고 말한다. 내가 직접 목격한 바로는, 그곳에 15,000명 이상이 살고 있다고 단언하는 바이다. 그곳은 루손섬 지척에 있다. 이 섬과 위에서 열거한 다른 섬 사이에는 작은 섬이 매우 많이 있는데,

비록 인구가 적기는 하지만 우호적이다.

다음은 루손섬인데, 현재 총독이 거주하고 있고, 앞에서 이야기한 것과 같은 방식으로 식민화된 곳이다. 이 섬은 매우 크고, 인구가 매우 조밀한 지역이다. 내가 이 섬의 마을과 땅을 보고 이야기하는 것인데, 이때까지보다 더 넓고 더 좋은 땅은 아직도 정복 중이다. 원주민은 에스파냐인과 우호적으로 지낼 때의 이점을 알게 된 후로는 더 이상 저항하지 않는 것 같다. 저항하면 어떻게 되는지 이미 들었기 때문인 듯하다. 현재까지 이 섬에서 탐사를 마친 지역은 마닐라에서 이발론[24]까지 해안을 따라 약 50~60레과에 이른다. 이발론은 누에바에스파냐 행 선박의 부두가 있는 곳이다. 더 위 북쪽 해안은, 내가 위에서 언급한 것처럼 후안 데 살세도 대위가 60명의 부하와 함께 마닐라에서 다른 바다로 건너갈 때 발견한 파라칼리Paracali 광산을 제외하면 탐사한 곳이 없다. 이 광산 근처에 비코[25]라고 부르는 크고 인구가 밀집한 강이 있다. 원주민들의 보고서에 따르면, 그곳은 모두 인구가 많다. 이 루손섬은 마닐라에서 서쪽으로 멀리 뻗어있다.

남쪽으로는 일로키오Yloquio라는 지방이 있는데, 금광이 있어 매우 부유하다고 전해진다. 그러나 에스파냐인은 아직 그곳의 금광을 보지 못했다. 원주민은 이 섬이 경도로 얼마나 뻗어있는지는 말할 수 없었다. 나는 이미 이 섬의 모든 곳에 주민이 밀집해 있고, 들소, 사슴, 멧돼지, 염소도 많을 뿐만 아니라 쌀, 가금류, 돼지도 풍부하다고 얘기했다. 또한 많은 양의 면과 색깔이 있는 옷감, 밀랍, 꿀이 생산되며, 대추야자도 풍부하다. 결론적으로, 위에서 언급한 모든 것과 내가 열거하지 않은 다른 많은 것이 매우 풍부하다. 이 섬은 이

---

24 이발론(Yvalón 또는 Ibalón)는 알바이(Albay)의 아주 오래된 이름이다. 그 이름은 때때로 루손섬 전체에 적용되기도 했다.

25 비코(Bico)강은 암보스 카마리네스(Ambos Camarines)의 남쪽 지방을 가로질러 흐르고, 파라칼레(Paracale)는 같은 지방의 북쪽에 있다. 두 지역 모두 알바이로부터 반대편 해안에 있다. 일로키오는 아마도 일코스(Ilcos)일 것이다. 그러나 그 지방은 마닐라의 남쪽이 아니라 북쪽에 있다.

지역에서 지금까지 발견된 섬 중 가장 크다. 내가 말했듯이, 주민이 많고 금광이 있어서 매우 부유하다. 중국과 교역도 많이 한다. 총독은 지금까지 정복되고 평정된 지역을 정복자에게 나눠주기 시작했다.

나는 이 땅에 대해 다른 많은 것과 그곳에 존재하고 있는 여러 가지 상황을 쓸 수 있었다. 그러나 장황한 이야기는 피하기 위해 그런 이야기는 생략하겠다. 따라서 우리의 영원한 성부와 성자와 성신의 이름으로, 우리 주 예수 그리스도의 영예와 영광을 위해, 그리고 영광스러운 성모 마리아를 위해 1572년 4월 20일, 마닐라에서 이 글을 끝맺고자 한다.

22. 라다 신부의 의견서

마르틴 데 라다(Martín de Rada, 1533~1578) 또는 마르틴 데 에라다(Martín de Herada)라고 부르는 이 신부는 아우구스티누스 교단 소속으로 여행가, 천문학자, 항해자, 수학자, 지도제작자, 지리학자, 작가, 언어학자였다. 또한 중국의 명나라를 방문한 첫 번째 기독교 사제 중의 한 명이며, 필리핀 정복 시기 필리핀 전도에도 많은 노력을 하였다. 라다 신부는 중국에서 활동한 경험과 지식을 바탕으로 『타이빈 왕국, 일명 중국의 문물에 대한 보고서』를 펴냈으며, 1574년에는 필리핀의 에스파냐 정복자들의 억압과 착취와 불의를 고발하는 「이 섬에서 일어난 일들에 대한 아우구스티누스 교단의 마르틴 데 라다 신부의 의견서」를 작성했다.

이 「의견서」에 의하면, 라다 신부는 필리핀 총독 기도 데 레베사리스의 요청으로 필리핀 지역의 정복자와 피정복자 사이에서 벌어지는 일을 조사해서 보고하고 있다. 그런데 라다 신부는 다른 식민통치자의 보고와는 다르게 필리핀의 여러 섬이 불법적인 과정과 절차에 의해서 정복되었다고 비판하고 있다. 왜냐하면 국왕이 평화적으로 필리핀의 섬들을 접수하고 다스려야 한다고 명을 내렸음에도 불구하고 에스파냐 정복자들은 폭력과 전쟁으로 정복했기 때문이다. 또한 마르틴 데 라다 신부는 원주민이 그렇게 폭력을 통해 강압적으로 정복당하고 난 다음에 부당하게 공물을 할당받았다고 비판하며, 종국적으로 원주민은 자유민이므로 에스파냐인의 신하로 격하되어서는 안 된다고 주장한다. 그러면서 마지막으로 권력남용을 폐지하고 원주민의 삶을 해치는 해적을 소탕해달라고 부탁하며, 자신과 같은 성직자는 하느님에 대한 믿음을 가르치는 등, 원주민을 도울 수 있는 방법으로 돕겠다고 말하고 있다.

이러한 라다 신부의 비판에 대해 필리핀 정복자들은 다음에 소개할 「성 아우구스티누스 교단 마르틴 데 라다 신부의 의견서에 대한 답신」을 통해서 반박하고 있는데, 이러한 고발과 반론은 저 유명한 바야돌리드 논쟁의 필리핀판이라고 할 수 있다.

아래에 소개하는 「이 섬에서 일어난 일들에 대한 아우구스티누스 교단의 마르틴 데 라다 신부의 의견서」는 세비야의 인디아스고문서보관소에 소장된 문헌을 번역하였고, 영역본을 참고하였다.

참고문헌

1. De Rada, Martín, *Parescer del provincial fray Martín de Rrada agustino sobre las cosas destas yslas*. (https://www.upf.edu/asia/projectes/che/s16/rada5.htm)
2. De Rada, Martín, "Opinion of Fray Martin de Rada on Tribute from the Indians", Ed. de Emma Helen Blair and James Alexander Robertson. *The Philippine Islands, 1493–1803*. Vol. III(1569 - 1576). (https://www.gutenberg.org/files/13616/13616–h/13616–h.htm)

마르틴 데 라다

각하[1]

각하께서는 이 땅에서 일어나는 일에 대한 저의 의견을 글로 써서 달라는

1 이 의견서의 수신인은 당시 필리핀 총독 겸 총사령관 기도 데 라베사리스(Guido de Lavezaris (1512?~1581?))이다.

부탁을 하셨습니다. 그리고 우리의 주님이신 신에 대한 더 많은 봉사와 이 땅에 살고 있는 사람들의 양심을 바로 세우기 위한 방법을 찾으라고 요구하셨습니다. 저는 지난 가을 각하께서 저에게 인디오들이 공물을 바치는 것이 옳은 일인지에 대해 물어보셨을 때, 접견 자리에서 각하께 말씀드린 것과 똑같은 말씀을 드리려고 합니다. 저는 각하께 이 땅에서 일어나는 문제에 대하여 토론하기 위해 이 섬의 모든 종교인을 소집하여 회의를 열어야 한다고 말씀드렸습니다. 그때까지 저는 어떤 변화가 있어야 한다고 생각하지는 않았습니다.

다만, 에스파냐인이 공물을 올려야한다는 사항은 제외해야 합니다. 해안가에서 고용된 사람에게 부과하는 공물처럼, 인디오에게도 1인당 70간타에[2] 해당하는 쌀과 베 한필을 부과해야 합니다. 이에 동의한다면, 비록 몇몇 종교인들이 설교단이나 고해실에서, 그리고 공적이거나 사적인 토론회에서 공물과 관련해서 잘못을 저지르긴 하였지만, 저는 모두들 이곳에 와서, 토론회가 열리고, 결국 모든 일이 좀 더 이성적인 방법으로 해결되기를 기다렸습니다. 그러나 몇몇 분들이 너무나 지체를 하는 바람에 저희들은 이곳을 떠나야할 때가 되었고, 그나마 몇 분은 개별적으로 혹은 단체의 이름으로 의견을 주셔서, 결국 여기에 있는 모든 사제의 의견을 정하였습니다.

저희는 이 섬들 중 정당한 절차로 에스파냐의 지배하에 들어온 섬은 하나도 없다는 것에 의견일치를 보았습니다. 왜냐하면 비록 어떤 나라나 도시에서도 전쟁을 일으킬만한 정당한 사유가 있다하더라도, 어떤 통치자나 지휘관도 국왕 폐하의 허락을 받지 않은 채 그리할 수는 없습니다. 오직 국민이나 재산을 지키거나 혹은 부당한 일을 당할 때만 그리할 수 있는 것입니다. 우리가 받은 첫 번째 훈령이나 이후의 훈령에서도 국왕 폐하께서는 이 섬들의 인디오와 전쟁을 해도 된다는 명령을 내리시지는 않으셨습니다. 국왕 폐하께서 엘에스코리알 궁전에서[3] 작성하시고 후안 데 라 이슬라 편에 각하께 보내신 서한을

2 간타(ganta)는 부피나 양에 대한 측량으로 1간타는 3리터에 해당한다.

3 마드리드 근교에 있는 엘에스코리알 궁은 에스파냐 왕가의 여름 별궁으로 사용되었다.

본 적이 있는데, 국왕 폐하께서는 오히려 그 반대로 명령하셨습니다. 폐하께서 보내신 서한은 이 섬들에서 무력으로 이루어진 정복은, 비록 그럴 수밖에 없었던 이유가 있다하더라도, 정당하지 않다고 말씀하셨습니다. 더 부당한 것은 모든 정복, 혹은 거의 모든 정복에는 아무 이유가 없다는 것입니다.

각하께서도 알고 계시듯이. 우리들은 어느 곳을 가거나 무장했습니다. 그리고 그곳 주민에게 우리의 친구가 되라고 강요했고, 공물을 바치라고 강요했습니다. 그 사람들이 우리가 말한 만큼의 공물을 바치지 않으면 때때로 전쟁을 일으켰습니다. 그들이 공물을 바치지 않고 자신들을 지키려고 할 때, 우리는 그들을 공격했습니다. 총과 칼로 전쟁을 일으켰습니다. 어떤 경우에는 사람을 죽이고 마을을 파괴하고 점령한 뒤에 에스파냐측은 사람을 보내서 평화협정을 맺었습니다. 그리고 인디오가 마을의 파괴를 피하기 위해 우리의 친구가 되고 싶다고 하면 에스파냐인은 즉시 공물을 요구했습니다. 그리하여 지금은 로스 카마리네스 지방의[4] 모든 마을에서 그렇게 하고 있습니다.

에스파냐인을 두려워한 인디오가 집을 버리고 산으로 도망간 곳은 우리쪽 사람들이 집을 불태우거나 다른 많은 피해를 주었습니다. 저는 여기서 평화는 기대하지도 못한 채 약탈당한 마을이나 밤에 습격을 당한 사람들에 대한 언급은 하지 않겠습니다. 갖가지 구실로 이 모든 마을을 복속시키고, 공물을 부과했습니다.

저들이 우리를 알기도 전에 혹은 우리로부터 어떤 혜택을 받기도 전에, 우리가 무슨 양심으로 저들에게 공물을 요구할 수 있겠습니까? 어떤 명분으로 저들의 의사를 묻지도 않고, 또 저들과 어떤 협정도 맺지 않은 채, 세 차례에 걸쳐 많은 양의 금을 일로코스로[5] 보낼 수 있겠습니까? 어떻게 그곳에 가서 금을 요구하고 돌아올 수 있겠습니까? 카마리네스, 아쿠요를 비롯하여 에스파냐 정착촌으로부터 얼마간 떨어진 마을도 마찬가지입니다. 이 모든 곳에서

4　로스 카마리네스(Los Camarines)는 루손섬의 한 지역이다.

5　일로코스(Ilocos) 지방은 필리핀 루손섬 북서부에 위치한 지방이다.

공물이 부당하게 올랐지 않습니까? 그 업무를 위해서 보낸 사람들 중에 제일 선두에는 지휘관이 있고, 다음엔 군인들과 업무를 맡은 담당자들이 있고, 또 그것을 조언한 사람들이 있고, 막을 수 있었음에도 막지 않았던 사람들도 있고, 또 보상할 수 있는데 그러지 않는 사람들도 있습니다. 이들 모두가 이 모든 피해에 전적인 책임이 있습니다.

그리고 이것은 에스파냐 정착지 근방의 마을에서도 마찬가지입니다. 왜냐하면 비록 그 사람들이 어떤 종교적인 가르침을 받는다 할지라도, 그 사람들이 에스파냐의 보호 덕분에 적으로부터 안전하다 할지라도, 나아가 그 사람들이 당한 피해가 복구되었다 할지라도, 여전히 에스파냐인의 존재와 끊임없는 선적船積으로 인해 괴롭힘과 커다란 상처를 받고 있습니다. 종국적으로 그 사람들은 자유민입니다. 솔직히 그 사람들을 아랫사람으로 격하해서는 안 됩니다.

기초와 토대가 부실하면, 그 위에 건설된 모든 것은 불완전한 것이 됩니다. 인디오는 적으로부터도 보호받지 못하며, 당연히 지켜져야 할 정의도 누리지 못하고 있습니다. 해적질은 전처럼 앞으로도 계속되고, 철저하게 복속된 사람들은 최악의 상황을 겪을 것입니다. 왜냐하면 국가의 지배를 받지 않는 사람들에게 강탈을 당한다면, 그들에게 어떠한 만족도 주지 못할 것이고, 스스로도 만족을 느끼지 못할 것입니다.

토지를 나누어서 엥코미엔다를 실시하라는 국왕 폐하의 명령은 설득력이 약합니다. 왜냐하면 서한에서 알 수 있듯이, 국왕 폐하께서는 잘못된 정보를 제공받으셨기 때문입니다. 국왕 폐하께서는 그 사람들이 어떤 전쟁도 치르지 않고 자발적으로 국왕 폐하의 신하가 되었다고 확신하고 계셨습니다. 따라서 이는 완전히 국왕 폐하의 뜻을 거스르는 것으로 보입니다.

실제로 지금 우리에게 이렇게 보이는 것처럼, 만일 어느 때라도 우리가 땅을 공물로 할당해야한다고 생각했다면, 혹은 만일 섬이 유지되어야만 한다면, 땅을 할당하는 제도가 없던 시기에 어떠한 구제책도 없이 행해져오던 커다란 피해와 강탈을 피해야만 합니다. 그렇기 때문에 현재는 오직 피해만 있을 뿐입니다. 우리는 이것에 대해 아무것도 모르면서 이전처럼 소란스럽지 않게 땅을 질서 있게 제공하려고 시도하고 있습니다. 현재 일부 에스파냐인은 인디오를 아주 혹독하게 다루고 있습니다.

우리 생각에 처음부터 그들에게서 우리가 보았던 것과, 우리와 그들과의 교류와 그들의 노동과 그들이 땅을 개간할 때 사용하는 연장, 또한 그들이 스스로 견뎌내기 위해 겪는 어려움을 생각해볼 때, 특히 최근 들어 오른 공물, 그러니까 인디오 한 명당 3마에스의[6] 금을 바쳐야 하는 공물은 과도합니다. 왜냐하면 그들은 일 년의 일부를 뿌리를 캐먹고 살고 있으며, 일반인도 옷을 지어 입을 천 한 쪼가리조차 얻을 수 없기 때문입니다. 그런 일이 발생하는 곳에서 공물을 모으는 시기에 몇몇은 공물을 내지 않기 위해 자기 집을 파괴하고 숨어버렸습니다. 파괴된 집이 공물보다 더 값이 나가는 것인데도 그런 것입니다. 그 사람들은 나중에 한두 달 동안 일을 해서 집을 다시 지으려 한다고 말했습니다.

다른 이들은 인디오가 공물을 더 잘 바치게 하기 위하여 화승총이나 다른 무기로 공물을 요구할 필요가 있다고 합니다. 또 대부분의 사람들은 공물을 더 잘 걷기 위해 인디오를 감옥에 가두는 것도 필요하다고 말합니다. 그리하여 엥코미엔다 소유주의 대부분은 비축물을 저장하고 있고, 엥코미엔다에서 노예들로부터 공물을 받지 못했을 때, 그들에게 공물을 제공하지 않은 족장이나 티마구아 자유민을 감금하였습니다.

그리하여 이 모든 것과 더 상세한 사항으로 들어가지 않기 위해 여기에 쓰지 않은 다른 불편한 일을 고려했을 때, 비록 이곳에서 일어나는 일이 정당하고 인디오들이 평화 속에서 정의와 종교적인 가르침을 받고 있다고는 하나, 인디오들이 다른 기회를 얻고 땅을 개간할 수 있는 더 좋은 농기구를 가지고 땅

6 마에스(maez)는 당시 도량 단위로 추정되는데, 당시의 기록에 의하면 금 1마에스는 일반적으로 2레알(약 3.35그램)의 가치를 가지고 있다고 한다.

이 더 비옥해질 때까지, 각각의 인디오에게서 1마에스를 초과하는 음식과 의류를 가져가는 것은 잔인하고 지나친 억압이라는 것이 대부분의 사제들 의견입니다.

각하께서는 누에바에스파냐에서 초창기에 인디오가 당시에 계란 한 개 정도에 해당하는 음식과 노동만 제공했다는 사실을 기억하셔야 합니다. 그러나 항상 그렇지는 않습니다. 지금 비록 그들이 우리에게 조금 밖에 주지 못할지라도 시간이 흘러 땅이 더 비옥해진다면 우리에게 더 많이 줄 수 있을 것입니다. 그렇기 때문에 이 모든 것을 다 생각해본다면 엄밀한 의미에서 인디오는 의무가 없습니다. 그리고 인디오가 피정복민이라는 잘못된 인식으로 지금까지 공물을 부과한 것은 부당한 처사입니다. 왜냐하면 인디오의 처지를 고려하시는 폐하의 명령이 지켜지지 않았기 때문입니다.

각하께서 저에게 우리가 무엇을 해야 하는지에 대한 의견을 청하셨기에 저는 이렇게 말씀드리고 싶습니다. 이 땅은 이미 우리에게 종속되었고 할당되었습니다. 그리고 장황하게 만들지 않기 위한 이곳에서 언급하지 않은 여러 가지 이유를 살펴보았을 때 땅을 포기해야할 이유는 없습니다. 그러기 위해서라도 이곳에 거주하는 인디오는 보호받아야 합니다.

많은 지휘관들의 의견과 함께 각하께서는 국왕 폐하께 진실되고 간략하고 분명한 보고서를 보내셔야 합니다. 그리고 그 보고서에는 섬을 정복한 수단과 방법, 현재의 상황, 공물을 거두어들이는 방법에 대한 어떠한 애매한 표현도 없어야 할 것입니다. 그렇게 함으로써 국왕 폐하께서 완전한 기독교인으로서 앞으로 무엇을 해야 할지 명령하실 수 있기 때문입니다. 그리고 그때까지 가능한 최소한의 공물이 모두를 위한 구호품으로 취해져야 할 것입니다. 이것은 빚이 아닙니다. 땅을 할당받은 사람은 그렇지 않은 사람을 보호해야하기 때문입니다.

제가 앞서 언급한 바와 같이 공물은 인디오 일인당 식료품이나 의류 1마에스로 정량화해야 한다고 생각합니다. 만일 우리쪽 사람들이 다른 곳에서 얻는 이익으로 그들을 돕는다면, 두 계층 모두에게 충분한 것이 될 것입니다. 이렇게 되기 위해서 각하께서는 모든 측면에서 원주민을 보호하고, 그들에게 정의를 실현시켜 주시고, 권력남용을 폐지하시고 해적을 소탕하셔야 할 것입니다. 저희는 저희 나름대로 하느님에 대한 믿음을 가르치는 등, 도울 수 있는 방법으로 돕겠습니다. 이상이 저의 이름으로 서명한 저의 의견입니다.

1574년 6월 21일 성 파블로 데 마닐라에서
마르틴 데 라다 올림

23. 라다 신부의 의견서에 대한 답신

마르틴 데 라다의 「이 섬에서 일어난 일들에 대한 아우구스티누스 교단의 마르틴 데 라다 신부의 의견서」를 반박하는 이 필사본은 1574년 7월 17일 마닐라에서 당시 필리핀 총독이자 총사령관 기도 데 레베사리스를 비롯하여 여러 명이 공동으로 작성한 기록물이다.

라다 신부의 「의견서」와 달리, 기도 데 레베사리스 필리핀 총독을 비롯한 정복자들은 이 답신에서 자신들의 지배는 정당하고 완전하게 합법적인 절차를 거쳐서 평화적으로 이루어졌음을 역설하고 있다. 어떠한 강압도 없이 평화 협정을 체결하고 있으며, 거의 모든 지역의 원주민이 자발적으로 에스파냐인에게 항복 의사를 전하며 평화를 원하였다고 주장하면서 에스파냐의 필리핀 정복을 정당화하고 있다.

나아가 원주민은 어떤 정의나 이성도 없다고 말하며, 오직 갖가지 무질서와 비밀조직이나 파벌만 있다고 하면서, 질서를 확립하기 위하여 어쩔 수 없이 물리적인 힘을 행사할 수밖에 없었다고 항변하며 폭력행위를 철저하게 원주민의 탓으로 전가하고 있다. 이처럼 원주민이 이성도 없고 정의도 모르며 질서도 없는 미개한 자라고 폄하하는 주장은 19세기 키플링이 주장한 '백인의 짐'과 한 치도 다름이 없는 백인 우월주의에서 비롯된 것이다.

라다 신부가 가혹하다고 제기한 공물 문제에 관해서도 기도 데 레베사리스를 비롯한 정복자들은 원주민이 에스파냐 식민정부의 지배를 받으면서 보장받는 안전과 부에 비례하여 공물의 양은 아주 미미하기 때문에 원주민이 기꺼이 공물을 헌납한다고 말하면서, 세금의 문제도 철저하게 정복자와 수령자의 입장에서만 바라보고 있다.

이 글 「성 아우구스티누스 교단의 마르틴 데 라다 신부의 의견서에 대한 답신」은 세비야의 인디아스고문서보관소에 소장된 문헌을 번역하였으며, 영역본을 참고하였다.

참고문헌

1. AAVV. *Respuesta al paresçer del padre del Padre fray Martín de Rrada, provinçial de los agustinos*.(https://www.upf.edu/asia/projectes/che/s16/respuesta.htm)
2. AAVV. "Reply to Fray Rada's Opinion". Ed. de Emma Helen Blair and James Alexander Robertson. *The Philippine Islands, 1493–1803*. Vol. III(1569 - 1576).(https://www.gutenberg.org/files/13616/13616–h/13616–h.htm)

성스러운 가톨릭 전하,[1]

성 아우구스티누스 교단의 관구장 마르틴 데 라다 신부가 이 땅에서 일어난 일과 원주민들로부터 공물을 걷는 문제에 대하여 보고한 의견서에 대하여, 저희들은 이것이 주님이신 신을 섬기는 마음에서 그리고 저희들의 양심에

1 에스파냐 국왕을 성스러운 가톨릭 전하(Sacra, Católica y Real Magestad, 혹은 SCR Magestad)라고 한다.

서 어긋남이 없이 열심히 이루어진 것임을 인정하고 있습니다. 이런 판단에서 저희는 그 분을 소중히 여기고 있습니다.

그러나 가끔씩 아주 현명한 사람도 잘못을 저지를 때가 있습니다. 그것은 지나친 열정으로 인해서 혹은 만일 그들이 제대로 이해한다면 잘못된 판단을 하지 않아야 할 것을 잘못 이해한 결과입니다. 우리는 라다 신부의 의견서가 이 나라에 해가 되거나 이 섬의 발전에 손상을 가져올 수 있다는 것을 지적하지 않을 수 없습니다.

먼저, 후안 데 라 이슬라 대위가 전달한 편지에 나타난 것처럼, 국왕 폐하께서 이 섬에서 일어나고 있는 일에 대해 잘못된 정보를 받으신다는 라다 신부의 의견에 대해 저희는 대단히 오류가 많은 것이라고 확신하는 바입니다. 왜냐하면 국왕 폐하께서 서한에서 말씀하신 것은 라다 신부가 의견서를 쓰기 전에 작성한 보고서의 내용에 의거한 것으로, 그 보고서가 이 땅에서 과거에 일어난 일을 이야기한 것이기 때문입니다.

좀 더 명확하고 공식적이고 분명하게 말하자면, 지금은 영광스러운 자리에 있는 총독이 이 섬에 들어왔을 때 섬에 평화를 가져왔으며 모든 원주민들을 우호적으로 대했습니다. 그리하여 저희들이 필리핀에서 처음으로 점령한 이바바오 섬에서는 그곳의 인디오가 먼저 우리 전함에 찾아와서 친구가 되고 국왕 폐하께 복종을 맹세하였습니다. 그들은 자신들의 의지로 우호관계를 맺었으며, 우리는 그들과 음식이나 사소한 것을 물물교환하기 전에는 어떠한 것도 요구하지 않았습니다.

안드레스 데 이바라 대위와 디에고 데 에레라 신부가 찾아간 칼라얀 강 주변에서도 똑같은 일이 있었습니다. 어떠한 것도 강요하거나 폭력으로 취하지 않고 평화가 이루어지면서 서로 친구가 되었습니다. 비록 이바바오 섬에서 소수의 인디오가 반역을 일으켜 프란시스코 고메스를 비롯한 에스파냐인 몇 명을 살해하였는데, 그렇다고 그것 때문에 전쟁이 일어나지는 않았습니다. 그보다는 총독이 가는 곳이면 어디든지 항상 섬들의 원주민들이 와서 평화를 청했고, 어떤 것에 의해서든 전쟁은 일어나지 않았습니다.

그래서 보홀 섬에서는 족장들이 자유의지로 우리에게 와서 복종을 맹세했습니다. 그리고 그곳에서 일단의 대표단이 부투안으로 가서 그곳의 족장과 친교관계를 맺었는데, 후안 데 라 이슬라 대위와 바로 마르틴 데 라다 신부가 직접 그곳에 가서 부투아의 족장 리만파오와 친교조약을 맺은 것입니다. 그리고 그들은 그곳에서 세부로 가서 작은 배를 타고 다니며 이 삼 일 동안 소환을 통보하면서 원주민들과 평화를 이루었는데, 한번은 땅에서 이들이 탄 배에 화살을 쏜 적도 있었으나 결국 평화적으로 그들을 불러서 평화를 요구했습니다. 그리고 안드레스 데 우르다네타 신부도 사람들에게 평화를 요구하며, 그들에게 배교자들이라면 변절자에 대한 전쟁이 적법하게 일어날 수 있다는 것을 말하면서 설교를 했습니다. 그리고 원주민들의 비타협적인 태도에도 불구하고 총독은 그곳에 남아 식민지를 개척하였는데, 결국 그 지역의 인디오와 세부의 인디오가 스스로 찾아와 복종을 맹세하였습니다.

그렇게 여러 지역의 섬에서 많은 인디오가 우리의 친구가 되었고, 전쟁 없이 굴복시켰기 때문에 폐하께 보내드리는 진정한 보고서가 만들어졌습니다. 당연히 어느 누구도 적대시하지 않았고, 대신 평온하고 평화적으로 그 사람들에게 평화를 요구했고, 상냥하게 대했으며, 옷과 물물교환 목록과 음식과 그 사람들이 요구하는 다른 사소한 물건을 제공하였습니다. 만일 추후에 우호적인 인디오가 비우호적인 인디오의 방해로 평화조약을 파기하며 전쟁을 일으키려 한다면, 이는 잘못된 보고서가 폐하께 전해졌기 때문이라고 말할 수는 없을 것입니다. 저희가 이 섬에 도착한 이후에 이 섬에서 일어나고 있던 일이 무엇이든 간에 항상 폐하께 전해드릴 보고서가 작성되고 있었으며, 이곳에서 무슨 일이 일어났는지에 대한 진정한 보고서는 항상 폐하께 보내고 있습니다. 그러므로 지금까지 말씀드린 것처럼 확실하고 충실한 보고서를 작성하여 폐하께 보냈다는 것은 분명한 사실입니다.

그러나 마르틴 데 라다 신부의 의견서는 필리핀 섬들 중에 어떠한 섬도 정당한 자격으로 에스파냐 제도권으로 편입되지 않았다고 말하고 있습니다. 이러한 의견에 대해서 우리는 폐하의 명령으로 이 지역으로 와서 현재 이곳에서 폐하의 지시를 따르고 있다는 것만을 말씀드리겠습니다. 그리고 우리는 법조인이 아니기 때문에 우리는 국왕 폐하께서 이 섬에 대해서 가지고 계셨거나 혹은 앞으로 가지실 수 있는 정당성이나 자격이나 대의명분에 대한 논쟁은 중지하겠다고 말씀드리겠습니다.

이 섬에서 저질러진 약탈과 위해에 관해서는, 만약 그런 일이 있었다면, 그것은 원주민들이 원인을 제공했기 때문입니다. 그 사람들 중 일부는 반역자들이고 평화를 어지럽혔으며, 특히 마닐라 시에서는 꽤 여러 차례에 걸쳐 평화를 깨뜨렸습니다. 이 지역군 사령관 마르틴 데 고이티는 평화롭게 마닐라에 들어와서 마닐라의 여러 족장과 평화를 준비하고 비준하는 등, 에스파냐 측에서는 아무런 원인도 제공하지 않았는데, 원주민들이 에스파냐인을 죽이려고 대여섯 발의 대포까지 쏘았고, 그 중 대부분이 사령부가 있던 선박에 떨어졌습니다. 그리하여 에스파냐인은 자기 방어를 할 수밖에 없는 상황에서 전투를 벌이며 도시로 들어갈 수밖에 없었고, 그래서 진입한 것입니다.

만일 도시가 불탔다면 그것은 도시에 진입한 에스파냐군의 안전을 위한 것이었으며, 원주민들은 가옥 밀집지역에 있던 에스파냐군을 공격하지 않았어야 했습니다. 우리를 공격한 원주민 스스로도 자신들이 전쟁을 시작했다고 고백했습니다. 그리고 우리가 야간에 마을을 공격한 것은 그 마을이 에스파냐에 반역했기 때문입니다. 우리 친구들의 안전을 위해서, 그리고 더 큰 악을 피하기 위해서 저들의 자신감을 부수고 깨뜨리는 것이 필요했습니다. 만일 누군가가 이 문제에 대해서 과한 측면이 있다고 말한다면, 그것은 일반적으로 공동체에 책임을 전가하는 개인적인 문제일 것입니다. 왜냐하면 어떠한 탐험대가 만들어졌을 때이건 정부가 내린 지시사항은 기독교적이고 폐하께서 하사하신 지시와 완전히 일치하고 있기 때문입니다.

만약 가끔씩 지휘관이 손상을 끼치거나 전쟁을 일으켰다면, 그것은 원주민들의 악의가 그만큼 컸기 때문입니다. 기습공격을 하면서 그들은 매복과 배반으로 에스파냐인들의 자기 방어를 야기했습니다. 만일 에스파냐인이 무장을 하고 다닌다면 그것은 스스로의 안전을 위한 것입니다. 왜냐하면 만일 우리가 무장을 하지 않거나 준비 없이 다닌다면 원주민들이 죽일 것이기 때문입니다. 그들은 길을 잃고 홀로 다니는 많은 에스파냐인들을 잡아서 죽였습니다. 그것도 아주 잔혹하게 죽였습니다. 그렇기 때문에 무장을 하고 다니는 것은 에스파냐인의 안전을 위해서 필요한 일입니다. 왜냐하면 원주민들은 정의나 이성이 별로 없기 때문입니다. 그리고 그들은 어느 누구에게도 복종하지 않으며, 귀족이나 지도자도 없이 다만 모든 종류의 무질서와 비밀조직과 파벌만이 있을 뿐입니다. 에스파냐인이 이곳으로 오기 전까지만 해도 인디오들은 아주 사소한 문제로 마을에서 서로가 서로를 죽였었습니다. 그런 이유로 인해서 에스파냐인은 어디를 가던 스스로를 방어를 준비하고 가야만 합니다. 왜냐하면 저들은 대부분이 불경스러운 가운데 그렇지 않은 사람은 거의 없으며, 반역자들 사이에 충실한 사람 역시 거의 없기 때문입니다. 그렇기 때문에 에스파냐인은 어디를 가던 무장을 하고 가야 하는 것입니다.

원주민에게서 평화와 정의를 유지하는 것은 정당한 일입니다. 그러므로 우리는 우리에게 우호적인 원주민을 보호하는 모든 방안을 마련해야 합니다. 에스파냐인이 거주하는 인근에 사는 사람들은 예전에 전쟁을 일으키려는 경향이 있는 적으로부터 뿐만 아니라 지금은 그렇지 않지만 다른 사람들을 죽이거나 처벌하거나 노예로 만드는 경향이 있던 사람들과 하인들로부터도 아주 잘 보호받고 방어되고 있습니다. 만일 이런 일이 멀리서 벌어진다면, 바로 그 멀리 떨어져 있다는 이유로 인하여, 에스파냐인들로부터 어떠한 도움도 받지 못하고 있는 것입니다. 그렇기 때문에 에스파냐인들이 원주민들의 거주지 근처에 오는 것은 그들에게 대단히 유용하고 이익이 되는 일입니다. 왜냐하면 그들이 서로에 대하여 안전을 보장하고, 또한 어느 누구의 방해도 받지 않고 약탈도 당할 위험에 빠지지도 않으면서 자유롭게 무역을 할 수 있기 때문입니다.

에스파냐인들이 이곳에 오기 전까지만 하더라도 그들은 이런 안전에 익숙하지 않았었습니다. 왜냐하면 그들에게는 자신들이 살고 있는 집에서 납치되어 노예로 팔려가거나 약탈당하는 일이 공공연한 일이었기 때문입니다. 저들은 노예로 잡혀가지 않으면 고기를 잡으러 바다로 나갈 자유가 없었습니다. 그러나 지금은 자신들의 집에서 안전하게 살고 있을 뿐만 아니라 어떠한 해코지도 당하지 않고 안전하게 다른 곳으로 갈 수도 있습니다. 만일 해적이 있다면 해적들은 이곳에서 아주 멀리 떨어진 곳에 있으며 에스파냐인들이 가지 않는 곳에만 있습니다.

원주민들이 자기들끼리 서로 납치하고 약탈하고 죽이고 감금하는 일들은 아주 오래된 풍습입니다. 이제 지금은 에스파냐인들이 여기에 오기 전에 비해서는 불법적인 일들이 별로 없는 편입니다. 나날이 줄어들고 있습니다. 왜냐하면 우리들이 저 해적들을 잡아서 벌을 주려고 분투하고 있기 때문입니다. 이 도시에도 잡혀온 해적들이 있습니다.

그리고 원주민들에게 가서 공물을 받으면서도 그들에게 어떠한 이익을 주지 않은 채, 공물만 올렸다는 지적과 로스 이로코스와 로스 카마리네스에서 거둬들인 공물로 된 금의 양에 대한 지적은 완전한 오해에서 비롯된 것입니다. 그것은 이곳에 살고 있는 사람들의 지지를 받은 것이며, 이곳 원주민들도 인디아스의 다른 지역 원주민들처럼 그들이 할 수 있는 만큼의 공물로 우리에게 도움을 주는 일은 지극히 당연한 일입니다. 그들이 우리에게 첫 번째 공물을 내기 전에는 그들은 친구로 여겨지지 않았고 어떠한 안전도 없었습니다. 그들의 조건이나 부의 정도에 비해 공물의 양은 아주 미미합니다. 그들은 그런 공물을 어떠한 강요 없이 아주 기쁘게 헌납했습니다. 각각의 섬과 구역과 마을에서 그들은 자신들이 원하는 것을 헌납했습니다. 어떤 곳에서는 식량을 주었고, 다른 곳에서는 밀랍과 의복과 그들이 수확하면서 가지고 있던 것을 주었습니다. 그들에게 그 양은 아주 적은 것이었습니다. 거의 없는 것이나 마찬가지입니다. 왜냐하면 그들은 그런 것들을 충분히 가지고 있었기 때문입니다.

만일 로스 이로코스와 로스 카마리네스에서 금을 모았다면 그것은 그 지역에 광물이 풍부했고 그들이 많은 금을 가지고 있기 때문입니다. 그들에게는 의복과 식량이 다른 지역보다 더 가치가 있는 것들입니다. 그래서 그들은 부족한 의류나 식량 대신에 풍부하게 가지고 있는 금을 공물로 헌납한 것입니다. 만일 언급된 구역에 지금까지 마을이 세워지지 않았다면, 그것은 그 땅에 사람이 없어서 다른 일을 할 수 없었기 때문입니다. 더욱이 후안 데 살세도 사령관은 이미 로스 이로코스에서 분쟁 종식 협정을 이끌어내고 그곳에 마을을 세워, 그 마을에는 이미 그곳 원주민들에게 성스러운 가톨릭 믿음의 교리를 전하는 사제도 한 명 있습니다. 그리고 로스 카마리네스에서도 발견된 지 얼마 되지 않아 평화를 이루고 마을을 세웠습니다. 비록 우리가 아직 이 땅의 원주민들에 대한 완전한 지식을 가지고 있지 않더라도, 에스파냐인들이 그들을 찾아 어디든지 탐험하고 있고 평화를 맺으려고 하고 있기 때문에, 만일 마을을 세울 가능성이 조금이라도 있으면, 원주민들이 마을을 세우고 평화를 이루었던 다른 지역에서 했던 것처럼 마을이 세워질 것입니다.

라다 신부의 의견서에서 밝힌 원주민들로부터 거둬들인 과도한 공물에 관련해서는, 개별적인 사건을 일반화하는 것은 전체적인 일에 혼란을 가져오는 것이라 생각합니다. 우리가 이렇게 말하는 이유는 이 나라의 여러 곳에서 서로 다르게 세금을 거둬들이고 있는 것처럼 원주민들도 그들의 부에 따라서 각기 다르게 납부하고 있습니다. 어떤 곳에서는 원주민이 부자이고, 다른 곳에서는 농부가 부자이고, 또 다른 곳에서는 상인이, 또 다른 곳에서는 광부가 부자입니다.

그리고 반복하자면 또 다른 곳에서는 강도와 폭력으로 살아가는 사람들이 있습니다. 앞서 언급한 영광을 이룬 사령관은 원주민들이 개간하고 있는 토지의 비옥함의 정도와 인디오들의 부에 대해 제 자신이 직접 시찰하고 또 여러 가지 보고서를 접하고 난 다음에 마닐라 만과 그 부근의 지역에 세금을 부과했습니다. 매년 공물로 도정하지 않은 쌀 2파네가,[2] 길이 2바라,[3] 폭 1바라의 염색한 천, 이것을 납부하지 않는 자는 금 3마에스를 금으로 납부하거나 각자 원하는 생산품으로 세금을 납부하게 하였습니다. 이 공물은 지극히 적당한 것으로 인디오 한 명당 세금 담당자에게 일 년에 은화 6레알[4]에 해당하는 것입니다. 이것이 일 년에 내는 공물의 전부입니다. 금 1마에스는 일반적으로 2레알의 가치가 있으며, 금의 가치가 더 높을 때면 1마에스는 2레알 반의 가치가 됩니다. 비록 그렇다 할지라도 이들이 내는 공물은 결국 누에바에스파냐에서 인디오가 내는 공물의 절반도 안 됩니다.

무어인은 훨씬 더 부자들임에도 3마에스의 공물을 납부합니다. 왜냐하면 그들은 뛰어난 농부이자 무역상들이고 부자들이기 때문입니다. 만일 그들이 일을 하거나 경작하려 한다면 4일 만에 일 년치 공물을 벌 수 있을 것입니다. 그들은 수익과 이윤을 낼 수 있는 많은 소득원을 가지고 있습니다. 특히 그들은 금으로 만든 비싼 보석과 비교적 값이 싼 장신구들을 많이 가지고 있으면서 치장을 합니다. 그들은 농장에서 얻은 많은 이익과 자원을 가지고 있으며, 이로 인해 값비싼 보석과 금으로 만든 보석이 넘쳐나고 있습니다.

그리고 이 섬에는 금화 일만이나 일만 이천 두카도의 가치가 있는 보석을 가지고 있는 사람들을 거느린 족장들이 있습니다. 이 사람들은 대족장이 가진 토지와 노예와 광산은 가지고 있지 않습니다. 이런 족장은 셀 수 없이 많습니다. 이와 마찬가지로 이 족장의 신하는 금으로 만든 많은 양의 보석을 가지고 있으며, 그들은 순금으로 만든 팔찌와 목걸이와 귀고리, 금으로 만든 단검과 아주 비싼 장신구로 치장하고 있습니다. 이것이 일반적으로 이들에게서

2 파네가(fanega)는 에스파냐의 곡류의 용량 단위로 1파네가는 보통 55.5리터이다. 그러나 지역에 따라 용량이 어느 정도 변했다.

3 바라(vara)는 768밀리미터에서 912밀리미터 사이를 오르내리는 에스파냐의 여러 지역에서 사용되었던 길이의 단위이다.

4 16세기부터 19세기에 에스파냐와 식민지 지역에서 사용되던 레알은 에스파냐의 옛 은화이다. 1레알은 3.35그램의 무게를 가졌으며, 약 25센트에 해당하는 가치가 있었다.

보이는 모습입니다. 족장과 자유민만 이런 보석을 가지고 있는 것이 아니라 몇몇 노예들 금으로 만든 장신구를 가지고 있으며, 자유롭고 공공연하게 장신구를 착용하고 있습니다.

그렇기 때문에 인디오가 일 년 중의 한 때를 나무의 뿌리를 먹으며 살고 있고, 또 어떤 곳에서는 고구마와 야자 전분으로 만든 빵과 야채만을 먹으며 몇 달을 사는 것이 일상적이라고 말을 하는 것은 잘못된 것입니다. 이것은 모든 지역에서 일어나는 일이 아니라, 오직 핀타도스 제도의 일부 지역에서만 그렇습니다. 그런데 이것은 이익이 없어서 그런 것이 아니라 그곳 인디오들이 잔인하고 또 무엇이든지 다 잘 먹기 때문에 그런 것입니다. 그들은 너무나 게을러서 쌀을 사러 마을 밖으로 4레과 이상을 나가려 하지 않습니다. 주로 술을 마시거나 우상숭배를 하거나 연회를 즐기는데 많은 시간을 보내고 있습니다. 그리고 다음 번 쌀을 수확할 때까지 먹을 것이 있으면 항상 이렇게 지냅니다. 그들은 만약 어떤 친척이 사망하면 애도기간을 가지며 네 달이나 여섯 달 혹은 일 년 정도나 쌀을 먹지 않는다고 합니다. 대신 그들은 자신들이 가진 음식이나 곡물을 먹으며 살아가며, 핀타도스 제도의 많은 지역에서 그들은 일 년의 대부분을 옥수수, 기장, 콩, 돼지, 닭과 많은 종류의 포도주를 먹습니다. 바로 그런 이유로 그들이 부자가 되거나 금으로 만든 보석이나 노예와 토지와 정원을 갖지 못하는 것은 아닙니다.

핀타도스제도 사람들은 무어인이라고 부르는 루손섬의 인디오만큼 부자는 아닙니다. 왜냐하면 그들은 노동이나 농업에 있어서 생산능력이 떨어지기 때문입니다. 그래서 그들에게는 더 적은 세금이 부과되었습니다. 각각의 인디오는 도정하지 않은 쌀 1.5파네가, 마닐라 삼으로 짠 흰 색이나 염색된 천으로 만든 담요 1장을 세금으로 내면 됩니다. 각각의 지역에서 인디오는 자신들의 수확물에 어울리는 서로 다른 세율을 적용받습니다. 지금까지 원주민들은 부과된 세금을 납부하는데 어떠한 손해도 겪지 않았으며, 지금도 마찬가지입니다. 왜냐하면 세금이 워낙 적절한 선에서 결정되기 때문에 세금을 내기 위한 어떠한 과외 노동을 할 필요가 없기 때문입니다. 집의 마루아래에서 가금류 네 마리만 키우면, 그들에게 부과된 공물을 낼 수 있습니다. 그리고 그 일은 어떠한 노동력도 필요치 않은 일입니다. 그래서 지금은 그 어느 때보다도 더, 이 지역에서 에스파냐인들과 함께 무역을 개설하고 증가시켰으며 날마다 교역량이 늘어나고 있습니다.

라다 신부의 의견서는 엥코미엔다 관리인이 매년 인디오 1명 당 납부하는 1마에스로 삶을 영위해 나갈 수 있다고 말합니다. 그러나 그렇게 적은 양의 공물로 지탱할 수 없다는 것은 자명한 일입니다. 왜냐하면 3마에스의 공물을 받지 못하는 엥코미엔다 관리인이 아주 많은데, 그들은 엥코미엔다에서 일하는 인디오들을 거의 갖지 못했기 때문에 아주 궁핍한 생활을 하고 있습니다. 이들은 대부분 자신의 몫으로 3백 명 이하의 인디오를 가지고 있으며, 많아야 5~6백 명을 가지고 있을 뿐입니다. 천 명 이상을 가지고 있는 경우는 아주 드뭅니다. 특히 그들은 물건 값은 비싸고 금의 가치는 낮은 곳에서 궁핍하게 살고 있습니다. 신발 한 켤레가 인디오 8명이 내는 세금인 금 반 냥[5] 가치를 가지고, 셔츠는 6페소 정도의 가치를 가지고 있습니다. 그리고 다른 에스파냐 상품은 누에바에스파냐보다 두 배나 많은 가격을 형성하고 있습니다. 그렇기 때문에 이곳의 인디오가 매년 1마에스에 해당하는 2레알씩 세금을 낸다면, 우리들 중 어느 누구도 살아갈 방편이 없는 것입니다. 특히 원주민들은 너무나 부자이고 많은 소득원을 가지고 이익을 얻고 있기 때문에 이들은 누에바에스파냐 사람보다 더 부자입니다. 그들은 의복과 비단과 높은 평가를 받는 수공이 들어간 금장식 옷감을 많이 가지고 있으며, 자기와 섬세한 도기 항아리, 창, 단도, 종, 화병 그리고 장식품도 많습니다. 그들은 또한 관개지에서 매년 수확하는 엄청난 양의 식량도 가지고 있으며, 일 년 내내 날마다 규칙적으로 만들어내는 야자주와 니파 야자주도 많이 생산하고 있습니다. 그 외에도

5　원문에 tael로 되어있는데, tael(兩)은 중국의 예전 형량(衡量) 단위로 보통 37.7그램에 해당한다.

이들이 이 땅에서 규칙적으로 생산해내는 밀랍과 금으로부터 얻는 커다란 수익은 말할 것도 없고, 다른 식물들과 쌀로 많은 술을 만들어내고 있습니다. 그리고 많은 양의 목화를 생산하여 질 좋은 옷감을 만드는데, 인디오에게 이 옷감은 아주 가치 있는 교역품입니다. 중국인이 이들에게 많은 양의 비단과 자기와 향료를 가져왔고, 철과 다른 품목도 많이 가져왔는데, 이것이 많은 이익을 가져왔습니다. 이미 우리가 아주 잘 알고 있는 이 모든 이유로 인하여 이곳의 원주민들은 아무 어려움 없이 그들에게 부과된 세금, 그 이상을 충분히 낼 수 있습니다.

만일 라다의 의견서가 말하는 것처럼, 어느 곳에서 원주민이 세금을 내기 싫어서 마을을 떠난다면, 그것은 세금을 낼 방도가 없어서가 아니라 기백이 넘쳐서 그런 것이고, 오직 강요받을 때만 세금을 내는 것을 명예스러운 일로 생각하기 때문입니다. 그들은 그렇게 하는 것을 좋아합니다. 이것은 모든 원주민에게 해당되는 경우는 아닙니다. 오직 일부 지역에서 사람들이 술을 마셔대며 방탕하게 살다가 에스파냐인을 협박하고 세금을 낼 수 없다고 말하는 것뿐입니다. 또한 이것이 한 마을 전체의 일도 아닙니다. 자신들의 족장에게 복종하지 않는 일부 개인들이 술에 취해서 술이 시키는 대로 한 것입니다. 이 모든 것이 원주민들이 번영과 부를 저해하는 원인은 아닙니다. 만일 어떤 원주민이 옷을 입지 않거나 샅바[6]를 두르지 않고 길을 다닌다면, 그들은 노예이거나 노동자들일 것입니다. 원주민들은 옷이 없지 않습니다. 그들에게 옷을 만드는 데 드는 비용은 아주 약소하기 때문에 일할 때 조심할 필요가 없고, 또 값어치가 나가는 물건이 없는 사람도 없습니다.

그렇기 때문에 관구장과 다른 수도사들이 아무리 열성과 성스러운 열의를 가지고 의견서를 만들었다할지라도, 그 의견서의 내용은 이 땅에서의 평화 협정 체결과 확대, 그리고 에스파냐 통치의 영속화에 극도로 해롭습니다. 원주

---

6 원어에서는 mastil로 표기되는데, 이는 더운 지방 사람들이 생식기를 감추기 위해 아랫도리에 간단하게 하나만 걸치는 의복의 일종이다.

민에게도 치명적입니다. 왜냐하면 만일 그들이 에스파냐 통치자들에게 세금을 내지 않는다면, 이 땅이 레파르티미엔토로 나누어지기 전에, 그리고 원주민이 세금을 납부하기 전에 행해졌던 것처럼, 에스파냐 통치자들은 생활을 유지하기 위해 그들로부터 식량이나 그들이 가진 것을 가져가야 합니다. 그렇기 때문에 그들이 세금을 내는 것이야말로 가장 유용하고 수익성이 있는 것입니다. 그 세금으로 에스파냐 통치자들은 원주민을 괴롭히지 않으면서 안정적으로 자금을 운용할 수 있는 것입니다.

그리고 만일 세금이 너무 적으면 에스파냐 통치자들이 그것으로 생활할 수 없게 되고, 그렇다면, 물론 오늘날에는 그렇지 않지만, 이 땅이 레파르티미엔토로 나누어지기 전에 그랬던 것처럼, 바다에서 원주민의 이익을 가져와야 하는 상황이 오게 됩니다. 그와는 반대로 지금 원주민은 아주 안전하고 평온합니다. 자유롭게 무역할 수 있으며 레파르티미엔토 제도로 인하여 모두 다 훨씬 더 많은 수익을 올리며 부자가 되어있습니다.

1574년 6월 17일, 마닐라에서

기도 데 라베사리스(Guido de Lauezariis), 마르틴 데 고이티(Martín de Goiti), 루이스 데 라 아야(Luis de la Haya), 호안 데 라 이슬라(Jhoan de la Ysla), 로렌소 차콘(Lorenço Chacón), 후안 말도나도(Juan Maldonado), 안드레스 카우첼라(Andrés Cauchela), 아마도르 데 아리아란(Amador de Arriarán) 살바도르 데 알다베(Saluador de Aldaue), 가브리엘 데 리베라(Gabriel de Ribera), 그리고 제 앞에 페르난도 리켈(Fernando Riquel)

24. 미란다올라가 펠레페 2세에게 보낸 편지

이 문헌은 필리핀의 초대 총독 레가스피의 경제 고문이던 안드레스 데 미란다올라(Andrés de Mirandaola)가 국왕 펠리페 2세에게 쓴 편지로, 필리핀에 대한 여러 가지 사항을 보고하는 내용이다. 미란다올라는 이 편지의 전반부에서 앞서 소개한 레가스피의 「필리핀군도와 그곳 사람들의 성격과 조건에 관하여」의 내용을 거의 그대로 반복하고 있으며, 후반부에 들어서서 레가스피가 말하지 않은 내용을 덧붙이고 있다. 그런 점에서 레가스피의 「필리핀군도와 그곳 사람들의 성격과 조건에 관하여」와 미란다올라의 이 편지는 정복 직후 필리핀 상황을 상세하게 알려주는 중요한 문헌이다.

레가스피는 위에서 언급한 문헌에서 필리핀의 경제적인 가치를 강조하며 에스파냐 국왕의 필리핀 식민정부의 지원을 요청했는데, 미란다올라도 경제고문답게 이 글에서 국왕에게 필리핀의 경제적인 잠재력을 강조하고 있다. 그리하여 필리핀에는 광산과 금광이 많이 있으며, 이 지역에서 채굴되는 금은 상당히 고품질이라고 소개하고 있으며, 필리핀이 지정학적으로 일본, 중국, 자바, 브루나이, 말루코, 뉴기니아의 중앙에 위치하고 있기 때문에 이들 지역과 교역을 하려면 이곳에 항구를 건설해야 하며, 동시에 필리핀 섬들의 좁은 해협을 자유롭고 안전하게 왕래하기 위해서 작은 배를 건조해야 하며, 이를 위해서 에스파냐가 필리핀 식민정부를 지원해야 한다고 역설하고 있다.

또한 이 문헌의 특징은 이 시기 작성된 대부분의 문헌과는 달리 필리핀 지역에 대한 에스파냐의 우월감이 드러나지 않는 객관적인 사실만을 언급하고 있다는 점이다. 비록 분량도 많지 않고 다루고 있는 사항도 많지 않지만, 이 문서는 앞서 소개한 레가스피의 필리핀에 대한 보고서를 완결하고 있다는 의미가 있다.

번역 대본은 세비야의 인디아스고문서보관소에 소장된 문헌이며, 영역본을 참조하였다.

참고문헌

1. De Mirandaola, Andrés, "Letter to Felipe II", Ed. de Emma Helen Blair and James Alexander Robertson. *The Philippine Islands, 1493–1803*. Vol. III(1569 - 1576).(https://www.gutenberg.org/files/13616/13616–h/13616–h.htm)

저희가 조사하고 또 멀리서 보았던 그 광산은 품질이 좋은 마스바드의 광산이었는데 강에서 채취한 것이라고 하였습니다. 빈다나오 섬과 부투안, 쿠리하오, 파라사오 구역에서 많은 금이 나옵니다. 더 많은 금이 그곳에 묻혀있고 그것이 이 제도에서 가장 품질이 좋은 것이라고 합니다. 저희가 현재 거주하고 있는 루손섬에서 다음의 광산과 강들이 있습니다. 파트로에는 갈반 구역의 본도, 파코라고, 말라바고처럼 광산이 있습니다. 발라타오, 투레이, 알린가이, 딘글라스의 이웃인 일로코스 주에서 마찬가지로 광산들이 있습니다. 이 광산들은 광물이 아주 풍부합니다. 많은 금이 채취되며 다른 금속들과 아직 조사하지 않은 강들이 많다고 합니다. 다른 쪽 해안에도 역시 파라칼리라고 부르는 광산과 근처에 강이 있으며, 그곳에서 아주 품질 좋은 금이 채취됩니다. 다른 곳에도 더 많은 광산이 있는데, 만일 에스파냐인들이 들어가서 원주민에게 일을 시킨다면 많은 양을 금을 생산할 수 있을 것입니다.

마닐라 부근에 있는 도시의 원주민들 사이에서 발견되는 금의 종류는 비즐린이며, 한 냥兩에 2페소의 가치를 가지고 있습니다. 한 냥의 무게는 1⅛온스입니다. 두 번째 종류는 말루바이이고, 세 번째 종류는 린긴긴입니다. 이 금들은 원주민들이 거래하고 물물교환 하는 금의 종류입니다. 말루바이 금은 비블린과 같은 가치를 가지고 있고, 린긴긴 금은 4페소입니다. 에스파냐인들이 오레헤라[1]라고 부르는 다른 종류의 금도 있는데, 이것은 5페소이며, 원주민들은 이를 파니카라고 부릅니다. 그리고 원주민들이 일라포라고 부르는 좀 더 순도 높은 금도 있고, 또 기누구란이라고 부르는 다른 종류의 금도 있습니다. 특히 이 기누구란 금은 표준이 되는 금입니다. 왜냐하면 순도 면에서 에스파냐 보석상들이 세공하는 금과 같기 때문입니다. 원주민이 소유하고 있는 이 모든 순금은 결혼식이나 다른 중요한 행사를 제외하고는 거의 사용되지 않습니다. 그들이 거래나 물물교환을 할 때 사용하는 금은 말루바이와 비즐린과 린긴긴입니다.

만일 폐하께서 앞으로 이곳에서 다른 중요한 일을 시도하신다면 이 섬에 도시와 항구를 건설하는 것이 필요합니다. 왜냐하면 이 섬은 이웃 나라들과 아주 가까운 거리에 있으며, 일본, 중국, 자바, 브루나이, 몰루카, 뉴기니아의 거의 중앙에 위치하고 있고, 그렇기 때문에 아주 짧은 시간에 그곳으로 갈 수 있기 때문입니다. 이곳은 좋은 날씨에 땅도 비옥하고, 충분히 좋은 항구도 있으며, 나무와 목재, 그 외에 배를 건조하는데 필요한 것들이 아주 풍부하게 있습니다. 그리고 노동자와 선원을 데려오기도 쉽고 그곳에서 구할 수 없는 물건을 가져오는 데 드는 비용도 저렴합니다. 또한 그곳에도 선박이 정박하는 좋은 항구를 가지는 것이 필요한데, 다른 곳에서 오는 배들도 정박지가

---

1 오레헤라(orejera)는 옛날에 인디오들이 귀의 밑 부분에 뚫린 구멍에 넣었던 고리 모양의 물건으로 귀고리의 일종이다.

필요하기 때문입니다. 규모가 큰 배가 이렇게 사주砂洲와 조류가 센 많은 섬들 사이를 지나오는 것은 아주 위험합니다. 그렇기 때문에 위에서 언급한 섬들에 가기 위해서는 갤리 선과 노를 사용하는 작은 배를 건조하고, 이를 이용하여 누에바에스파냐로 가는 큰 선박에 화물을 싣고 가게 하는 것이 좋을 것입니다. 큰 선박은 바로 이런 목적으로 건설될 항구를 이용할 것입니다. 그래서 사람들은 아주 짧은 시간에 모든 지역으로 여행하고 교역하러 갈 수 있을 것입니다. 그리고 무거운 배는 오직 선박이 정박하는 항구에 와서 짐을 싣고 가면 되는 것입니다.

이제 본토에[2] 대하여 제가 들었던 것과 마닐라에 살던 원주민들로부터 들을 수 있었던 것, 그리고 마닐라와 본토 사이를 오가면서 교역하던 원주민들로부터 알게 된 것을 보고하겠습니다. 제가 들은 바에 따르면 2백 레과 정도 떨어진 해안에 마을이 있고, 정복을 준비하고 있는 요새가 있습니다. 그 해안에는 칸톤까지 멀리 가는 배들이 들어오는 곳입니다. 강변에 요새가 있는데, 어느 정도의 수비대가 있으며 정확한 수치는 잘 모르겠습니다. 강 하구에 작은 섬 몇 개와 모래톱이 있습니다. 해안에서 14레과 정도 떨어진 오씨아라고 불리는 작은 만灣에 다른 요새와 마을이 있습니다. 맞은편에 있는 만에는 무인도처럼 보이는 작은 섬이 몇 개 있습니다. 해안에서 10레과 정도 떨어진 곳에 시우아라고 불리는 마을 겸 요새가 있는 다른 강이 있습니다. 12레과 정도 떨어진 곳에는 아주 크고 수량이 많은 강이 있는데, 제가 듣기로 이 강은 칸톤시에 있는 강과 연결된다고 합니다. 또한 여기에는 씬씬으로 불리는 마을 겸 요새가 있습니다. 제가 알기로는 바로 그 항구를 통해 마닐라에서 오는 배들이 항해하고 다른 배들은 빈도로와 발라얀과 엘렌으로 갑니다. 해안 위쪽에는 커다란 만灣이 있는데, 그 입구에는 작은 섬이 많이 있습니다. 그 섬들 중 하나는 아미우라고 불립니다. 이 만 안에 요새와 아이쿰이

2 이 편지에서 본토는 중국 본토를 지칭한다.

라는 마을이 있습니다. 내륙 쪽으로는 칸톤으로 흐르는 아주 큰 강이 있습니다. 그곳에서 2레과 정도 위쪽으로 시온시우라고 불리는 요새 겸 마을이 있습니다. 그곳으로부터 배들이 무역을 위해 우리가 있는 곳으로 옵니다. 제가 원주민들로부터 들은 바에 따르면, 그곳은 아주 커다란 주州이며 교역량도 엄청나게 많다고 합니다. 그 해안에서 약 10레과 정도 위로 올라가면 요새와 티시우라고 불리는 마을과 함께 아주 넓은 강이 있습니다. 이 강의 맞은편에 라마오라는 강이 있습니다. 14레과 정도 떨어진 곳에 정규 수비대가 있는 규모가 큰 요새가 있다고 알려진 칸톤 강이 있습니다. 제가 알아본 바에 따르면 그곳에는 요새를 방어하는 약 6~7백 명의 군인이 있으며 그들의 사령관은 칸톤 주에서 왔다고 합니다. 이 강의 건너편에 칸톤으로 들어오지 못하는 포르투갈 사람들이 무역하러 오는 작은 섬들이 있습니다.[3] 강의 어귀에 있는 첫 번째 섬은 탄키안 섬이고, 다음으로 포르투갈 사람들이 자신들의 배를 정박시키는 다른 섬들이 있습니다. 그곳은 집도 없고 아무 것도 없습니다. 오직 배가 들어오는 항구로서의 역할만 할 뿐입니다. 그곳은 그들이 칸톤의 다리라고 불리는 곳입니다. 비록 중국의 수도인 베이징에서는 먼 곳이지만 반드시 한 번은 와야 하는 곳이며 또한 모든 길이 많은 도시와 커다란 주州로 연결된다고 합니다. 그 길을 따라 친체오, 칸톤, 인치우, 미미포우, 오우치우, 이리나리, 시스반, 콘세오나우, 난진과 중국의 왕이 거주하는 베이징이 있습니다. 그리고 수치우, 베오우, 이스타우, 센카이라고 불리는 주들도 있습니다. 2년 전에 죽은 온테라는 왕[4]을 이어 타이치라고 불리는 아들[5]이 그를 계승했습니다. 타이치 왕은 자신이 태어난 곳을 떠난 사람들, 자신의 부모가 살아있을 때 자식

---

3 1560년 포르투갈 사람들은 칸톤 강어귀 근처에 무역을 할 수 있는 장소 하나를 임대받고 그곳을 마카오라고 불렀다. 얼마 지나지 않아 5백 명이 넘는 포르투갈 사람들이 매년 그곳에 무역하러 이곳에 왔다. 해마다 5백 냥(兩)의 임대료와 적절한 뇌물을 통해서 포르투갈 사람들은 오랫동안 서양과 칸톤이라는 거대한 시장의 무역을 독점하다시피 하였다.

4 명나라 12대 황제 목종(재위, 1567~1572)을 가리킨다.

5 명나라 13대 황제 신종(재위, 1572~1620)을 가리킨다.

이 살아있다는 조건에서 자유롭게 와야만 하는 모든 사람들에게 사면을 실시했습니다. 왜냐하면 전에는 자신의 고국을 떠나 1년 안에 고국으로 돌아오지 않은 사람은 사형에 처하고 재산은 압수한다는 법이 있었기 때문입니다. 그러나 이 새로운 법은 이전의 법을 4년 동안 실시해서는 안 된다고 규정하고, 그 기간 동안 이전의 조건에 따라 돌아오고 싶은 사람들은 자유롭게 돌아올 수 있게 규정하고 있습니다. 그러므로 마닐라에 거주하면서 우리의 신앙으로 개종한 사람들 중 몇몇은 처자식과 함께 돌아갔습니다. 중국인의 선교를 맡고 있는 아구스틴 데 알부르케르케[6] 신부는 금년에 이 신자들과 마닐라 항구로 들어온 무역상들과 함께 본토로 가기를 원하였습니다. 전에는 그곳에 도달할 수 있는 방법이 없던 것처럼 보였습니다. 왜냐하면 이미 말씀드렸듯이 외국인이 본토에 들어오면 목숨을 잃는 법이 있었기 때문입니다. 그리고 그곳으로 외국인을 데려간 사람도 반드시 벌을 받았습니다. 그런 이유로 감히 어느 누구도 외국인을 그곳으로 데려갈 생각을 하지 못했던 것입니다. 그러나 아무리 이런 악명이 있다 할지라도, 처음부터 죽음의 땅의 비옥함, 풍부함, 부유함, 호기심 등을 이것과 연결시킬 필요는 없을 것입니다. 유럽에 있는 모든 것 중에서 이 나라는 오직 의복과 벨벳만이 부족할 뿐입니다. 음식과 특별하고 흥미로운 산품 등, 다른 모든 것들은 충분히 공급되고 있습니다.

1574년 1월 8일 멕시코시티에서 폐하의 신성한 발에 입 맞추고
폐하께 봉사하는 폐하의 충실한 신하가 가톨릭 폐하께
안드레스 데 미란다올라

6 아구스틴 데 알부르케르케(Agustín de Alburquerque, ?~1581) 신부는 아우구스티누스 교단의 사제이자 앞서 소개한 마르틴 데 라다 신부의 동료로 필리핀에서 선교생활을 하였다.